·伍光建译作精读·

拿破仑日记

[法] 拿破仑 著

伍光建 译

中国文史出版社
CHINA CULTURAL AND HISTORICAL PRESS

图书在版编目（C I P）数据

拿破仑日记 /（法）拿破仑著；伍光建译．-- 北京：中国文史出版社，2018.12
ISBN 978-7-5205-0962-6

Ⅰ．①拿… Ⅱ．①拿… ②伍… Ⅲ．①拿破仑（Napoleon，Bonaparte 1769-1821）- 日记 Ⅳ．① K835.655.2

中国版本图书馆 CIP 数据核字 (2018) 第 277255 号

责任编辑：梁玉梅

出版发行：中国文史出版社
社　　址：北京市海淀区西八里庄 69 号院　邮编：100142
电　　话：010-81136606　81136602　81136603（发行部）
传　　真：010-81136655
印　　装：北京温林源印刷有限公司
经　　销：全国新华书店
开　　本：16 开
印　　张：22.25
字　　数：379 千字
版　　次：2020 年 3 月北京第 1 版
印　　次：2020 年 3 月第 1 次印刷
定　　价：59.80 元

译者序

拿破仑起自微细，乘法国革命，以战功显赫，数载而成帝业；当其盛时，欧洲大陆皇帝王公，无不俯首听命，其兵力所及，几遍全欧；方且以为欧洲褊狭不足以回旋，唯亚洲可以建大业，其气概可谓雄矣。而其用意，则殊非甘于穷兵黩武者，不过以武力为前驱，而欲置世界于大同，其规模亦宏远矣。是以其功业之传于后世者，不专在乎武功，而尤在乎文治。欧洲诸邦之食其主义之报者，至今弗衰。是以近日有法国大文豪论拿破仑，谓历史有两位最伟大人物，前有耶稣，后有拿破仑；亦言之成理，非故作惊人之论也。第以拿破仑用兵二十年，灭人之国，毁人之家，各国之历史家为之撰纪传者亦多矣，而难免于溢美溢恶，此则毋足怪者。况历史家有言，事过五十年，乃可以作史；事过百年，乃始能有信史；此信史之所以难也，而拿破仑之信史则尤难。美国约翰斯顿（R. M. Johnston）乃译行拿破仑自撰之日记，其意固欲使读者各自运用其批判之力，以窥见及论断此位历史伟大人物也。昔哲学家陆宰有言，一位哲学家之成为某一宗某一派，则随其人之品格而定，诚哉是言！今此日记之所记，有可信者，有不可尽信者，然而从其不可尽信者，亦未尝不可以窥见其当时之用心。愿读者之教育、环境、阅历、心理，不能尽同，亦终不无见仁见智之别，其论断以殊难于一致，唯其非得自辗转之耳食，亦不是故作违心之论，则亦可以自慰矣。

民国十七年戊辰大暑

新会伍光建序于北平东城之爱榴居

目 录

CONTENTS

1769—1795年

1769年8月15日

我于是日生于阿雅克修（Ajaccio）。父母名我为拿破仑。自数百年以来，我家皆称第二子为拿破仑。

1779年4月

入布里埃纳（Brieune）陆军学校。我入陆军学校觉得欢乐。我用心开始工作。我急于求学，求知识，求进步。我酷好读书。入学校不久，同学常谈及我，称赞我，妒忌我。我感觉到了自己的能力，我比同学聪明，我觉得快乐。

1783年10月12日

致卡洛·波拿巴书：我的父亲，你可以想到，你的来信，使我不欢。但是因为你既然为病所迫，又是因为与我甚亲的家庭所迫，我不能不以你回科西嘉岛（Corsica）为然，不能不以此自慰。

1784年6月25日

我的兄弟无胆，不敢冒打仗的危险，以为当军人是住在营房的。

7月7日，21日

我的父亲到了，和吕西安[1]、两位年轻女人同来。约瑟夫[2]在修辞科。假使他

① Lucian，是拿破仑之弟。——译者注

② Joseph，是拿破仑之兄。——译者注

能用功，当可以有进步。

10月29日

在布里埃纳，人人都说我除了几何之外，别无所长。我并不为人所欢喜。我干枯如同一张纸。

10月30日

我离开布里埃纳，往巴黎陆军大学。

1785年3月28日

在巴黎。我们的父亲死了。我们小的时候，全靠父亲一个人教养我们。国家是失了一位麻利、明白、笃实的国民，天命如此，也就无可奈何了。

致波拿巴太太书：我的母亲：父亲既死，你应该安慰我们的。我们要求你安慰我们。我们爱你，我们为你做的牺牲，要比父亲未死的时候加倍，要使你忘记（我们要竭力做到可能的地步）死了一个亲爱的丈夫的无可计算的损失。

10月30日

我当了拉费尔（La Fère）团的炮队副中尉。

1786年4月26日

在瓦朗斯（Valence）。保利（Paoli）今日起始是六十一岁。科西嘉的人因为一件名正言顺的事，已经脱离热那亚（Genoa）人的束缚了。他们也能够脱离法国的束缚，我但求天佑他们成功。

5月3日

我在这里总是闭门不出，终日做梦，尽情地发愁闷，总是离群索居的。我今天又愁闷，不知这愁闷又逼我做什么事。逼我寻死，我现在正是年轻，将来的日子还多咧。我不见乡井已六七年了。到底是什么疯魔逼我寻死呢？大约是见得人生太空，是无疑的了。若是一个人求死，为什么不自戕呢？我回到家乡，有什么光景等候我呢？我的同仇敌忾的人，都受了束缚。见着打他们的人的手，还要出于害怕，同那手接吻。

5 月 9 日

一个人要能够驳倒卢梭（Rousseau），只靠美德、爱和真理是做不到的。卢梭也不过是个人，我们易于相信他也是会错的。

7 月 29 日

致卖书人波尔德（Borde）书：烦你寄我一本《瓦伦斯（Valens）夫人的事略》，这是卢梭自传的续篇。我又烦你寄我一本《科西嘉岛革命史》，和你所有的书同科西嘉岛有关系的一张目录。若是你没有这类书，烦你将你所能够代办得最快的寄来。我接到你的回信，立刻付款。我的住址是驻瓦朗斯拉费尔团炮队军官波拿巴先生。

9 月 20 日

在里昂。我很舍不得离开里昂，比离开瓦朗斯，还更舍不得。我极喜欢里昂。若是在这个地方过一生，也是愿意的。但是一个人不能不听天由命。既然执了正业，不能不受这正业的约束。一个当军人的，只有对于军旗是要永不改变的，对于其他就不能了。

1787 年 4 月 2 日

拿破仑 · 波拿巴，拉费尔炮团副中尉，求塞居尔大将（de sègur），给假五个半月。从 5 月 16 日起。

11 月 22 日

在巴黎。我刚从意大利剧院出来，同御苑的大路相对。我走到铁门的时候，我两眼见着一个女人，此时正是半夜。看她的外貌、她的年纪，就表明她是个什么路数的人了。我两眼瞪她，她就立住脚不走。她在那里迟疑，我却壮了胆。我就对她说话。我向来是极厌恶她的不光彩的行业。我向来以为只要被她这样的人看一眼，就觉得自己被她污辱了。我这时却同她说话。我说道："天气很冷，你怎么能走出去？"她答道："呀，先生！希望使我温暖，我必要办完我晚上的事……"她说话的情形，表明她把诸事看得无足重轻。她答我的话又是很镇静的，就使我感动，使我注意。我就同她转回头走。我说道："我看你的身体并不十分结实，你怎么样能够受你所做的事的劳苦？我觉得诧异。"她答道："先生，一个人为吃饭起见，不能不做点事……”我答道：“那是自然。不过你就不能找别的相宜的事么？……”她答道：“我找不着。先生，我必要弄几个钱过活。”

我觉得有意思。我觉得欢喜，最后居然有一个女人肯答我的问话。这样的结果，是从前所不能常常得着的。

1788 年 7 月 1 日

在奥松（Auxonne）。我于我本身的事务之外，并不注意他事。我每一星期只穿一次全服。自从得病以来，我睡得甚少，少到难以令人相信。我 10 点钟睡，4 点钟起。每日只食一顿饭。这种办法，却与我的身体很合宜。

1789 年 4 月 1 日

思想对的人，看得今年开头开得好。经过数百年封建的野蛮主义和政治的奴隶制之后，群众似乎是受了奢侈、放纵和美术的潜力影响，变作毫无道德的了。这时候“自由”两个字居然激动人心，如大火焚烧的，实在是一件可诧异的事。当下法国是正在重新得了生命的时候。可怜我们科西嘉岛的人，将来变作什么呢？[①]

4 月 16 日

在阿雅克修。我的身体病到很快支离破碎了。10 月 15 日以前，是不能回营销假的了。

7 月 14 日

法国革命群众攻破巴士底大监牢。

1790 年 8 月 28 日

星期五晚上在码头竖了一个绞人的架，架上写了几个字：“巴黎的绞刑架。”

1791 年 2 月 6 日

在圣瓦利亚（St. Vallier）。爬山虎碰见第一棵树，就要绕着这棵树。这句简

① 指 1789 年法国革命。——译者注

单话，就是恋爱的历史。什么叫作恋爱？一个男子总觉得或迟或早要做一个单身寡人的难过，恋爱就是这种的感觉实际发生，既觉得难过，又觉得永不死：这个人的灵魂，求得了依靠，就变作加倍（成双）有了保障，流表同情的眼泪……这就是恋爱。

8 日

到处乡民的态度都很强硬。多非内（Dauphiné）地方的乡民，尤其是强硬。他们是甘为宪法而死。妇女们却是保王党，这也不足为怪。因为自由女神比她们都长得好看，把她们都盖过了。

爱国俱乐部应该送米拉波（Mirabeau）全套科西嘉岛衣服，就是该送他一顶帽子、一件褂子、一条裤子、一把小刀、一把小手枪、一支长枪。这样一来，很能加深印象。

4 月 24 日

在奥松。路易[①]很用功学法文；我教他算学和几何。他读历史。他将来是一把好手。他已经学会了法国人的派头、法国人的斯文、法国人的活泼。他能够入聚会场，会很大方地鞠躬，同人寒暄几句，很有三十几岁人的端庄严肃。我是看得出来的，我们兄弟四个人，将来还是他最好。但是我要补一句话，我们三个人的教育，都不如他。

6 月 1 日

保王党的演说家是做了许多帮助推倒王室的事，这是无可怀疑的。因为他们费了许多唇舌、发了许多空议论之后，到底总是说因为共和是做不到的，所以共和国家是不可能的。

7 月 27 日

在瓦朗斯。是不是要宣战？

国人是踊跃极了，热心极了。两星期之前，有三省的二十二处俱乐部开一个会议，做好了一篇请愿书，要求审判君主。在 14 日那场大宴会中，我曾恭祝奥松爱国者健康。

---

① 拿破仑之弟。——译者注

9月20日

在科西嘉岛之科特（Corte）地方。沃尔内（Volney）君在这里再等几天，我和他两个人就要起程，周览这个岛。沃尔内君曾撰一书，名《埃及游记》。因此在文学界得名。

1792年2月1日

在阿雅克修。当这种风潮最大的时候，一个科西嘉岛的好男子，应该是住在家里的。统兵大将曾请我当义勇队的副少校。

4月

第一次联盟之战。

5月29日

在巴黎。我是昨天到巴黎的。巴黎的人心是极其浮动的。在王宫保护君主的国民军已经加倍了。

陆军的军官有许多弃职而逃的。无论从哪一点看来，情形是极其吃紧的。

6月14日

全国人的精神，都被发狂的党人所搅乱了。事变既是这样复杂，是难以寻得头绪的。将来变作什么样，我实在是猜不着。但是所有一切事体，都是带了革命面具的。

18日

并无陆军的消息。

20日

我们跟着这些乱民去看看。共总有七八千人，手里拿的都是长矛、斧子、大刀、大炮、铁叉、尖棍，走到国会去递请愿书。其后去见君主。王宫的花园门是紧闭了，有一万五千国民军防守。乱民打破园门，入了王宫，把炮安置好，正对住君主所住的内院，打破了四重门，送两个徽章给君主，一个是白色的，一个是三色的。乱民对君主说道：请你自择，你是愿意在这里，还是愿意出奔到科布伦茨（Coblentz）？君主却不为所动，把一顶红帽子戴在头上。

他们怎样能让乱民进王宫？他们应该用大炮打倒他们，如同割草似的。打倒他四五百个，其余的人也就逃跑了。

我听见有人告诉我路易（十六）把红帽子戴上，我就有了结论，晓得他的君主地位算是完了。因为在政治里头，做了一件失体统的事，就不能往下干了。

7月3日

我不能不说我们的领袖们是无能之辈。我看这全局的事变，看得很切近的。就晓得是不值得收服群众的人心，不值得去求他们同我们要好。他们各人都是各人自顾其私利的。肆行残害，又唯恐不如人。他们的阴谋又极其卑劣，不减古时。这就能够把什么壮志都破坏了。

8月7日

所有一切的征兆，都是预表有大暴动发生。有许多人离开巴黎。

我在巴黎这些日子，常研究天文。这原是一件极能消遣的事，是极好的一支派科学。我既有了算学的知识，学天文是不必大费力的，这是一种很伟大的学问。

10日

我住在得胜街。我一听见警钟响，又听见说是王宫被攻，我就走向卡流西(Carrousel)。我还未走到，在小营街，就遇见一群极难看的乱民走过，用一支长矛插了一个人头，到处游街。他们以为我过于像一位上等人，就要我喊“国民万岁”。我赶快就喊，这是可想而知的。

王宫被最凶恶的乱民攻击。攻下王宫之后，君主到了国会躲避。我很小心地走入王宫的花园看看。自从这一天之后，在我的全数战场之上，从未见有过这许多人头的深印象，如当时所见的瑞士兵的头。

当我眼见攻打王宫和君主被掳，我绝不想将来有一日我处他的地位，也不想拿这所王宫当我的住宅。

在马赛人得胜之后，我遇着一个人正要杀一个侍卫军。我就对这个人说道：“南方的汉子，我们不如饶他一命吧！”那个人问我道：“你是一个南方人么？”我答道：“是的。”那个人说道：“好吧，我们就饶了他！”

9月22日

宣布法国共和。

10月18日

在阿雅克修。我要往博尼法乔（Bonifacio）恢复秩序。但是军长请我，我将要去科特走一次。

最后的新闻，说是敌人已经抛弃凡尔登（Verdan）和隆维（Longwy）两处地方了。萨伏依（Savoy）和尼斯（Nice）都在我们手中了。我们不久就要攻撒丁尼亚（Sardinia）。

1793年1月11日

在奥尔米特（Olmette）。致博尼法乔自治局局员书：我们奉保利军长的命令，明天就到贵地。我带的是两中队人。你的善意和你的爱国热心，我是很晓得的。你们是愿意出力，替我们的军队预备一切，是无疑的了。阿雅克修义勇队副上校波拿巴启。

7月

法国南部反叛共和。

8月

在博凯尔（Beauoaire）晚饭。博凯尔是个集市。刚好是赶集的末后一天我到那里。同两个马赛商人吃晚饭。

军人说："你看国里的战争，是怎么回事；我们你怨我，我恨你，你杀我，我杀你。你们为什么怕军队？军队是恭敬马赛的，因为没有哪一个市镇为大众的好，牺牲自己，比得上马赛的。你们当我们是好人，我们就是你们的好朋友。你们相信我的话。你们里头只有几个流氓引诱你们一直向反对革命的路上走。你们不如恢复从前的法权，承认宪法，军队就立刻离开这里，叫西班牙人跳舞。他们因为有一两次得手，就变得太骄傲了。"

28日

英国占据土伦（Toulon）。

9月16日

在土伦前线。原是大炮攻倒炮台的。

19日

我到后三日，我们的炮队组织好了。

10月25日

我们的大炮开始开炮。

11月14日

我呈给军长等的恢复土伦的规划，是唯一可以实行的计划。

28日

这一个炮队的军人们是不害怕的。

29日

这个年轻人叫什么名字？叫朱诺（Junot）。这个人将来要发达。

30日

敌人晓得我们炮队的利害，用大兵力攻击，被他击散，钉了我们大炮的火门。半个钟头后，我们夺回了大炮。迪戈米埃（Dugommier）军长是极其勇敢，确有共和国军人的勇气。

12月7日

我们的地位仍然是一样，无甚大变化。我们有三万人。

17日

我们已经克复土伦了。你们去安歇罢！后天你们就在土伦安睡。[①]

24日

敌人匆匆退兵。我们夺得他们许多的行李。假使这场风再阻止他们四个钟头，他们就算完了。

1794年1月4日

在马赛。我将要把大炮安在炮台上，俯视这座市镇。炮队的情形很不好。

---

① 此是拿破仑立功之始，此后渐露头角。——译者注

20 日

在两星期之内，我希望将从罗纳（Rhone）至瓦耳（Var）的海岸，布置好了。

2 月 12 日

他们布置海防，已经花了许多钱，还是未办好。

4 月 1 日

我带阿尔卑斯（Alps）师团的炮队。

2 日

我们开战的时候，有三万人。

6 月 20 日

我们军队的目的，是在斯图拉（Stura）山谷。

7 月 23 日

热月革命。

8 月 7 日

在昂蒂布（Antibes）。致阿尔比提（Albitte）和萨利切蒂（Salioeti）两代表书：你们免了我的职，又把我拘管起来。你们并未定我罪名，就污辱我；或是不任我辩诉，就加我罪名。自从革命发生以来，我时常表示我为正义牺牲，是不是？同内敌奋斗，有我一份；我是个军人，同外敌奋斗，也有我一份，是不是？我曾经为共和而牺牲一切，我于攻克土伦之役，也不无微劳；攻克沙奥吉奥（Saorgio）之役，我在军中亦曾立功。

萨利切蒂君晓得我有五年之久。你见我对于革命，有什么可疑之处么？

14 日

致国民代表书：诸位公民，这就是我答复你们的四条诘问。因为我似乎已经不为自由人所敬重。我的良心能使我仍然恬静。但是我的心已经裂了。我觉得我的头是冷的、我的心是热的。我不能过被人怀疑的生活。

19 日

致朱诺书：我的贵友朱诺！我很领略你对待我的一番厚谊。你久已晓得我以友谊待你。你能够依赖我的友谊。他人许以不公道待我。但是我并无过犯，我是理得心安的。我故此请你不必出力。你若出力，恐怕反误我的事。

1795 年 3 月 22 日

在巴黎。致朱诺书：你除了中尉的肩章之外，并无长物。波莉（Paulette）连你所有的这一点也没有。我来替你们算个总账。你是什么都没有。波莉也是什么都没有。总数是什么呢？……是什么都没有。所以你这个时候不能结婚。我们必要等候。我的好朋友呀，也许将来我们见着更好的日子。①

4 月 1 日

萨利切蒂很加害于我。我正是开始有好前程的时候，被他打断了。我的扬名于世的观念，正在发枝的时候被他弄枯了。这个人是我的凶星，我饶恕则可，忘记则不能……忘记又是另一件事。

5 月 18 日

新 5 月 1 日之事。我们若是就这样地把我们的革命在烂泥里拖过去，凡是一个人，不久就要以自己是一个法国人为耻的了。巴拉斯（Barras）此刻正在大街的尽头，带了许多兵。他曾告诉我，打算要开炮。我劝他不必。

6 月 22 日

我奉派为西方军的团长。我正在生病，不能不请假。②

今日在国会宣读宪法。

7 月 1 日

以现在欧洲大势而论，撒丁尼亚王显然是要和不要战。我们必要将战事蔓

① 波莉似是拿破仑之妹波利娜的简称。——译者注

② 斐氏云，当日政府命拿破仑为西方军的步兵团长。拿破仑以为用非所长，称病不行。——译者注

延到他的国内。把奥国的军队引到如是的一个地位，以便我们可以攻他。我们征意大利之师，必要逐敌人离开洛亚诺（Loano），恫吓皮德蒙特（Piedmont），征服伦巴底（Lombardy），深入蒂罗尔（Tyrol），与征莱茵之师相会。

12 日

此时奢靡、寻乐、美术的风气，又重新发生，令人惊骇。无论哪里都是女人。

18 日

朱诺今日在这里好阔。花了他父亲许多钱。马尔蒙（Marmont）在围攻美因茨（Mainz）的军队中。

24 日

从南方来的消息令人难过。让我们希望有一个强有力和组织完善的政府，停止这等事。

25 日

致约瑟夫 · 波拿巴[①]书：你一定是特为不说起德塞（Désirée）的。我不晓得他是死还是活？

8 月 17 日

我奉命前往旺代（Vendée）之师供职。我不答应去。

20 日

我奉委入公安局测量处办事。我只要呈请，就可以奉派到土耳其当军长，替他们整顿炮队。

此间暂时诸事皆安静，但是也许是酝酿大风潮。

25 日

致约瑟夫书：我盼望为你谋得一领事之职。

召集初级选举，以公举立法院三分之一的议员。

29 日

国内军队已经承认宪法。巴黎市内有许多分区要求撤退军队，收回命令。

9 月 5 日

公安局以为战事未完，我不能离法国。我将奉委仍带炮队。

---

① 约瑟夫即拿破仑之兄。——译者注

若是我仍住在巴黎，我或者为娶妻的想念所困。

6日

致约瑟夫书：奇奥（Chio）领事职位出缺。但是你曾告诉我不要海岛。我希望替你谋较好的地位。

今日初级选举开会，街上的大张告条很多。但是我们都希望不至于闹事。我很喜欢路易[①]，他很不负我的期望。但是他的性情同我一样。他很活泼、聪明、强健、多能、可靠，又好善，样样俱有。你是晓得的，我只为我们自己家里的人的欢乐而努力。

7日

诸事都安静。若以为此时的地位是悲惨的，就是错误。共和国在外是很有势力，不久就能恢复国内秩序。

11日

初级议会不承认命令。

27日

情形颇不安静。有许多激生事变的因素。

10月3日（新9月11日）

自从今朝起，巴黎各处都是火光。我必要小心谨慎。我并无什么势力。

4日（新9月12日）

我要出去打听新闻。

我看见几位代表很恐慌，其中一位就是康巴塞雷斯（Cambacérès）。他们以为明天就要被攻，又不晓得怎样办法。我答道：你们只要给我若干尊大炮。我这个条陈，反令他们麻木不仁。

过了一夜，他们还是无决断。

5日（新9月13日）

早。消息很不好。他们于是才把事权交给我。他们讨论是否有权可以用兵力抗兵力。我就说道：你们的意思是打算等一等，要等到人民许你放炮，你们才放炮，是不是？你们已经委派我，你们若是这个样，岂不是陷害我么？你们应该让我用我自己的法子去摆布，这才是公道。我说完这两句话，就让这一群

---

① 拿破仑之弟。——译者注

律师自己沉自己于议论中，我就去调动军队。

6 日

凌晨两点钟。致约瑟夫书：什么事都完了。我第一个想法，就是把消息告诉你。保王党是日见其明目张胆。国会已令某分区缴械。但是这分区反抗军队。麦努（Menou）是立刻免了职。国会派巴拉斯统带军队，公安局却选我当他的副手。我们两个人就布置一切。敌人来攻我们，我们把敌人杀了许多，已勒令各分区缴械。我的好运是来了，顺致对欧仁尼（Eugénie）和朱莉（Julie）的爱。

11 日

我奉任命为国内军队副统领。

20 日

有一位公民名毕朗，要向波莉求婚。他这个人多钱。我已经写信给母亲说，这件事是不能办的。

25 日

我奉任命为国内军队正统领。

1796年

3月9日

这是共和四年新2月19日。拿破仑·波拿巴与约瑟芬结婚。拿破仑是国内军队总统领，父是乡绅卡洛·波拿巴，母是拉莫利尼（Ramolini）；拿破仑现年二十八岁。约瑟芬·德塔谢尔现年二十八岁，生于提尼克岛，住在巴黎；父是骑兵队长约瑟夫·德塔谢尔，母是罗丝·德斯弗杰斯（de Lannois）。

11日

致指挥书：我曾请公民巴拉斯转告众位指挥，我已同德塔谢尔（Beauharnaia）结婚。指挥既信任我，我自应将我的所作所为告诉指挥。这是多一层结约，令我心向我们的国。这是我的坚决主意，只求救于共和国的凭据。

21日

起程赴意大利。

27日

在尼斯。我对军队的演说词：军人们呀！你们既无衣服蔽体，又无粮食果腹。政府是很欠你们的情，却又不能给你们什么东西。你们现在是在四围都是山石之中。你们的耐劳性，你们的勇气，实在是可嘉；但是并无一线光荣照在你们身上。我要领你们到地球上最丰厚的地方，富实的市镇、重大的省份，都在你们的权力中。那里还有富贵荣华等候你们。征意大利师团的军人们呀！难道你们不能忠勇用命么？

28日

致指挥书：不多几日前，我驰赴军队任事，是昨天接手。我用众位指挥的名义，宣布你们对于军队们的行为及耐劳，表示满意。这几句话，很能令军人们欢喜，尤其能令军官们欢喜。有一队因为无靴无饷哗叛，我发号令把榴弹队监管起来。

29 日

贝尔蒂埃（Berthier）军长，奉命为征意大利师团参谋长。

4月6日

在阿尔本加（Albenga）。我把大营移往阿尔本加。我这一举，把敌人引出过冬的驻扎地。他们把前哨（哨探队）挪到代戈。撒丁尼亚王很活跃。

我们的军队无衣无食，情形实在是可怖。我要推倒许多为难；但是还能办得到。军队的绝对困苦情形，已经破坏了军纪。无军纪是不能取胜的。皮德蒙特军有四万步兵。奥军有三万四千人。我实有四万五千人。

我在奥内利亚（Oneglia）地方，见有许多石像，都是很值钱的。我吩咐拍卖，可以望有三四万法郎进款。

11 日

今晨 8 点钟开战，我将要进攻，明日我们向右前进。

12 日

在卡尔卡利（Carcare）。共和国万岁！今日是新 3 月 23 日。马塞纳（Masséna）军长和拉普（La harpe）军长所带的军队攻奥军。奥军的统领是博利厄（Beaulieu），有一万三千人，占据蒙德诺特（Montette）要塞。共和军大败奥军，奥军死伤三千人。

是晚，我刚才巡视战场一番，两方面都有阵亡的，都有被俘的。

14 日

致指挥书：意大利战事起首，我应报告蒙德诺特一战的情形。

博利厄带一支军队，攻我们的右翼。12 日破晓，博利厄与拉普交战，马塞纳旁抄，且攻其后，杀伤甚多，敌军完全溃败。

15 日

致指挥书：今日我要报告米莱齐莫（Millesimo）之战的情形。我们完全包围敌军，连投降都来不及。我们的军队击毙敌军甚多，他们闻风披靡。普罗韦拉军长带领全军在科西利亚（Cosseria）投降。我们军队四向追逐敌军，不曾稍懈。我们这一次是光荣的战役，俘获七千到九千人，二十二尊大炮，十五面军旗。

第三十九队的队长阵亡。我已经委派公民拉纳（Lannea）补他的缺。

16 日

致督政官书：今日我报告代戈军情。我们估计敌人的损失是二千人。这一次以缪拉（Murat）少校之功为最多。

敌军甚众，出乎我们预料，又能战，马队炮队都比我们多。我并无一个工程军官去测勘切瓦（Oeva）地方，必要我自己亲身去。

22 日

在拉西诺（Lesegno）。致督政官书：我今报告芒多维（Mondovi）交仗及占据该处情形。敌军从切瓦退走之后，守两河交汇的地方，右翼在韦科（Vico），中坚在某处。塞律里埃（Serrurier）军长攻敌军的右翼，在枪林弹雨之中过桥，血战三个钟头，将敌军逐出韦科村。敌军阵势甚坚，我们终日示威遮掩我们的真意。我的目的是用全力攻芒多维。但是到了凌晨两点钟，敌军开始退回市镇。破晓时开始在韦科村相持，敌军损失一千八百人，十一面旗，八尊大炮。公民缪拉带第二十榴弹队，颇立奇功。

对军队演说词：统领庆贺全军。因为你们勇敢，每日必胜敌军。但是其中有不肖的军人，任意掳掠，打过仗之后归队又种种的放肆，损害军队和法国的名誉。故此我发号令：限于二十四个钟头之内，各军长送一报告，详叙部下军官的行为。凡有军官，自己以身作则，容忍（任从）此最后数日任意掳掠者，军长可以免他们的职；将免职军官的名姓报告给各省，使他们的同乡们蔑视他们。

23 日

在卡洛（Oarru）。致科利（Colli）军长书：议和是本国督政府之权，贵国君主所派使臣，必要前赴巴黎。两军所处的军事上和道理上的地位，停战是绝不能商量的，我万不能停止我的军队进行。但是尚有一法，你可以达到目的，即是把柯尼（Coni）、亚历山大里亚（Alessandria）、托尔托纳（Tortona）三处地方交给我。我这个提议，总算是十分和平的了。

24 日

停战一个月。我们占据两座炮台作保，当有大利于共和国。有这一个月时候，我就够蹂躏奥属的伦巴底。

致督政官书：诸位绝不能想象这一军团的情形。无粮食，无纪律，我们无车辆，我们的马是劣极了；我们的军需官，其贪如狼，就把我们弄到什么都没有。我过的日子，是不能令人相信的。白天办事，已经疲倦极了。到了晚上，还要坐通夜，料理诸事；还要亲身到各处去恢复秩序。我们军人的犯过，令人惭愧自己是个人。我要严办几个做榜样，我一定要恢复秩序。不然，我就不统带这一群盗匪。我只有三万四千名步兵、三千五百名骑兵，对抗敌军十万人。

我的副官公民朱诺，将献二十一面旗，与诸位督政官。征意大利的军团，送诸位这二十一面旗，就是证明他们的勇气。他们请我转达他们尽忠于宪法的诚意。

26 日

在切拉斯科（Cherasco）。诸事都进行得甚好。掳掠是停止了。这一个军团，无一物不缺乏的。初时是乱行掳掠，现在是逐渐减少了。这些军人也实在是可怜，情尚可原。他们已经到了有可以下手的地方，不能不动手。有几个人是抢过教堂的，明天就要枪毙。枪毙他们，是最痛心的事，我心里实在是难过。他们所做的残暴的事，令人发抖打战。幸而敌军败退的时候所做的事，比我们的军队还要惨得多。这一个富厚的地方，很能有益于我们。只说芒多维一处，我们就可以筹一百万。

对军队演说词：军人们呀！十五天之内，你们已经打了六次胜仗，夺得敌旗二十一面，大炮五十五尊，几座炮台，征服皮德蒙特最富厚的地方。你们得了一千五百名俘虏，你们杀死或打伤的敌军有一万人。

从前你们所攻的都是贫瘠的石头。说到军需，你们是什么都没有。你们却是无一件事不办到。你们无大炮，却专打胜仗。你们无桥梁，却能过河。你们足上无靴，却能急走。你们露宿是无白兰地酒吃的，有的时候连面包也是没有的。只有共和国的队伍，只有自由的军人，能够受你们所受过的困苦。

但是军人们呀！若是眼前还有要紧事，你们实在是并无办什么事。你们既未征服米兰（Milan），都灵（Turin）又未到手，我们的国家，很盼望你们立大功。你们能够不辜负国家的期望么？眼前还有许多仗要打，还有许多城市要夺来的，还有许多条河是要渡的，我很晓得你们是一片热心，要推进法国人的光荣，勒令敌人同我们立有光耀的和约。将来凯旋，你们回到自己家乡的时候，就可以自鸣得意地说道：我是征服意大利的一个人。

我的朋友们呀！我可以答应你们必能征服意大利。但是有一个条件，你们必要发誓遵守的。你们要尊重你们所解放的人，你们要禁止可惨的掳掠。凡是掳掠的，杀无赦。

意大利的人民呀！法国军队前来解放你们的束缚，你们可以相信我们，欢迎我们。

28 日

致督政官书：这是昨天晚上我同敌军的军长立的停战条约。切瓦、柯尼、亚历山大里亚三处要害之地，都在我们手上了。诸位若是不能同敌国立和约，我能守住这几处炮台，遣大军向都灵前进。我明天就要攻博利厄。我将攻克伦巴底。不到一个月，我盼望能到蒂罗尔山之中。说到撒丁尼亚，我既然得了重要的炮台，诸位要如何订和约，都可以的。诸位若是仍然信任我，赞成我的规划，必定得手。意大利就是在诸位掌握中。

致拉普军长书：你立刻拔队赴阿克维（Acqui），追赶奥军。他们是正在撤退，就要渡波河（Po）。

29 日

致督政官书：我的军队已发动。博利厄正在退兵，我盼望擒他。我将向帕尔马（Parma）公筹数百万的款。他将要送议和条件与诸位；但是不必急于议和，让我慢慢地叫他给战费。倘若诸位的意思是要废撒丁尼亚王，倘若诸位不愿同他立和约，诸位必须敷衍他几个星期。立刻通知我，我就能够夺瓦朗斯地方，向都灵进发。

5 月 1 日

在阿克维（Acqui）。致在热那亚（Genoa）之斐普（Faypoult）书：我们昨天已到阿克维。博利厄退兵，退得甚速，我们竟赶不上他。烦你把热那亚附近属于帝国的市镇的地理、历史、政治形势，作一说明送来。关于帕尔马、皮亚琴察（Piaoenza）、摩德纳（Modena）诸公爵的军队炮台财源等事，亦作一说明送来。关于米兰、帕尔马、皮亚琴察、摩德纳、波伦亚（Bologna）的名画，石像、美术品保藏室、古董，亦烦列送一单。帕尔马公爵原要当法国与西班牙立约的时候，同时亦与我们立约；何以并未照办？

送六千副军靴至托尔托纳。

6 日

在托尔托纳。致督政府书：我军昨日炮攻波河彼岸的奥军。波河很宽，难以渡过。我的计划是在最近米兰的地方渡河，以免这座都城与我军之间有阻碍。我们今日向皮亚琴察进行。假使我要等候两座浮桥，我断定 7 月内不能渡河。我的计划是用筏或者用飞桥渡河。

诸君倘若能够打发三四位有名的美术家来挑选我们所要送去巴黎的东西，当能于事有益。

自从开仗以来，贝尔蒂埃军长，无役不在我的左右。到了晚上，他还坐在书案旁办事。他勤奋、热心、勇敢、军事知识，非他人所能及。

7日

在圣乔万尼（San Ciovanni）堡。奥军已挖沟掩护米兰人。我用了许多外交手段，叫他们信我意在瓦朗斯渡。我却拨五千步队，一千五百马队，兼程向该堡前进。

上午9点钟在波河渡口。我军已到渡河处，这里敌军只有一百五十名马队，敌人的步队必然仍在瓦朗斯方向。统领是以决计用前锋渡河。

我们跳入小舟，队长拉纳勇敢、聪明，先达彼岸。因为我们的计划这时候已经显然露出，不能再遮掩各军，现在兼程速进。

午后。所有前锋和拉普一支队，皆已渡河。

8日

博利厄晓得我军的举动，才晓得他的帕维亚（Pavia）炮台无用了，但是后悔来不及了。他这时候才晓得法国的共和国民不是弗朗西斯一世（Francis I）那样蠢。

9日

致卡尔诺（Carnot）：博利厄已被我们袭击，他的举动是很薄弱的，常常走入我们所预备的圈套。我们所获的是不可胜计。我今送你二十幅画，都是大名家柯勒乔（Correggio）、安杰洛（M. Angelo）的杰作。内子诸蒙照应，实所感深，我爱我妻，爱到发狂，我请你多多关照。若是诸事进行顺利，我盼望解一千万款到巴黎，这样一笔款子，或者可以有用于征莱茵之师。自从施滕格尔（Stengel）死后，我并无一个炮队军官能够打仗的。我要两三位副军长，要能奋勇向前的，又要有坚定的决心，不会擅自退兵的。

当晚。敌军退向洛迪（Lodi）。

11日

在洛迪。我们入洛迪。看见有三十尊大炮，掩护一座桥，敌人的炮火十分猛烈。我们的队伍一到，立刻摆成纵阵，有榴弹营辅助。军人欢呼，共和国万岁。河桥长二百码，我军攻桥，敌军炮火极其凶猛，我军纵阵的前队，似有不支之势；贝尔蒂埃、马塞纳、拉纳诸军长，冲至前线，立刻反胜败未可必的为必胜。我军攻倒一切抵抗，俄而敌军溃散。

洛迪之战，替共和国攻克伦巴底。

是晚，榴弹队欢呼，称拿破仑为小伍长。

14 日

致督政府书：昨日我遣一团人往米兰。博利厄在曼图亚（Mantua）。

我以为分征意大利的师团为两支，是一件不智之事。一师团有两统领，是无益于共和国之事。军队趋向那不勒斯（Naples）、罗马、里窝那（Leghorn）等处，是一件小事。不独只应有一个统领，并且不应该干预这位统领的决计和调动。我这次用兵，并不曾与何人商量。假使我是受其他一人的指挥，我就不能得手。我之所以有多次得胜，只因为我的行动，如同我的思想一样迅速，立刻想到，立刻就办。诸位若是要干预我，阻挠我，诸位就要预备得到军事上不良的效果。打仗的事，各人有各人的方法。凯莱尔曼（Kellermann）军长阅历比我久，其成功当在我之上；但是若是我们两个人共事，则必至于偾事为止。若是要我为国立实在功劳，我必然要诸位绝对的信用。我觉得我很要些胆气，乃能够写这封信给诸位。因为这一封信，很容易令人疑我气志太高，或疑我骄傲。

17 日

在米兰。三色旗飘扬于米兰、帕维亚、科摩和伦巴底诸市镇。我已发号令迅速供给各军的军需，以便早日可以活动，可以使他们迅奏凯歌。

我们之所以得胜，都在乎行军迅速。

我送去托尔托纳的珍宝金砖，至少也值二百万。

20 日

军人们呀！你们简直的是从亚平宁（Apennines）大山顶上滚下来，如同一阵山水。凡有阻碍你们进行的，都被你们推倒了，冲散了。米兰已经是你们的了。共和国的旗，已高飘于伦巴底了。波河，提契诺河（Tioin），阿达河（Adda），都不能阻拦你们一日的进行。军人们呀！你们已经做了不少的事了。但是已经做完了吗？没得再要做的事吗？来来来！你们向前去，我们还有许多兼程的趱路，还有许多敌人要征服的，还要立许多奇功，还报复许多非理的事。

21 日

我勒令米兰人缴纳二千万法郎。

22 日

我们的军队向蒂罗尔山隘走。奥国军队日日皆有兵来援。

25 日

凌晨2点钟。致贝尔蒂埃军长：我刚从往帕维亚半路上回来。我们在品纳斯科（Binasco）遇着一千乡民，把他们打败了。我们杀了大约有一百乡民之后，放火烧村。这种一个可怕的榜样，当有如愿以偿的效果。再过一个钟头，我们就要起行往帕维亚。据报告说：我们的军队还在那里支持。

告伦巴底居民：有一队被人所愚的乱民，并无自卫之具，曾在几处地方闹事。这样令人不相信的胡乱行为，又实在可悯可怜。这种人为人所误，自寻死路。凡是在二十四个钟头之内不放下军器者，即以叛党论，放火烧其村庄。品纳斯科就是一个榜样。他们要睁眼看看，凡是市镇，或是乡村，仍复反叛者，照此惩办。

狄斯皮诺伊（Despinoy）军长立刻就要开军事法庭，研究今日在米兰闹事的人。凡藏有军械的，凡是叛乱与闻叛乱的，就要在二十四个钟头之内枪毙。

26 日

在帕维亚。今天破晓，我向帕维亚前行。这个城市似乎是许多人防守，预备自卫。炮台被夺，我们的军人被俘。我令炮队上前，军长多马尔坦（Dommartin）把第六步队（榴弹队）作成纵阵，手执大斧，且有两尊大炮在前，将城市打破，乱民分散。有在地窖的，有在房顶的，掷屋瓦击我军，意欲阻止我们入街道。我把十个城市局员枪毙了。今日诸事平定。

28 日

在布里西亚（Brescia）。凡有村庄鸣警钟的都要烧了。

我们现在已经入威尼斯（Venice）共和国的国境。这是一个守中立的国。生命财产是要严谨保护的。

30 日

在瓦莱焦（Valeggio）。今日马塞纳和奥热罗（Augereau）两军长，攻打明韶（Minoio）要害。沿河的敌军已经被我军完全打败了。我军有若干部分涉水而过，水深至腋。敌人遗下五尊大炮，还有救伤队的药物，敌人全军沿河退却。

致卡尔诺书：我是很绝望。我妻不来，有恋爱她的人，羁留她在巴黎。我诅骂全数的女人，但是我搂抱我的诸多好朋友。

31 日

在珀斯齐亚拉（Peschiera）。敌军已渡阿迪吉（Adige）河。只有驻守曼图亚的军队未动。这里地势低湿，不久就因为卫生不合格而丧失作战能力。共和国万岁！奥军全出了意大利国境了。

6月1日

报督政府：军人以勇敢立战功的很多，我不能尽举其名。他们真是奋勇无比。诸位猜他们驻宿的时候，当然是要睡：谁知不然，人人在那里说大话，或是规定明日的战略。有一天我在那里留心看一个半队走过，有一个步队的兵，走到我的马前，对我说道：军长，我们必要如此如此。我答道：你这个光棍，你闭着嘴，不许说话。他立刻走了，不知走到哪里去了。我打发人找他，也找不着。他所说的话，正是我所发号令要做的事。

我明日从米兰发遣一百匹拉马车的马，都是在伦巴底费力得来的最好的马。现在诸位的拉车的马，都是很平常的。我送去的好马，可以替你那些劣马。

5 日

在罗韦贝拉（Foverbella）。统领已经往米兰去了，大营还是在罗韦贝拉。

7 日

在米兰。报督政府书：博利厄知道我们向明韶前进的时候，就夺了珀斯齐亚拉炮台，这炮台是属于威尼斯的。二日之后，因博格赫托（Borgheto）之战，和我们过了明韶，我们就夺了珀斯齐亚拉。那个办军粮官，匆匆忙忙地对我解说一番。我很冷淡地待他，我并对他说："我自己亲身带军队前往威尼斯，面斥元老院不该如此的显然失信。威尼斯大为恐怖。诸位若愿敲威尼斯五六百万，有现成可以借口之词。若是诸位的政策尚有出乎此外者，我却奉劝先不发表，以待合宜机会。因为我们切勿树敌太多。"

我不久就要到波伦亚。诸位是否愿意我同教皇立停战的约；却要教皇送我们二千五百万的钱币，五百万的粮食，三百幅画，石像及手写本称是。诸位是不是要我照这样办？

8 日

我军围曼图亚。因为诸河水涨，尚不能走近这座炮台。

11 日

伦巴底十分安静。人人都唱政治歌。人们是逐渐习惯自由了。或者可以组织一支伦巴底人的军队。

统领晓得，虽经三令五申，严禁掳掠，仍然还是掳掠不止。既有这样不名誉的行为，就绝不能不用严厉方法了。已定为明令，凡是军人们，无论其在何等级，一经拿获，定必枪毙。

15 日

在托尔托纳。奥地利皇帝逢人便说，在 8 月间再入意大利。奥国的军队是到处发动，在波兰也是这样。

致驻热那亚斐普（Raypoult）书：我今打发我的副官缪拉军长来，烦你立刻带他去见元老院，以便他呈递他将给你看的一封书信。假使是你去投递，要等两个星期才得有回信。是以必要另用一种法子可以如电气一样地激动这般先生们的，然后可以很快得到回信。

20 日

在波伦亚。我们自昨日起，就到了波伦亚。我军俘获七百人，夺得四十尊大炮。红衣主教使者已做了战事犯。拉纳队长带前锋步队，缪拉军长带前锋。

21 日

近人所作的名画，已经起程了。公民巴泰勒米（Baroélemy）现在正在挑选波伦亚的名画，他打算挑选五千幅。蒙日（Moge）、贝托莱（Berthuet）、杜盈（Thouin）等，都在帕维亚，在那里忙着增加我们博物学的标本。我盼望他们不至于完全忽略一组的蛇，这件事似乎值得奔走一次。

我们截得从维也纳来的一封信，这封信说维尔姆泽（Wurmser）军长将统带意大利师团。有一支已经占据格里松斯（Grisons）诸要隘。

我已经准红衣主教使者前往罗马。我告诉他：如果教皇愿意求和，愿意即速赔偿军费，或者还可以求得法兰西共和国的助力。此时天气极热，我们要渡波河，集合兵力，攻击奥军，是刻不容缓的。我将于 29 日到里窝那，希望到那个时候，我们已经同教皇立好停战条约。我们同伏天停战，比同教皇停战更要紧。我是反对议和。等到 9 月，倘若我军得胜利，我们就能够克罗马。

26 日

在皮斯托亚（Pistoja）。报督政府书：内有与教皇停战条件。达斯拉（D’azra）胆敢轻视我们，只允给我们五百万和值三百万的粮食。他晓得我不肯让步，于是掉过头去同政府所派的委员商量。他颇有手段蛊惑他们，居然窥探了我们的秘密。就是我们不能够进至罗马。因为这样，我们前进至拉文纳（Ravenna），只能够得他答应二千万。我始终要洛雷托尼（Loetto）尼庵宝物作条件的，我以为是商议好的了；但是他多方地使手段，绕来绕去，我们只得承认受一百万，不要宝藏。这样的三方面议条款，是颇不利于共和国的。此次议约国家损失了一千万，我是极端不以为然。说到其他条件，除了手写本的书之外，并无为难。那手写本的书，他们原不愿意交出的。因为这一节，我们从两三千减到五百。

7月2日

在波伦亚。我在佛罗伦萨看见那天下闻名的金星石像。我们的博物院，应该预备地方收藏这石像。还有许多蜡制的解剖模型，我们也应该取来。丰塔纳（Fontana）愿意担任照样替我制造，花钱也不多。这是很有用于人道的事，很有益于我们的。

我们的美术委员举动甚好，亦很出力。科学家们在帕维亚很有所得。

我正在要起程往曼图亚。我盼望9日起手围攻敌军。大抵当调动军队来援，若是必要，我们就要开战。

5日

在罗韦贝拉（Roverbella）。致军长狄斯皮诺伊（Despinoy）书：迅速拨动炮队，不要在米兰的安乐窝就睡着了。我们的参谋长实在是可怜。你切勿写信与他，令他难过。自从你告诉过他说米兰有一位美貌歌伎在那里等候他，他着急到要死，要赶到米兰。

致约瑟芬书：我疲乏到快要死了。请你立刻起程来维罗纳（Verona）。我要你来。我觉得好像将要得大病。我送你一千次的接吻。我现时是睡在床上。

9日

在维罗纳。致狄斯皮诺伊军长书：我在米兰，对于无论什么人，都要发脾气。什么东西都未曾赶到，大炮也没有，军官也没有，炮手也没有，我派一个副官去搅动督催一切。处现在这种情形，一天抵得过一百年。我盼望一营炮队来，已经盼望了一百年了。他们在路上却停顿不来。我已经派六百名马队往柯尼（Coni）。我猜他们是死在路上了。我得不着他们片纸只字的消息。

11日

在马米洛禄（Marmirolo）。致斐普军长书：我未见着卡塔尼奥（Cattaneo）。我见着他的时候，我必不忘记令他睡着。且令元老院较为相信，我们攻热那亚的时候还未到。因为奥军人数增加，我们不久就要开战。督政府对待热那亚，用什么政策，似乎还未十分显明。

12 日

在维罗纳。致督政府书：我们此时，似乎不如立刻就同威尼斯驻扎巴黎的公使发生争论，以便我一攻克曼图亚，就有机会向他们要几百万。这一节，原是诸位要我办的。

17 日

在马米洛禄。致约瑟芬书：我敬若神明的朋友，我接着你的来信了。这封信使我满心欢乐。你费了许多事把你自己的情形告诉我，我很感谢。

我自从与你分手之后，无时无刻不是发愁的。你的吻，你的眼泪，你的开颜笑的醋意，迷住我的心，无可与比的。约瑟芬的迷人之处，在我的心里，在我的感觉中，放一把光明焚烧的大火。我几时能够摆脱诸多事务，摆脱诸多烦劳，在你的身边过活。终日无事可做，唯有爱恋你，终日无事可想，唯有告诉你我爱恋你，证明我爱恋你。自从我第一次认得你之后，我的敬你爱你，是每日加增，可以证明。诗人格生说：恋爱是忽然发生的，是靠不住的。世界上一切事物，都是要走一定路程的。生长各有变异。咳！我哀求你让我亲眼得见你的瑕疵，你不要这样美貌，你不要这样温柔，你不要这样和婉，你不要这样好……最要紧的，最要紧的，是不要吃醋，不要哭。你的眼泪，影响我的理性，焚烧我的热血。

18 日

我通夜都是戎装以待。只要大胆，侥幸一击，曼图亚就是我的。可惜湖里的水落得太快，军队不能登岸。我是在湖边的一个村子。月色甚好，我无片刻能够不想约瑟芬。

19 日

我军昨日攻曼图亚。我们用两个炮队，用红热的炮弹和高射炮（臼炮）攻城。可怜这座城市，通夜都是一片火光。这样的光景，真是令人可怕，却是大观。我们已经夺得前线的小炮台。今晚就要猛攻。我明日带大本营赴卡斯蒂利奥内（Castiglione），盼望在那里睡。

22 日

在卡斯蒂利奥内。致约瑟芬书：因为军队情形，我不能不到这里。要我到米兰，是办不到的。请你快来，与我相见。请你欢乐，不要害怕。

29 日

在蒙特奇亚罗（Montéohiaro）。午前，我军在科罗纳（La Corona）所据阵地，为敌人所占。我们要奋力夺回，我们必要攻敌，且必须大败敌军。

午后，我奥热罗军长，向罗韦贝拉退走。

在罗韦贝拉。夜间，在科罗纳相持。我们必要将辎重遣回米兰。我很着急地盼望贝尔蒂埃来，军情是很有危机，我盼望明日情形可以较好。

马塞纳的一支军队之一部分被击退。我带了几个半队，动身赴卡斯提诺沃（Castelnovo）。我们还许能够再立脚。

30 日

在卡斯提诺沃。我军的不妙的情形如下：敌军分开三点，攻入我们的前线。敌军占了里沃利（Rivoli），马塞纳和儒贝尔都要退走。索雷特（Sauret）已经向狄森沙诺（Desenzano）退走。敌军已夺布里西亚。我军与米兰的交通，已被截断。

31 日

在罗韦贝拉。致基尔迈恩（Kilmaine）军长书：你绝对必要攻击在蒙特奇亚罗之敌军。因为我实在是太匆忙，请你抄一分这个号令，交给马塞纳军长。

奥热罗、兰邦（Rampon）、塞尔沃尼（Cervoni）诸军长，皆向蒙特奇亚罗前进，前锋凌晨 4 点钟可到。我军必要重新再次占布里西亚。塞律里埃军长接到退出曼图亚的号令，将据马加利亚（Marcaria）。

8 月 2 日

在布里西亚。致沙利西提书：暂时我军似稍有不幸。这五六日之内，发生的事变，实在是太多。我不能完全告诉你。幸而亏得罗纳托（Lonato）之役和我的强猛计划，大局比前略好。我几乎用了全军之力，围攻曼图亚（Mantua）；要趁着这个唯一的时机和敌军决战，便把意大利的命运解决。不过，我们已经倦乏了，战马被我杀死五匹；我们曾经后退过；但是最后的胜利，还是倾向我军的。

6 日

在卡斯蒂利奥内：2 日那整天，维尔姆泽尽力集中军力；这曼图亚抽调健旅二千五百人，亲自率领，列阵于索非里诺（Solferino）与基斯（Chiese）之间。因此，意大利的命运，仍是悬而不决。

我也下令集中纵队，由我亲自率领向罗纳托前进。途中碰着一面大旗，是罗纳托司令官请降的。据报，他已经被围了，何以发现这一支敌军，使我十分骇异！但从事实上看来，这支军队与我们的前哨接触，那布里西亚道路却被截断了。所以我认定，这是一些残军，归路已断，要拼命冲过我们的阵线逃脱。情况颇不妙，我们的队伍统算只有一千二百人。因此，我就命那个军官把招降旗携来我面前；但他却是目光摇移不定地踌躇着。我告诉他：如在八分钟内，不肯缴械投降，那就不饶恕了。那个军官看着我；但不几时，他的军队便解除武装，全体投降，计有精卒四千名。

3 日

破晓全军都临场了，我便下令后退，诱敌来袭；同时，塞律里埃则正侧击维尔姆泽之左翼。当我们发现塞律里埃的支队时，便即命副都统韦迪埃（Verdier）猛力扑攻。经过一次凶烈的炮战，敌军左翼溃散了。于是奥热罗攻敌的正面，马塞纳袭敌的右翼，所有全线都得到大胜利。

5 日

五日之间，经过几次大战，维尔姆泽大受重创，计失大炮七十架；被俘约有一千五百人；当时阵亡和受伤的，共有六千人之多。

夜中在战场上：月光正是光芒可爱地照亮着。那深沉迷蒙的夜色之下，忽有一只狗从一个死人的服装底下慢爬出来，向我们面前直冲而来；但它忽又立刻跑回卧所里去，狂叫得煞是可怜。它用舌头舐着他主人的面，再回转头来看视我们，似乎恳求援助，给他主人报复的样子。这样偶然的事，委实使我心神失了常态。老实地说：向来在战场，没有什么情景，能够使我感动到如此。所以我很勉强地停止脚步，呆呆看着，似乎对了自己说：人们原是有朋友的；但他死卧到这里，除了他的狗外，已被一切人遗弃了。这只狗的事，给我多么重大的教训？

8 日

在维罗纳：这里已恢复我们原有的地位了。敌军已很狼狈地，远远地退入蒂罗尔（Tyrol）；奥地利的军队也无形地消灭了。形势严峻的意大利，重新得到安宁了。

13 日

在布里西亚：罗马教皇以为我们迷途了，便派遣了一个代表来弗拉拉（Ferrara），我就请了这个阁员到大本营里来。

14 日

与督政府书：这是很好的事，我今将本军效力的诸位军长的考语，分列如下：

贝尔蒂埃，有才能，有气魄，有勇，有毅力，样样俱全。

奥热罗，宏毅有勇，意志坚定，有能力，战事阅历颇深，军人爱戴；无论担任什么事，都遇着好运气。

马塞纳，活泼耐劳，有胆，有本能，有决断。

塞律里埃，战斗似一兵丁，乏创解，能坚定，颇蔑视部下；现在有病。

狄斯皮诺伊，懦弱，无能力，无勇气，不是打仗材料；为其部兵士所不喜，不肯领部下赴敌：但是志趣是很高的，人尚聪明，政治思想亦实在，在国内带兵是好的。

索雷特，是一个很好的军人；可惜教育不够，不能当军长，且运气不好。

阿巴特治（Abbatucci），简直不配统带五十个人。

加尼尔（Garnier）、缪尼埃（Meunier）、卡萨边卡（Casabianca），这三个人并无才能。我们这次战事，是极其活泼，又极其为难，这三个人都不宜带队。

马科特（Macquart），是个好人，无才具，尚能奋勇。

高尔特（Gaultier），办文牍尚好，向来未见过战事。

缪拉晓得一座城堡里有女人，于是要他的大本营安置在这城堡里，不知做了多少错误的事。

18 日

我妻已到。

四五日内，我们无敌的军队将要发起新战事。我们将要越过蒂罗尔山的要隘，结束在德国的战事。

31 日

致约瑟芬书：我就要动身赴维罗纳。我曾盼望得你一封信，我很着急候你的来信。我同你分别的时候，你身体有点不适。我求你不要令我惦念。三天之内，你并无一信给我，我却给你好几封信了。你不在我左右，我觉得极其难受。夜长，令人讨厌，日间又太无味。

今日我独自一人思想，独自一人办事。所交接的都不过是军人们和他们的计划，却无你一行的书信。使我将你的信紧压我的心。

大本营是已经迁移了，一个钟头之内我就要走。

9月3日

在阿拉（Ala）。致约瑟芬书：我的可敬可爱的朋友，我们正在前进，我们把敌人的前哨都哄退了。我们的军人是快乐到了不得，意气是很奋发的。

还是没得你的信，我是十分着急。幸而我听说你身体很好，并且听见说你居然能够往科摩湖上一游。每天我都等候你的信，想得你的消息。我看得你给我的信是很珍重的。你是晓得的，我同你分离，就算是没得我这个人了。我的为人的欢乐，就是我的温柔约瑟芬的身边。你要想想我，你要多写信，常常写信给我。只有写信给我，可以治分离的病。

6日

在特兰特（Trent）。罗韦雷托（Roveredo）一役，是这次远征的最得手的战事之一。我军战胜结果，是获了六七千俘虏，二十五尊大炮，七面旗。5日早上8点钟，马塞纳占领特兰特。敌将维尔姆泽弃城而遁，向巴萨诺（Bassano）退避。沃布瓦（Vaubois）军长正在追敌。我将于8日到巴萨诺。倘若敌军仍能立足，将有一场战事。

9日

在巴萨诺。我军两日行六十英里，完全令敌军不知所措。我们夺得五面旗，是拉纳团长亲自夺来的。我军正在追逐敌军一支，约有八千人。一个月前敌人大军前来，欲逐我们出意大利。今日只剩这八千人了。六日之内，我们大战二次，小战四次。共夺得敌旗二十一面，俘一万六千人，转战一百三十余英里。

团长拉纳将擢升军长。

10日

在蒙蒂贝洛（Montebello）。致约瑟芬书：我军向未有过近日这样胜利，意大利、弗留利（Friuli）和蒂罗尔山都是共和国的了。再过几天，我与你就可以相见了。这是我经历一番辛苦为难的极甜美的奖赏。我送你一千个滚热的吻。

15日

在维罗纳。我喜欢波兰人，瓜分波兰，原是一件不公不法的事，是不能持久的。等我把意大利的军务办完的时候，我自统法军，强逼俄罗斯重建波兰国。

17日

致约瑟芬书：我的好朋友！我常常写信，你却很少得写。你是个倒行逆施的人，你是个坏人，你是个极坏的人，你的行为很轻狂。你不想想看，欺骗一个可怜的丈夫，欺骗一个心软的丈夫，是一件很不好的事情么？难道因为你的丈夫同你相隔在远，被诸多事体所累，又烦心，又受辛苦，就该全失他所应该享受的事么？若无约瑟芬，若无约瑟芬的爱恋，世上还有什么可留恋的事呢？活在世上，做什么呢？我的可敬可爱的约瑟芬呀！我与你暂别。将来有一天晚上，我就打开门，闯进来，闯进一个吃醋的丈夫，我就在你怀抱之中了。

26 日

在米兰。致红衣大主教马太（Mattei）书：大主教，因为你的人品高尚，人人都称赞你，故此我让你回去弗拉拉，遮盖你最后一个月间的行为。

我将臆断你只是一时忘记你的圣经知识所令你追忆的一条道理。凡是教士干预政治事体的，就不能享受他的职位的权利。你今回去你所管的教区，力行美德，从此以后，不要再干预政事。

10 月 1 日

视察军队有一万八千人，封口军队九千人。奥帝于六个星期之内，将有五万人。

2 日

致督政府书：威尼斯现受恐吓，正在同那不勒斯王和教皇密谋。曼图亚未在我们手中之前，我们对于他们，不能有什么作为。那不勒斯王有六万人，正在调集间。

无论从任何观点看来，托斯卡纳（Tuscany）公爵算不了什么。

帕尔马公爵的举动还好，无论从哪一个观点看来，他都是不足为虑的。

因为罗马人现在正是发狂，罗马是有力量的。

诸位如果一定要同罗马和那不勒斯开仗，我们还要添四万五千。诸位仍然还要同罗马议条款，不要打断了，等到我们预备好向罗马进攻，方好停议。

致德帝书：陛下！欧洲是要和平。这场不幸的战事，已经拖延太久了。我今警告陛下：除非陛下派使臣到巴黎，不然我所奉督政府的命令，是要填塞的里雅斯特（Trieste）港口。我望陛下恢复和平，让天下人休息。

致凯莱尔曼军长，时在里昂。无论里昂如何，必要第四十师军队，也是不能不遣送他们来这里。总而言之，宁可冒在里昂发生奋拳相斗的险，却不能不保全我们在意大利所征服的地。

我的好军长，请你用你的爱国热诚筹虑一番，立刻发遣援兵来此。你若要我们接续送你七十万法郎的话，请你就照办。

8 日

致督政府书：我的健康大受震动。我必要请诸位择人前来做我的后任。

11 日

在伦巴底。军旗是绿白红三色。

德帝的军队向蒂罗尔大山进发。

连日大雨未停。我军多人生病。

12 日

报督政府：诸位自然以为诸位所派的军需委员，是会偷窃侵吞的，还是来办公事的？他们偷得太胆大了，假使我有一个月余闲，我是个个都要枪毙的，一个也不留。我是常常把他们拘拿。但是裁判官都是受了贿赂的。我们这里的法庭是一座市场，样样都是出卖的。

狄文宁（Thévenin）简直是一个贼，他在我们面前要阔。我要几匹好马，他就送给我。我受了，我却不能使他收受马价。我把他拘起来，监禁他六个月。他的资财有现款六十万法郎。

运兵船只，有许多逋臣，他们自称为王室运输员，胆敢在我面前公然用绿色领条。我常常拘禁他们，诸位是可以想得到的。但是他们常躲避我。

新来的人，似乎比狄文宁好。诸位要晓得，我这个话是指大规模偷盗而言，他们居然尝试在我的办公室里贿赂我的秘书，诸位能相信么？

我这一段指斥他们的话，都是从良心上发出来的。他们个个都是奸细。所有的军事委员，无一个不是盼望我们打败仗的。他们常与敌军通信，其中有大多数是逋臣，走漏我们军队的数目，就是他们。我对于他们很要小心防范，比防维尔姆泽小心得多。

17 日

在摩德纳。波伦亚、摩德纳、纳勒佐（Reggio）、弗拉拉二邦，召集一个会议。他们都是出于一片热心和纯粹爱国心，很能振奋精神。他们已见得意大利是一个新造的国了，他们组织二千五百人的一支军队。所有一切军械军衣，都是他们自备的，不要我们干预。倘若这种军队能立功，后效是很重要的。

致约瑟芬书：我昨天终日都在马上，今日我睡在床上。我有点头痛发热，令我不能写信给我可爱的朋友。但是我的好朋友的信到了，我将这几封信紧压在我的心前，紧压我的嘴唇，两相分离不能相见的痛苦，立刻消灭了。有片刻间，我能设想你在我身旁，不是多愁善变的人，是温柔大雅无美不备的人，唯有约瑟芬有这许多的好处，这是一场好梦。你试猜猜看，这一场好梦，曾否治好我的发热？你的信是其冷如冰，好像是有五十岁年纪了，好像是你我结婚已经有十五年了，你的来信传达暮年的交情和情操。约瑟芬呀！这是很不良的，很不好的。这是你谋叛，若是你要使我不欢，这样就够了，不必加什么作料了！你不爱恋我了吗！这一件你已经做了。你恨我吗？也罢，除了恨之外，无一事不是令人退化降格的。但是看作不足重轻，随带无情的脉搏、那不动的瞪眼和那不大不小的脚步……

21 日

在弗拉拉。致红衣大主教马太书：罗马政府是不肯收受督政府的条件。现时正在备战，是要开战。既然，我们就战。但是我为本国起见，为人道主义，为我自己起见，必要尽我最后的力，使教皇发生较为和平、较为合其神圣的身份的情操。请你去罗马见这位大主教，启迪他，使他明白他的真实利害所在。此时尚有调停的可能。

24 日

在维罗纳，弗拉拉的主教是一位红衣主教，是一位罗马王公，有十五万法郎税收，全数都给了人民，住在自己的教堂里。我送他往罗马，名为请他去议条款，其实是把他哄走了。他却很欢喜他的使命。

教皇的谬妄实是令人难信，我的用意是借停战作掩护。等我到了安科纳（Ancona），我就揭开假面具宣战。这次的把戏，全在这时候要手段，好骗那只老狐精。

25 日

致卡尔诺书：你看我兄弟（吕西安）的信，就晓得他个热头脑的人。在 1793 年，我虽常常劝他，他自己还是屡次地为事所牵累，他是受了束缚的，他定要当一个雅各宾（Jacobin）派。现在科西嘉岛，已经是自由了，请你吩咐他回该岛去。我很感激你的。因为他刚愎自用，仍在莱茵河军中，是再不能够的了。

26 日

我已委派米尔隆（Muiron）、萨尔科夫斯基（Sulkowsky）、迪罗克（Duroc）当我的副官。

11 月 2 日

致马塞纳书：每三个钟头发一快递，飞送消息。我们已预备前进。

3 日

敌军已渡皮亚韦河（Piave）。

5 日

昨晚沃布瓦军长退回罗韦雷托。

7 日

在里沃利。对军队演说词：军人们呀！我不能再夸奖你们了！你们既不守纪律，又不能坚忍，又无勇气，各处地方你们都抛弃了。第三十九队，第八十五队，不是法国军人了。总参谋还他们的旗子，他们不属于我们征意大利的军团了。

11 日

在维罗纳。我是尽我的职责，军队也尽他们的职责。我的感情是破裂了，但是我的良心是安静的。派援兵来，派援兵来，兵部长官调遣六千人。先送三千，等到他们到了米兰，只得一千五百人。

13 日

凌晨 3 点钟。我听见敌军扎营于维拉诺瓦（Villanova）。我们就从维罗纳前进。12 日破晓。我们见着敌军，敌人有二万二千人。我们有一万二千人。奥热罗占据卡迪埃洛（Caldiero）村。马塞纳占据敌军旁边的山。但是大雨利于敌军，他们仍占优胜地位。

天气还是不好，我军已经疲乏，又无皮靴，我已把军队领回维罗纳。我们刚好走到这里。今日必要休息一天。明日我们就能战。

我们最好的军队受伤了。所有我们的军长，现在都不能办事。征意大利的全师，现在只剩了不多的几个人，现在是快要死了。儒贝尔、拉纳、兰纳斯（Lanusse）、维克托（Victor）、缪拉、沙博特（Chabot）、杜普伊（Dupuy）、兰邦、皮扬（Pijon）、沙布朗（Chabran）、圣西尔（St. Hilaire）诸军长皆受伤。还恐怕勇敢的奥热罗，百折不回的马塞纳、贝尔蒂埃和我自己四个人不久就要丧命了。

我们背水一战，作一次最后的努力。

致约瑟芬书：我不能再爱恋你了，其实我是恨你。你是个不良的女人，你是愚蠢，无分寸，又傻。你停止写信给我了，你不爱恋你的丈夫。你晓得的，你的信很能令我欢乐。你连随便写六行信给我，你也不写。

太太！我请问你，你怎样过日子？到底你有什么要紧事，就忙到无暇写信给你的所欢？你曾答应过给他爱恋，给他温柔，永不改变的爱恋。到底是什么事情把你所许他的爱恋制住了？

我的好友，我得不着你的信，我当真是很着急。你赶快写一封四页的信给我，还要写些甜美的话，带有情操和欢乐，可以充塞我的心。

不久我盼望搂抱你，用一百万次接吻，盖在你的嘴唇。我的吻是热如赤道的。

14 日

在比利亚弗兰卡（Villafranca）。

倘若沃布瓦军长在里沃利被攻，他已奉命竭力抵抗，支持到晚上。大军正在前进，渡阿迪吉河。明日攻击敌军。

19 日

在维罗纳。致督政府书：我是很疲乏了，我不能把阿科拉之战以前的调动军队详细情形报告。这一战是断定意大利的命运了。

我探得阿尔文齐（Alvintzi）统帅正在向维罗纳前进，我就带同奥热罗、马塞纳所统的两支军队，沿阿迪吉河溜走。在朗科（Ronco）我用小舟架了一座浮桥。我希望猛攻维拉诺瓦，夺敌人的枪炮和辎重，抄击敌军之后。唯是敌人已有军队在阿科拉村里，在低湿地方和运河之中。我和乌迪诺、拉纳等军长皆被挫，不再战。

奥热罗手执一旗，走到桥尽头，大喊道："你们这群怯懦无勇的人，你们怕死么？"奥热罗站在桥头好几分钟，我们要夺这座桥。我自己走上前线，我就问军人们，你们是不是还是当日洛迪得胜的军人？他们见我一到前线，就在军人们心中，发生颇深的印象。我就决意再试过桥。拉纳军长已经受伤两次，至是，又回头再战，第三次受伤。维格诺尔（Vignolle）军长亦受伤。我们不能不抛弃从正面攻这个村子的计划。等候吉柔军长的队伍从阿巴雷托（Albaredo）来援。一直等到晚上，这一支军队才赶到。

天一破晓，奋勇再战。马塞纳攻退敌军左翼。追至阿科拉。这一次阿科拉之役，我们俘敌军四五千人，夺得敌旗四面，大炮十八尊。我的副官有二人阵亡，都是很有希望的军人。

致卡尔诺书：我们此次阿科拉血战，是向来未有过的。我部下的军长，死伤甚多。这时候并没得什么军长了。他们的勇气和甘于牺牲，是无与比伦的。拉纳是扶病临阵。第一天打仗，他受伤两次。他得知我身临前线的时候，原是睡倒在病榻忍受痛苦，得了这个消息，立刻跳出病榻，上马找我，因为他不能站立，只好骑在马上。他在阿科拉桥头中弹，立刻倒地，昏迷不醒。我实对你说，不是这样奋不顾身，是不能得胜的，你们必要迅速发兵来援。不然，我们是不能得再做我们所已经做到的事。法国人的性格，你是晓得的，是不甚有恒的。你们的团，原是极好的；因为屡获胜仗，已经变弱了。现在不过是平常的队伍了。

22 日

致约瑟芬书：我的宝贝小约瑟芬呀！我正在要上床睡觉。你的可爱面貌，充塞我的心里。我与你分离这么久，我的心很痛，但是我希望不多几天，我所处的情形较好，并希望能够给你一个热爱已灌满我心的证明。你这个狠心的女人呀！你再不写信给我了，你再不想你的好朋友了。你晓得不晓得？若无你，若无你的恋爱，你的丈夫就是无太平、无欢乐、无生命了。天呀！我在你身边，看你梳头，我不知是如何欢乐。我要看你的小肩膀，你的白而小的酥胸如是之实又如是之软。最令我爱的，尤其是你的能迷人的小脸披着头巾。我的生命，我的幸福，我的快乐，唯有你一个人能给我。同约瑟芬同住，就是住在天堂……我吻你的嘴、你的眼、你的肩膀、你的胸……

27 日

在米兰。致约瑟芬书：我到了米兰，我闯进你的屋子。我什么都撇下了，特为来见你，来接抱你，你却不在这里。你到了别的市镇宴乐去了。我来了，你却跑了。你不要你的宝贝拿破仑了。你的爱情是反复无常的。因为你无长性，故此看得我很冷淡的。

我是习惯冒险的。我晓得向什么地方找事，补救我的烦心和愁闷。我的不幸的事太多了，是计算不尽的。我应该不盼望有这种不幸的事。

我今逗留在米兰，等到 29 日下午，就要走。这也不必阻碍你的计划。你只管寻乐，你是该享幸福的。只要能够使你快乐，全个世界都是欢乐的。只有你的丈夫一个人不欢乐。咳！约瑟芬呀！约瑟芬呀！

12 月 5 日

致拉隆德（Lalande）。我接着你的来信，我立刻就把信里的附件，送交米兰的天文师。无论什么时候，只要我能为科学尽力，我原是要慰我自己的感情，我也很晓得我也得了好名誉。在所有一切科学之中，当以天文为最有大功于理性和商务。一个人在晚上分享一个美貌女人和一个可爱的青天，白昼却去用算法证实夜间的臆测，这就是在人世上的幸福。

8 日

致威尼斯共和国军粮官书：你给我一封信，诉说法国军队的行为。我却不见得他们有什么不是。我却见得（奥或德，译者注）帝的军队，有不法行为。他们的军队，无处不犯有极其可怖的行为。我见了都要发抖。

从维罗纳发出来的信的派头，是一位不相干的修辞科的学生的派头。哈！老天呀！军粮官先生呀！战祸是够坏的了。你何必再百倍夸大其词，何必再加添作料，变成无理取闹的神话呢？

若是有人敢说法国军队在威尼斯地奸淫妇女，我都当作是说谎。从交来的无理的文件看来，好像是维罗纳和布里西亚地方，无一所教堂，无一个妇女，不被法兵蹂躏过。你拿人民起哄和市镇起事恐吓我。这是很像对我们宣战。你是不是奉过你政府的命令做这种事。威尼斯想对我们宣战么？

21 日

在维罗纳。统领曾经阅过马塞纳和奥热罗的军队。这军队的情形很好，统领很喜欢；可惜刺刀太少。

我宁可看见兵丁无裤子穿，也不愿意看见他们无刺刀。

28 日

在米兰。阿尔文齐的军队在布伦塔（Brenta）和蒂罗尔山中。共和国的军队是沿阿迪吉河岸。前锋在维罗纳和莱尼亚诺（Legnago）之前。曼图亚是严密被困。

打仗的秘诀，首先是在乎计算胜败的成数，要算得极准。其后则在乎如同算学一样准确的，加上机会的因子。自平常人看来，机会是一本读不通的奥秘天书。

1797年

1月3日

在米兰。致军长贝尔蒂埃书：烦你号令拉纳军长，限两个钟头之内出发，第十九半旅团归他统带。军官等要随同队伍进行。不得坐快车。他们要像征意大利的军团的队伍，不要像波斯王的队伍。无论任何军官，若有坐车的，一经查出，即行免职不贷。

6日

我有空闲的时候，愈研究陆军的诸多无可挽回的缺点，我愈相信必须赶快改良。无论什么都是可以买、可以卖的。陆军的消耗过于浪费，比必需的浪费多至五倍。意大利有名的女演员，都是法国陆军所用的人员包的。奢侈、淫乱、受贿等事，已经到了极点。只有一个补救的方法，就是立一个执法机关，要有权能够定陆军办事官受枪毙重刑的。佩威克（Berwick）统帅因为军粮不足，缢死他的军需官。我们的军粮是时常短缺的。并不是因为我懦弱，我哪一天不拘禁陆军所用的官员？但是无人做我的后盾。

12日

在罗韦贝拉。号令后备马队今晚驰赴莱尼亚诺。又令马塞纳军长预备今晚行进，阻止敌军或有可能的渡阿迪吉河。儒贝尔军长有一万人，并未受扰动。即使当我们在莱尼亚诺的时候，他被击败，他们尚还来得及。

13日

上午9点钟在维罗纳。致儒贝尔军长：其时在里沃利。烦你即速告诉我：在你之前的敌军，是否多过九千人？我要能够决断敌军这种举动，是不是小举动，不过是一种诡计，诱迷我们的？在维罗纳方向，敌军大约有六千人。

午后 3 点钟。敌军举动的用意已揭露了。他们的军队是向里沃利进行。

晚上。儒贝尔军长已经集中队伍，保护里沃利平原。统领正在调动马塞纳所统的大部分军队去助儒贝尔。

16 日

在罗韦贝拉。致督政府书：14 日我军有里沃利之捷，俘敌军一万三千人，数面敌旗，还有几尊大炮。14 日奥热罗军长攻安吉亚利（Anghiari）敌军，俘二千人，夺得大炮十六尊。但是当晚敌军向曼图亚走脱。奥热罗进至敌军大炮所及的地点，攻圣乔治（St. George）未能攻下。我晚上带援军赶到，于是在拉法洛特（La. Favorita）相战。我就是在这个战场写这个报告。这一战的结果是俘得敌军七千人。我军就是在这里，于三四日之内，把德帝的第五师团打破了。

17 日

在维罗纳。我是 14 日凌晨 2 点钟到里沃利。我立刻发号令攻据圣马科（San. Maroo）要地。将里沃利平原用炮队包围。破晓时战事最为剧烈。儒贝尔用第三十三团扶助他的轻便步队。阿尔文齐并不晓得我晚上赶到。敌军急攻我们左翼，左翼稍退；敌军冲入我军中坚，我军第十四团奋勇抵住。

18 日

敌军勇敢的普罗韦拉军长请降。共和国的军团在四日之内，俘获约二万五千人，夺得大旗二十面，大炮六十尊。敌军死伤，至少也有六千人。所有我们的军团，都立战功。有人说罗马军队，一日能行二十四英里；我们的军队一日能行三十英里，中间还要打仗。

19 日

凡敌军击灭一支军队，却并不是击灭，是为这一支军队立不朽之名。

20 日

致督政府：我明日调动五千人过波河，直向罗马前进。我送上敌旗十一面，都是从里沃利、拉法洛特两役夺来的。送旗的是贝西埃尔。是一个勇敢屡立战功的军官。

22 日

致罗马加科特（Cacault）书：请贵长官接到此信之后，六个钟头内离开罗马。他们曾经使你受过无尽的耻辱，现在你可以走开了。

致马太红衣主教书：我烦你转递与大神父的和平话语，已经被人阻压住了。这是一本无理取闹的小戏。现在时候到了，应该闭幕了。无论有什么事件发生，大神父可以仍住在罗马享受完全的保安。他是宗教的总教士，他的自身同他的教堂是当然受保护的。我必设法不令扰及我们祖先的宗教。

28 日

曼图亚并无新闻。下月 3 日，我们开始炮攻。

天气很可怕，大雨下了四十八个钟头。

2 月 1 日

在波伦亚。罗马政府已破坏停战条约，故此我声明新 6 月 2 日的停战条约停止了。

法国军队正在入教皇的辖境。我们的军队是要遵守他们的不侵犯主义的，要保护宗教和人民。

2 日

曼图亚归降。

3 日

在法恩扎（Faenza）。敌将维尔姆泽现年七十岁了，运气实在是不好。故此我优待他，特为表示我们法国人的大度。他在曼图亚被围，曾经两三次，亲领军队，欲夺围而出，屡遭不幸。

4 日

在福利（Forli）。维克托所带的军人们呀！我很不喜欢你们。你们要想在这次的军务求得荣耀，唯有从好行为得来。我故此发一号令：军人若被证实损害征服地的生命财产的，当众枪毙。

10 日

在安科纳。致约瑟芬书：我这两天都在安科纳。我向来未受过愁闷，有如这次战事的。

15 日

在马切拉塔（Macerata）。致督政府书：安科纳是一个极好的港口，离马其顿（Macedonia）不过二十四个钟头，离土耳其都城不过十日。议和的时候，我们必要得安科纳，在法国旗之下保留这个地方。有这个地方，我们对于土耳其就有了根据地。

洛雷托的库藏，值三百万法郎。他们走后，遗留的约值一百万。我此外加送诸位一个圣母像和古代的遗物。圣母像是木制的。

我们的军队今晚可以到福利尼奥（Foligno）。我所盼望所做的事如下：我愿意与教皇议和。但要教皇割让波伦亚、弗拉拉、乌尔俾诺（Urbino）、安科纳等地；又要教皇偿给三百万，代洛雷托的库藏；又要给我们一千五百万，此是停战条约所欠交的。教皇若不承认我的条件，我将入罗马。

16 日

致约瑟芬书：你愁苦，你不舒服，你不写信给我了，你要回巴黎。你不爱恋你的朋友了吗？这样的思想令我极其难过。我的甜美朋友呀！我自从听说你愁苦之后，我所过的日子，简直是受不了。

也许不久就能够同教皇立和约。那就可以回来，在你的身边。这是我最热烈的想望。

我送你一百个吻。只有我的着急，比得上我的爱恋。

17 日

在托伦迪诺（Tolentino），我军离罗马不过三日程。我现时正在同一群教士们议约，圣彼得将再救罗马一次，殆无可疑的了。

18 日

我从威尼斯得来的消息，说是查理王已经到了的里雅斯特，又说各处的奥军都已经发动。

19 日

致督政府书：我附寄和约，是法兰西共和国与教皇立的。我今晚动身赴曼图亚。我军快要渡皮亚韦河。

3 月 6 日

在曼图亚。致督政府书：诸位接到这一封信的时候，我们重新有大活动了。曾经有人向我商量停战，我并不答应。

在托伦迪诺所签立的和约，已经教皇批准了。我们在意大利所处的地位似乎可以十分满意。关于诸位处置威尼斯的教令，现在尚未到奉行的时候。

10 日

在巴萨诺。征意大利师团的军人们呀！你们攻克曼图亚，是我们国家应永远感谢你们的。血战十四次，小战七十次，都是你们得胜的。你们所俘获的是十万多人，所夺得的是二千五百多尊大炮。军粮、军品、军饷，都是你们所供给的。你们还解送三千万给国库。巴黎的博物院，多添了三百件古物，都是三千多年所产生的物件，又是你们的功劳。

但是你们应做的事，还未完全。你们的前程，是极其伟大。我们国家的最宝贵的希望，都交付给你们了。所有我们的仇敌，都被我们打倒了。只剩了一个德帝，仍然同我们相抗。德帝是领了伦敦商人发给他的薪金，德帝的政策就变作这些无信岛民的政策。这些岛民既受不着打仗的危险，又在那里笑大陆的愁困。

我们的大指挥们，曾经不遗余力地恢复欧洲的和平；但是维也纳是装聋不闻。奥国这一朝，三百年以来，每一次出战，必损失若干权力。当这第六次大战的结局，将要承认我们所喜欢允许他们的和约条件，要降作次等国。奥国领受英国所发给的薪工的时候，就到了次等国的地位了。

11 日

我们的前锋，昨日到了法尔克（Felke），不见敌军。

13 日

在康尼安诺（Conegliano）。我们在皮亚韦河之上，敌军退后。似是在塔利亚门托河（Tagliamento）之后驻军。

16 日

晚上 11 点半钟，在沃尔瓦桑（Valvasone）。

我们今早到的塔利亚门托河，看见查理王成列的军队有一万六千人。塞律里埃和贝尔纳多特夺路前进。我军夺得大炮八尊。

17 日

我们过塔利亚门托河，过得很顺利。但是我军愈深入，德国攻我们的敌军愈多。我只有五万人，不能每事必办到。

20 日

在帕尔马诺瓦（Palmanova）。我们攻过伊松佐（Isonzo）线。

21 日

在戈里茨（Goritz）。我写信给布地（Boudet）。请他赞成在第五十七团的军旗上绣两句话说，可怕的第五十七半旅团，是无物能拦阻的。[①]

今对一位军长说：你去意大利打胜仗，在维也纳签和约，说是很容易；但是办到，却是不容易的。督政府送交我的计划，我是向来绝不注意的，唯有傻

---

① 殆谓无坚不破也。——译者注

子才肯听他们的糊涂话。说到贝尔蒂埃，你晓得他是个什么材料。他是一头蠢驴。什么事都是他办的，他居然有许多征意大利的军团的军功。

22 日

在一星期之内，我可以到克拉根福（Klagenfurt），离维也纳有十五个驿站。倘若不是趁早渡过莱茵河，我们就不能维持我们自己的行动。

25 日

我们过了莱茵河吗？我的举动总要揭露的，敌人立刻就晓得他们的危险。敌人将必从莱茵河调回所有的军队，集中兵力来抵抗我。

28 日

在菲拉赫（Villach）。所有的半旅团都奉有命令，不许多带妇女，多过法律所许的洗衣妇女的数目。凡是军队中，有未经特许的女人，一经查出，是要当众受鞭笞的。

31 日

在克拉根福。致查理大公书：有勇的军人是要挑战的，但是仍然盼望和平。这一次的战事，不是已经拖延六年了吗？我们所杀的人，还不杀够了吗？欧洲也曾举兵反对法兰西共和国，都已经罢手了。难道是我们就无议和的希望吗？难道我们必要接连下去，彼此相杀吗？

倘若我所发起的议和条款，能够保存一个人的生命，我对于戴一顶议和得胜的王冕，比从打胜仗得来的荣耀，还要自鸣得意得多。

4 月 1 日

我已经将信送交查理大公，倘若他的回话是以我的话为然的，倘若维也纳的宫廷也偏向于和平，我就要自己做主，同他们签条款。我若多得二万人，我当然迅速带领军队直攻维也纳。

3 日

在法利沙克（Friesach）。查理大公正在调回所有军队，掩护维也纳。

马塞纳和吉柔正在追逐敌军。昨日我们俘敌军六百人，杀伤敌军后队若干人。这是查理大公亲自统带的。

4 日

在希夫林（Scheifling）。马塞纳所部的一支军队将沿大路向雷奥本（Leoben）前进。

5 日

在如丁堡（Judenburg）。敌军似乎是更为匆匆地退走。查理大公曾派一位参谋官求停战四个钟头——这是绝对不能答应的一件事。

7 日

早上。致默费尔特（Merveldt）和贝尔加德（Bellegarde）两军长书：就两军此时所处的地位而论，停战是不利于法国军队的；但是若以此次停战为我们两国所欲得的和平的一级台阶，我愿意能如二君所愿。

傍晚 6 点钟。发号令给马塞纳军长带领全部前赴雷奥本，并令其占据该处。

半夜。签押停战约，至 4 月 13 日为止。

8 日

在如丁堡。致督政府书：这就是默费尔特和贝尔加德两军长交来的文件。我曾告诉他们在和约前的条件，是割让属于莱茵河所有的地方。他们要我解说我对于意大利的办法，我不允解说。我军所在的地方，离维也纳六十英里。是以征意大利的军队，孤立，又无掩护。我军尚未渡莱茵河。

我诸事都已虑到，我这一考虑，引我相信讲和的时机已至。我们必要议和。倘若不能如我的期望，议约不成，我就觉得有诸多为难，不知以后应该作何举动。

9 日

诸事进行顺利。

致威尼斯大执政书：所有威尼斯陆地，都已经备战。你所准备的农民的口号，都是说杀法国人。难道你相信因为我深入德国内地，就不能够强逼你们敬重世界上最强的国么？难道你以为驻扎意大利的军队，就安然受你所激起的惨杀么？我告诉你：我的袍泽所流的血，是要报复的！我派我的第一副官送这封信给你，你是要和平还是要开战？我们现在不是查理八世的时候了。

这封信是朱诺送到威尼斯的，要在二十四个钟头之内取回信。倘若任从威尼斯有时候召集军队，是一件危险的事。

16 日

在雷奥本。致督政府书：我派副军长拉克拉（Leclerc）送这封论议和的文书，请诸位立刻打发他回来。所有我派往巴黎的军官，都贪在巴黎逗留。他们一来花钱太多；二来大饮大食，害了他们的性命。

默费尔特军长和加洛（Callo）伯爵，酷好讲仪文，他们总要把皇帝放在共和国之前，我是绝对不能答应的。

我们已经谈到承认问题。我告诉他们，共和国不要承认。现在是什么太阳升天？这原是欧洲自己的事。凡是看不见太阳的，必要冒险。

15 日这一天，加洛伯爵早上 8 点钟来见我。他说他想设立某地点为中立地点，以便我们可以正式接连商议条款。我们挑选了一所花园，作为中立地，这所花园中间有一所避暑室，我们两方面都声明这是中立地。这原是一场小戏，我也预闻其事，以便安慰这两个好务虚名的人。这个所谓中立地点，适在我军露宿营帐之间。

只要有人要开战，并不能有事物可以拦阻。一条河道向来不是一件实在的拦阻物。倘若莫罗（Moreau）要渡莱茵河，他当然能渡。假使他已经渡过河，我们就能够发号令，强迫敌人承受我们的和约条款。但是顾虑名誉的人，必定丧失名誉。当山上雪深三尺的时候，我曾领军队越过阿尔卑斯山；马车向来不走的地方，我也曾运过大炮。假令我当日只顾及我的军队的安逸，只顾及我自己的私利，我原应驻扎伊松佐河岸的；我却深入德国腹地，驱逐驻莱茵河的敌军。我已经到了维也纳的都门。这一个藐视一切的朝廷，已经派遣使臣来我的大本营。

18 日

在欧根沃尔德（Eggenwald）。德国皇帝同共和国督政府，已经签押议和草约。

19 日

致督政府书：我盼望三日之内，派马塞纳军长送德国的批准与诸位。我将驻军于威尼西亚，说到我自己的话，我是要求安息。诸位信任我，我已经证明不辜负诸位的信任了。以我所做的一切诸事而论，自我看来，原不算得什么。此时我已经深入敌国腹地，将至其国都，已经赢得更多荣耀，已过于足令我欢乐的程度了。我们的后路，是意大利的膏腴平原，正如我开始前一次战事的情形。共和国既不复能供给军粮，我只好自己去觅军粮。是以我今力求诸位于批准和议草约时，同时给假，以便我回来法国。

30 日

在的里雅斯特。威尼斯人的举动日坏一日，我们实在是处于相战的情形。他们的元老院派了几个委员，我以他们所应得的待遇以待遇他们。我叫他们把英国使臣哄走，送二千万给我们，还要将英国人的货物全数交来。

5月3日

在帕尔马诺瓦。我不能不消灭地球上威尼斯的名。除此之外，别无良法。

13日

在米兰。命希利埃（B. d' Hilliers）军长入威尼斯，占据所有各军事上重要地点。

14日

接到督政府交来的批准和议草约。

威尼斯公民受法兰西共和国保护。

我正在组织阿尔卑斯的共和国，[①] 我派了四个委员团制宪法。

对山南共和国的国民军演说词：有勇气的同胞呀！你们的重大事功，就是团结你们国家的自由。

建立共和，本是你们军人的事；维持共和，亦是你们军人的事。无军队，无势力，无纪律，是不能有政治的独立，亦不能有国民的独立。

15日

人才是实在难得。意大利有一千八百万人，我只见得有两个人：一个是丹多洛（Dandolo），一个是米尔西（Melzi）。

20日

在蒙伯洛（Mombello）。希利埃军长已占据威尼斯。

6月30日

报督政府：我此刻接到一份迪穆拉德（Dumolard）的议决案，这个议案是国会谕令印行的，是反对我的。既经我立过五个和约之后，又经我最后打倒联军之后，我应该盼望若无一项仪式庆祝得胜，至少也让我泰然不受惊扰。我现在反被人用种种方法排斥窘逐。我的名誉，就是法国的名誉的一部分，反受如此待遇么？

我既经赢得国家的明令说我应受国家优待，就不应该受这种无理而又凶恶的参劾。我已经请退，我今再请准我告退。若克利希（Clichy）的小刀子饶了我的命，我要过安静日子。

---

① 可称阿尔卑斯山南共和国。——译者注

我明白了为什么波拿巴[①]被人弹劾，为的是我立和约。但是我要警告你们，我是替八万人说话。我告诉你们怯懦的律师、下流的喋喋空言家，乱把军人送到断头台的时候，是已经过去了。你们若是逼压军人，逼压得太紧，征意大利的军人们就要拥护他们的军长，前进到克利希的城门。倘若军人们有这样的举动，你们要顾住你们的脑袋。

总军长[②]派博阿尔内（E' Beauharnais）[③]当第一轻骑队的编外副中尉，同时并派为本总军长的副官。这一个年轻多才的公民，原是博阿尔内军长的儿子。这位军长被害，是法国长远怜惜的。

7月4日

法国各处有许多信给我，我不能一一答复。一个军人替本国立功，唯有国内的同胞的重视尊敬，是值得有的奖励。

14日

在米兰。军人们呀！我晓得你们听见许多恐吓我们祖国的不幸的事，你们很伤心。但是本国是不会有什么危险的。我们此时虽然在大山之南，本国是在大山之北；但是你们当然能越过大山，与飞鹰同其迅速，回国维持宪法，保护自由，保护政府，保护全数的共和国民。

军人们，你们不必忧虑！让我们对着新军旗盟誓：我们对于共和国的和宪法的仇敌，永远开战。

17日

德帝正在尝试缓兵之计。他究竟是什么用意呢？除非他的用意，是趋向克利希俱乐部，要送逋臣们回法国。既是这样，打胜仗又有什么用处呢？我们只管为本国流血，国内却有许多阴谋害国。流血又有什么用处呢？

23日

维也纳的宫廷是希望用缓兵之计，好有时间预备一切。这是不必问的了。他们盼望做一宗旁生枝节的事，以利于英国。

27日

致督政府书：奥热罗军长因有事故，请假回巴黎料理。他将面告诸位，征

---

① 拿破仑自称。——译者注
② 拿破仑自称。——译者注
③ 欧仁·博阿尔内，其母即约瑟芬，夫死嫁拿破仑。——译者注

意大利的军人们，是绝对效忠于宪法，效忠于督政府。

28 日

所有交与我国各驻使的文件，其中的反驳和出乎常轨的要求，还有奥国军队的举动，总而言之，无一事不是指明要同我们开战。

29 日

众议院[①]同督政府很有意见。

据事实看来，奥什（Hoche）大约是要登舟赴爱尔兰（Ireland）。

8 月 1 日

巴黎仍然是接续扰乱。绅士们自行分裂。桑布尔 – 默兹（Sambre et Meuse）师团已经有了强有力的宣言。德塞（Desaix）军长在这里，他担保莱茵河师团与意大利师团一致。塞律里埃军长此刻已到此，他对于保王党的扰乱很生气。

16 日

德帝似是向意大利集中军队，他有颇多新招的兵，又有我们放回去的俘虏，将能使他遣大军对敌我们。

时机将快到了，那时候我们就能明白：若要实在打倒英国，我们必要攻克埃及。

奥热罗军长已奉委统带巴黎第十七师。

28 日

致女公民多仑涅（M. D' uranne），第五十一队洗兵衣妇。本统帅（总军长）因为你当军队渡皮亚韦河的时候，奋不顾身，冒险救了我们的一位同胞的性命。我要当众表彰你的勇敢舍己救人的事，赏你一顶奖冠。[②]冠上刻有字句，载明你所做的事，不独是表彰你个人的，且表彰女流。你可以把你自己的名字加上，把你所救命的那个有勇的人的名字加上；但是我们却不知这个人的名姓。

9 月 4 日

新 8 月之革命，巴拉斯和奥热罗。

6 日

致外交总长书：同这种无胆的外交官，同这种不明逻辑的人，同这种在他

---

① 原称五百人议会。——译者注

② 这是古时罗马制度，奖冠是用橡木制成。——译者注

本国毫无势力的人商量如是重要的一件事，实在是办不来。他们来说，这就是我们所奉的训条，就算是说完了。我曾对他们说道：假使他们所奉的训条说这个时候正是晚上，难道你们也要我承认么？昨天他们提议，要我们把罗马纳、曼图亚、威尼斯国给他们。我就问他们，你们的军队离巴黎有多少里？我对于他们的无理取闹的提议，实在是很生气。

我同他们私下晤谈的时候，我曾告诉他们，说我秘密地把我自己的意思告诉他们。我之所以告诉他们，是因为他们比局外人晓得较为透澈。我向来是不说夸张话的，我告诉他们的私话，就是开仗后两个星期，我的军队就离维也纳很近了。

7 日

我已警告军队预备一切，我们 24 日发动。

8 日

外交官们还是一会这样，一会那样，一会说这样，一会又不算数。他们颇为我的办法所扰乱！我已调动迪马（Dumas）的马队前进。

12 日

致督政府书：这里附有一份宣言书，是我对军队发表新 8 月 18 日之变的。请诸位放心，我这里有十万人，能够用他们自己的力量，保护你们对于为安置自由于结实基础之上所采用的办法。

13 日

我们为什么不把马耳他（Malta）岛夺来？当我们与英国立和约的时候，倘若我们必要放弃好望角（Caps of Good Hope），我们就可以取偿于埃及。

16 日

对海军统将布律纳的水兵演说词：我的同胞们呀！我们一经削平大陆之乱的时候，我们就同你们共同出力征服海面的自由。我们将要追忆土伦化为灰烬的残酷光景。我们的努力将能得胜。若无你们海军，我们陆军只能传播法国的声威到大陆的一小部分；若有了海军，我们将要渡海，我们法国就可以威名远播了。

19 日

无论我们这样自骄自傲，无论我们播散若干千份的小册子，无论我们说了无穷无尽的演说，我们对于政治，对于社会学，实在很缺知识。我们还不晓得怎样规定行政、立法和司法权的界说。孟德斯鸠（Montesquieu）的界说是伪的。

在五十年之内，我只能看见一件事物是我们曾经有显明规定的，即是人民的主权；但是对于什么是宪法的权，应如何分权，我们都并无规定。故此法国的组织，仍是不完全。

现在这个立法机关，耳无所闻，目无所见，不应该乘一时之兴，立了千条法律，把我们都吓倒了。况且他们又用这一条无理的法律，取消那一条无理的法律。故此我们虽然有三百张双页纸的法律，其实法国还是一个无法律的国。

据我想来，这里有一种政治的信条，是为我们现在的环境所恕的。在18世纪之间，还要不得不用刺刀去救国，这不是这个国家三千万人的大不幸么？

25日

致督政府书：前天有一军官从巴黎到此。他叫人晓得他是12日从巴黎动身的。他又叫人晓得巴黎对我有点不放心，不晓得我对于新8月18日的事体是何意见。这个军官带了一种通告书发给我部下所有的军长。

从此看来，政府对待我显然是同政府于新9月之后对待皮什格鲁（Pichegru）一样。诸位公民指挥，我请你们派人来接代，准我辞职。既然是这样不知感激，实在是出乎我意料。世上无人能使我仍然为政府出力了。

况且我要调我的心境，以便再与舆论合拍。我手执非常大权，为日已久。我向来是用我的大权为国家造福。无论怎样有人怀疑我，我都是为国利民福的。毁誉一切，皆委诸我自己的良心和日后的公论。现在法国已太平，并无危险，我能够去职，不致发生不良效果。

人世大事，是一发千钧；有才能的人，是利用时机。凡是可以给他一个机会的，都不肯忽略。才能较次的人，就不能了。只要忽略一件事，就败坏一切了。

10月1日

饭后我与科本兹（Cobenzl）伯爵密谈。他说：德国可以给我们莱茵河，但是我们要在意大利有大让步。他的提议是无理的。我的身体很受损伤。用兵打仗的人，最要紧是身体健康。无物能恢复健康，我几乎不能上马，我要休息两年。

6日

和议毫无进步，奥国所要求的太多。再过12日，我们又要到战场了。

10日

和议居然似乎有眉目了，今晚将要签押和约；不然，和局就要被破坏了。

此后同英国开仗，局面更大，更要紧，我们更有好机会。英国民族胜于威尼斯，解放英国民族将能永远固结法国民族的自由和幸福；如若不然，我们若能强逼英国政府与我们立和约，我们在世界上的商务将得有许多利益。这是标示固结法国民族的发达和自由的一大进步。说到我自己，只好是我从什么地方来，还是回什么地方去。功成身退，躬耕度日，为天下人做一个榜样。遵守法律，厌弃军阀专制。军阀专制，不知破坏了多少共和国。

16 日

在坎波福米奥（Campo Formio）。科本兹伯爵和我两个人相会，作末一次的会议。我们所在的屋子按照奥国习惯，摆了一个宝座，一张大椅代表奥帝。我一进屋子，就问：这种铺排是为什么？（他们把情形告诉我）我就对奥国使臣说道：来来来！我们未开议之前，你不如把那张大椅子挪走。因为我向来未看见过，有一张椅子比别张椅子位置较高的，就无人立刻要坐在那把最高椅子上的。

我就问科本兹伯爵，说道：这是你的最后通牒么？等不到三个月，我就打碎你们的国家，如同我现在打碎这一盘玻璃杯一样……我立刻就破坏和议。

18 日

在帕沙利安诺（Passariano）。

凌晨 1 点钟，在坎波福米奥，签押和约。我很晓得将来有许多褒贬和挑剔。

11 月 2 日

征英国的军队已经成立了。

5 日

奥什军长原有很好的英国地图，可以从他的后人取来。

9 日（12 月 11 日）

有半数军队经过米兰。这都是回去法国，编作征英国军队的主力的。

我已令马塞纳、贝尔纳多特、布律纳（Brune）、儒贝尔、维克托、兰邦、拉纳等诸军长，预备起程，前往分统征英的军队。

13 日

我明日动身赴拉斯塔德（Rastadt），互换批准的和约，实行和约中的条件，且赴帝国会议。

吾妻盼望于二三日赴罗马一游。

26 日

在拉斯塔德。致督政府书：诸位是晓得的，我兼程驰赴会地。到了之后，才晓得奥帝的饭桶使臣尚未到，未免有点诧异。奥国到的只有默费尔特军长。贝尔蒂埃军长把和约交给我，我很晓得这一次奥帝的使臣必定欢喜。因为和约装潢得极好看，还有金镶边。

30 日

明天我们办完所有一切与秘密条款有相关的事；既是这样，我当晚就起程。

12 月 26 日

在巴黎。致国立科学会会长书：我蒙贵会诸位有名的会员投票公举我做一个会员，我觉得很体面。我很晓得我要当诸位贵会员的弟子多时，才能够同他们比肩。假使还有别的更为有力的语言，可以表明我尊重他们的意思，我很愿意用这样更有力的语言发表。

实在的征服，征服而无遗憾的，就是征服无知识。最体面的执业，最有用于国的执业，无过于帮助播散人道观念。从此以后，法兰西共和国的实力必要成于不失机会，使每一种新观念都是他自己的。

31 日

我从意大利归来，就住在真特林（Chantereine）街一所小屋子。巴黎市政厅把这条街改名叫作得胜街。

法国革命新旧历表①

旧历 1792 年 9 月 22 日，即新历共和元年新九月初一。是以：

新历			旧历	
9 月	之某日加	21	即得	9 月之日
10 月		21	即得	10 月之日
11 月		20	即得	11 月之日
12 月		20	即得	12 月之日
1 月	加	19	即得	1 月之日
2 月	加	18	即得	2 月之日
3 月	加	20	即得	3 月之日
4 月	加	19	即得	4 月之日

① 译者附。

续表

新历			旧历	
5 月	加	19	即得	5 月之日
6 月	加	18	即得	6 月之日
7 月	加	18	即得	7 月之日
8 月	加	17	即得	8 月之日

1798年

1月1日

在巴黎。巴黎的情形很不好。我若是久住在这里不做什么事，我就完全湮没了。在这个大巴比伦城中，有名的人是一个挨一个的，接踵相继。我只有在戏院让群众见过我三次之后，我若再去，就没得人看我了。故此我不常到戏院。

9日

关于编造征英国的军队，我上了几个条陈给督政府。

11日

诸事都进行顺利。我们很忙碌重新组织我们的海军，编制我们征英国的军队。克莱贝尔、德塞、圣西尔（G. St. Cyr）、勒费弗尔（Lefebvre）、钱皮恩（Championnet）都在这军队中。儒贝尔已到荷兰。

29日

我不久在这里，这里没得事办。他们是什么话都听不入耳。我很晓得我若久居此地，就要损失我的声名。在这里无论什么，都要枯萎的。他们就要忘记了我的声名。欧洲未免太小，无可用武。我必要到东方。所有大名声，都是从东方争得来的。我恐怕出兵攻英，未见得能得手。倘若果然不能得手，征英国的军队就变作东征军。我却要赴埃及。

东方在等候一个人去。

2月7日

我明天起程去察看大西洋沿岸。我十二天后回来。

12 日

在敦刻尔克（Dunkirk）。

有人说荷兰有许多快船，我们必要有一百五十至二百五十艘，并要同数的炮船。我们必要把这许多船只立刻驶到敦刻尔克，以便一个月后，可以从此出海，装载五万人和枪炮军需等。

23 日

在巴黎。无论我们做什么，我们不能在这后来数年之间控制海面。既不能控制海面，却要在英国海岸登陆，是自古用兵以来最大胆、最为难的一件事。由此看来，出征英国，似是一件不可能的事。故此我们必须只是装作要出征的，把我们的全副精神和方略，灌注在莱茵河一带；不然，就发兵往地中海东头，恐吓印度商务。倘若这种办法无一可行，除了同英国讲和之外，是别无良策的。

3 月 26 日

致内务部总长书：请你发切实的号令，将我们所有的阿拉伯字模，立刻包装起来，交隆格雷斯（Langles）掌管。我还要烦你命令他们把希腊字模也包装起来。我晓得我们有希腊字模，因为正在印行色诺芬（Xenopbon）的著作。改迟三个月，印行色诺芬，也无什么要紧。

30 日

我才得着海军大将布律纳的消息。他是带了六艘法国兵舰、五艘威尼斯兵舰，于 2 月 25 日，从科佛（Corfu）启航的。我盼望这些兵船到后，两个星期能够再放洋。

4 月 5 日

致蒙日书：我将带科学会三分之一的会员，和许多科学仪器同行，我把阿拉伯字的印字机交你掌管。

14 日

我很想带皮弗隆（Piveron），他同行有多年是法王所派的在提普萨希布（Tippoo Sahib）法庭办事的人员。我们可以试派他赴印度。

17 日

致海军大将布律纳书：我盼望于新 4 月第一个星期内与你相会。请你预备一张好床给我，因为我一路是会晕船的。请你采办好军需。

18 日

致欧仁·博阿尔内：你务必于新 4 月 3 日 4 点钟起程。4 日午前，你就该到里昂。你旅行的时候，穿军人常服，不要令人晓得你是我的副官。你随处对人说：我要住布里斯特（Brest）。

致克莱贝尔军长书：这是我的号令，派克莱贝尔军长和他的部下立刻赴土伦。到了还有后命。

28 日

国立科学会会员征英军统帅波拿巴[①]今命雷尼埃（Règnier）军长，带领所部于 5 月 6 日在马赛登舟。运输舰将在该处预备好。

5 月 10 日

在土伦。地中海军队的军人们呀！你们是征英军的一翼。你们曾在万山之中，在平原之上，在炮台之前，经过许多次的仗。现在你们还要打海仗。你们有时可与罗马军队争胜，却向来不能与罗马军队相等。罗马军队从前就是在这地中海上同迦太基（Carthage）打仗，也曾在扎马（Zama）平原打仗，他们是战无不胜的。

军人们呀！整个欧洲都留心看你们！

11 日

致海军统将布律纳书：我们的海军原是十五条战舰、十二条快舰、二百多条运输船组成的。请你就当海军统将之职，用海军统将之职，用海军统将旗。

17 日

在“东方号”战舰上。我们在这里下锚三日，预备放洋。但是连日大风，都是逆风。

19 日

上午 7 点钟。快舰已经启航，掩护的船在口外。我们正在起锚，天气甚好。

23 日

我们在科西嘉岛与厄尔巴岛（Elba）之间。

报告说：英国船在西西里（Sicily）海外逡巡。我不相信他们的力量能够干

① 即拿破仑。——译者注

预我们的计划。

27 日

我们离博尼法乔（Bonifacio）海峡三十英里。有两日无风，不能驶船。我们的送信船追赶一条英国船，追到撒丁尼亚岸边搁浅，放火烧敌船。这条船的水手说过有一队英国海军。

28 日

下午 8 点钟。我们扯满帆向我们的目的地前进。

6 月 13 日

在马耳他岛。致督政府书：10 日破晓，我们望见戈佐（Gozzo）岛。到了晚上，我派我的一位副官请大主持同意我们在岛湾取水。我们驻马耳他岛的领事官把大主持的回话告诉我，大主持是绝对不许。军队的需要是非常之着急，我不能不用武力。于是拉纳和团长马尔蒙（Marmont）登岸，走到炮台炮弹能及之地，炮台接连放炮，却是不善命中。到了破晓的时候，我们军队从各处登陆。12 日，我开始搬大炮上岸。这个马耳他岛的炮台建筑得很坚固，且合科学。欧洲的炮台，不过有很少的几处可以比得上。12 日晨，大主持求停战。到了夜半，他的代表们到我们东方号船上来签订条约，我附送请阅。

16 日

在东方号船上。全队海军预备出口，我们盼望 19 日又出发。

22 日

在海上。对军队宣言书：军人们呀！你们正在要尝试征服敌人，这一次征服的效果，将来关于世界的文化和商业，是不能计算的。你们正在要给英国一个大打击，是看得极准、打中英国最关要害的一个大打击。等到时机一到，你们就能打他一个致命伤。马穆鲁克团（Mamelukes）① 将官们，向来是专门袒护英国商务的。他们伤害我们的商人，虐待尼罗河（Nile）的穷苦百姓。我们到了不久，这些埃及将官将要灭迹了。

我们将来所到的地方的居民，是奉伊斯兰教的。你们不要驳他们。你们对待他们，如同对待犹太人、意大利人。你们要尊敬他们的大小教长，如同你们尊敬犹太人的教长和意大利的主教一样。罗马的军队是保护一切宗教的。将来

① 即埃及马队。——译者注

你们所看见的风俗习惯，与欧洲不同，你们必要尝试学习承认顺受。

我们将来首先看见的城邑，就是从前亚历山大所建的。我们的一举一动，都要令我们追忆往古的荣耀，是我们法国人值得同他争胜的。

30 日

致埃及大教长书：法兰西共和国的督政府曾经屡次请土耳其王惩罚埃及的官长，因为他们伤害法国商人。法兰西共和国今已决定派遣有力军队，来禁止埃及长官的海盗行为。你原应做这许多长官的上司的。他们却以为你无权力。你就该欢迎我，你应出来与我相会，与我合作，惩办这群不奉教令的官长。

7月1日

在亚历山大港口外，天亮时候，我们的海军到了亚历山大海外。听说三日之前，有一极有力的英国海军舰队在此交下一包文书，要送往印度的。

海军统将呀！我们是一刻都不能耽误的，那三天就是我们的好运。倘若我不借这个机会多得利益，我们就要失败了。

明天我必要入亚历山大港。

风狂浪大，我却决定立刻登岸，我们整天都是办预备登陆的事。

晚上 11 点钟。在亚历山大附近的海岸。

晚上 11 点钟。我与克莱贝尔军长和一部分的军队登陆，立刻开始向亚历山大城前进。

2 日

本日破晓，我们望见庞贝（Pompey）石柱。阿拉伯城墙上，都是成列的人。

克莱贝尔军长择城墙某处，令步队爬城，头上中一弹立刻晕倒，不省人事。他部下的步队为统帅中弹所激，奋勇杀入城。

亚历山大的旧港，无论多大舰队，都能遮护。但是航道有一处，只有十五尺水。水手们很怀疑，不晓得第七十四号能否入口。这件事很影响我的计划。

告埃及人民书：国立科学会会员、陆军统帅波拿巴，告埃及人民：将来一定有人告诉你们说，我来这里，是要破坏你们的宗教；你们切勿相信。你们可以答他们说，我是来这里维持你们的权利的，惩罚虐待你们的人。我尊敬上帝，尊敬上帝的先知；我尊敬《古兰经》，比马穆鲁克团尊敬上帝等，还要过之。

你们可以告诉他们：在上帝眼中看来，凡是人都是平等的；只因智慧、才能、道德不同，然后变作不平等。你们且问马穆鲁克团，有什么智慧，有什么才能，有什么道德，就应该专享人世的诸多可爱、诸多快乐的事？

你们这个地方大田宅是谁的？是马穆鲁克团的。这个地方有许多美妓、骏马、华屋，都是谁的？是马穆鲁克团的。倘若他们霸占了埃及，作为他们的私产，请他们把上帝所给予他们的地契拿出来看。但是上帝是公道的，怜恤人民的。凡是埃及人，都要奉召出来做官办公事的，其中最有道德，受过最好教育的，管理这个国，人民将来是享幸福的。

教皇曾逼令同埃及打仗；而打倒教皇的，不是我法国人吗？马耳他岛的武装教士们很糊涂的，相信上帝叫他们攻打伊斯兰教；打倒武装教士们，不是我法国人吗？数百年来，同土耳其皇帝做好朋友的——求上帝能偿大皇帝所愿——不是我法国人吗？大皇帝同谁做仇敌，我法国人也同谁做仇敌。说到马穆鲁克团却相反；他们是常反叛皇帝的，他们现在还是不承认皇帝；他们喜欢怎么样就怎么样。

凡是执戈帮助马穆鲁克团，同我们打仗的，要留心呀！要再三留心呀！这种人是无希望的！这种人是要绝灭的！

这有点像走江湖的术士。

3日

在亚历山大。致德塞军长书：大约你所碰见的，不过是几队骑兵。你须要把你的骑兵遮掩起来。不要用野战炮。你要留作日后之用，等到我们攻打四五千马队的时候，就用得着。

致舰队统将布律纳书：本统帅以为你必定已经测探行船航线。统帅要全个舰队进口。英国海军在这海面，许有力量大过我们的舰队。我们的舰队要有掩护，这是很重要的一件事。舰队统将明天应报告统帅：假使我们的舰队在阿布吉尔（Aboukir）海湾下锚，究竟能否抵御较强的舰队。

10日

在埃拉曼耶（El Ramanyeh）。今早德塞同一千马穆鲁克团骑兵小战，埃及是极美的地方。

12日

统帅的意思，是要进攻今日天晓所报告在佐巴拉克（Chobrakyt）的敌军。

15日

在沙布尔（Châbour）。我们昨日遇敌，敌败退。敌将穆拉德（Murad）统三四千骑兵，二十尊大炮，几条炮船，尝试守佐巴拉克港。军队布阵是用每师分为方营式，辎重在中间，大炮在每方营相隔之间。

21日

在金字塔。破晓时遇敌军前锋，经我军挨村逐退。午后2点钟，我们发现壕沟和敌军。

曾对军队说道：军人们呀！四千年的历史看着你们。

穆拉德一见德塞的调动，立刻决计进攻。他有一个最勇猛的部将，带领精骑，如闪电地直冲我军两师。我军任敌人前进至相离五十步，用排枪和葡萄弹横扫敌人，敌人死伤遍野。敌军直闯两师间相隔之地，我军用大炮夹击之，敌军大败。

我军由兰邦所部冲向枪林弹雨中，攻敌壕垒。马穆鲁克团从土垒狂突来冲，我军立停，用刺刀和排枪扫敌军，顷刻间敌军尸横遍野。我军遂攻克壕垒。

22日

在盖叶（Gyzeh）。致开罗（Cairo）祭司和绅士书：内附告谕一张。你们读我的告谕，就可以晓得我对待你们的善意。昨天有大多数的马穆鲁克团，不是死了，就是被俘。现在还有不多的未死的，我正在派军追捕。你们把所有的船只都送过这边来，派代表来递投降书。你们要供给面包、肉食、草料。你们不必心怀不安，没得别人能比我待你们更好。

26日

在开罗。自从我们离开巴黎之后，未接着法国的消息。

致约瑟夫书：你要好好地待吾妻。你该时常去看她。我请路易用好话劝她。狄西利若是嫁贝尔纳多特，我望她享种种幸福。她是该享福的。我搂抱你妻和吕西安。我正在寄一领极好的围巾给朱莉（Julie）。你不要太过对不起她。[①]她是个好女人，你要使她欢乐。

28日

应该用三条快船送波尔利（Perrée）来：船上有一班演员，一群歌舞队，三四个耍傀儡戏的，一百多位法国妇女，所有在这里办事人员的妻室，二十位外科医生，三十位配药的，十位内科医士。

我要把这个地方，作为殖民地。我今年二十九岁，再过六年，不过是三十五岁。倘若诸事顺利，六年工夫是足够到印度的了。

---

① 意谓不贞于其妻。——译者注

31 日

治土耳其人要用重典。我每天在开罗街上杀五六个人。我们从登陆至如今，不能不用和平手段，反对我们未到之前说我们有暴虐的名。到了这个时候，却又不然，不能不用强硬腔调，令居民遵从。因为自他们看来，遵从即是害怕。

8 月 1 日

尼罗河之战，纳尔逊（Nelson）和布律纳。

副军长布莱毕奉命占据达曼浩尔（Damanhour），令该市镇缴械，要杀居民的首领五人。这里的律师最可恶，要杀一个律师，来杀一儆百；其余四个人，是居民中最有势力的人。布莱毕又奉命清理通亚历山大的运河，以便尼罗河可以流入。

15 日

致海军副统将冈托姆（Ganteaume）书：你所经历的一番艰险，实在是可怕。你既幸得生存，显然是上天要留你的一条命替我们海军、替我们的朋友们报仇。我因为这一点恭贺你的。自从我前天（在与开罗相离九十英里的地方）接着你的报告之后，只有这一念稍可以自慰。我们在埃及的海军余部，都归你节制。我们在阿布吉尔所遗下的东西，无论什么，都请你尽力取回来。我想这个时候，英国人已经把他们的破坏船只挪走了。

致克莱贝尔军长书：我刚才接着本月 1 日的战事消息，我即速回到开罗。这里的诸事，尚未十分安排好；但是每天都有进步。我想不久我们将做此地的实在主人翁；我们所担任的大事，是需要多一些的勇气。

19 日

致督政府书：不独这一件事是如此，其他诸事亦是如此。天命已经安排定。倘若给我们在大陆的大势力，海权却是给了我们的劲敌了。无论我们这一次的败仗如何重要，却不能委诸运气之无定，因为运气尚未抛弃我们；不独并未抛弃我们，而且对于现在我们所担任的事，更偏护我们。

请诸位征集土伦、马耳他、安科纳、科佛、亚历山大等处的船只，重编一支新舰队。

假令我能在海上称霸，我就是东方的主人翁。

22 日

在开罗。

我要在开罗建设在埃及的科学和美术会。

这个会的主要目的是在埃及发展和鼓励学术。凡是法国陆军的普通将官，都可以入会听讨论。此会的作为是要刊布的。

23 日

埃及学会于新 8 月 6 日第一次开会，公民波拿巴（即拿破仑）提议下列诸问题：一、现在烤法国军队所食的面包所用的炉灶，是否能改良可以减省费用，或减省柴火？倘若能减省，是应用何方法？二、埃及有无他物可以替代蛇麻[①]以酿啤酒？三、有何最妙方法可以滤清尼罗河水，使其适合于作饮用水？四、埃及有何原料可以制造火药？五、关于法律学、民事裁判官、刑事裁判官和教育诸问题，埃及所处的是何情形？六、我们能对于以上诸事介绍何种于民众舆论的改良？

致麦努军长书：不要令水兵向前。你试鼓励他们。你要清除他们相信英国人比我们强的念头。

9 月 8 日

致督政府书：我等候土耳其都城的消息。我原答应 10 月间回巴黎。我届时不能回来，所等者也不过是几个月。此间诸事尚称顺利。此地是很安静，我们已习惯了。其余诸事静待时机。自从我们与诸位分手之后，尚未接到诸位只字，亦未得过诸总长的只字，又未得过与我有关系者的只字。我盼望我的文牍比你们的文牍的运气好。

10 月 4 日

无欧洲消息。

致克莱贝尔军长书：我闻你欠安，不禁怅然。德塞已经到了西乌特（Syout）。他驱逐马穆鲁克团入沙漠。有一部分已经到了沙漠中有水草的地方。易卜拉希姆（Ibrahim）在加萨（Gaza）以入犯恐吓。这却算不了什么。但是我们并不恐吓，却可以把他驱逐了。

---

① 亦称酵母花。——译者注

我很盼望你的病速愈。我很看重你的善意和你的交情。我恐怕我们两个人之间已经有了一点误会，假使你疑心这件事使我颇为忧虑，那就是辜负我了。埃及地方是难得有云的，到了有云的时候，不过6点钟都散了。假令我们两个人之间有云，也不过3点钟就散了。我的看重你，至少也等于你有时所发现的看重我。

致驻埃及的法国委员团：这次在埃及召集会议，不过是一种试办的事。其用意是在乎令埃及的重要人物习惯会议和立法的观念。你必要告诉他们，说我召集他们，原是要请教他们，要晓得有什么可做的事，可以利于埃及人的。我们是因征服得了大权；假使他有这种大权在手，他们应该怎样办呢？

7日

致督政府书：土耳其帝已派吉沙（Djezzar）为叙利亚（Syria）全境的统帅。我对他有提议之信件，他全不理会。我们驻在各地的领事官，都被他们拘捕了。土耳其全境都是军务的声音。诸位切勿抛弃在埃及的军队。请诸位遣发援兵来，给我们消息。我已经力请派遣大队军舰来此处海面，务请照办。等到我晓得土耳其帝的真实用意，等到此地较为安定，等到我们炮台筑好了（这是不久的事），我就可以定计回欧洲。倘若我得了大陆不和平的消息，我更要定计回欧洲。

16日

致孟斯古特（Manscourt）军长书：有报告说，得了驻守军队哗变的谣言。请你将报告寄来。若是在我统辖之下的团哗变，我将解散他们，我将枪毙所有不能维持纪律的军官。

18日

并无法国的消息。布尔里埃纳（Bourienne）呀！我心里想什么？（布尔里埃纳答：实在说，这件事颇有为难；你想到的事物太多了。）

我不晓得我将来能再见法国不能？倘若能再见法国，我的唯一奢望是要在德国，在巴伐利亚平原打一大仗，得一大胜仗，替法国一洗布伦（Blenheim）之败之耻。此后我就要归隐过安静日子。

21日

土耳其军队向大马士革（Damasous）集中，据报有六万人。

22日

致邦（Bon）军长书：我们最要紧是攻叛党的大本营。用炮攻教堂。凡街上带有军械的人，一见就杀。

23 日

我发号令今晚铲平大教堂。若有可能，把诸多大柱击倒。

致贝尔蒂埃军长书：请你命守市镇军官，将所有捕获的携带军械的人斩首。把他们送到尼罗河边，尸首可摔在河里。

致路易·波拿巴[①]书：我附送一条命令，饬驻守亚历山大军官派一条船送你去。我们这两天忙着平乱。我不能不用大炮轰击乱民所在的地方。我们打死了大约有一千土耳其人。今日诸事平静，秩序如旧。我与你暂别。望你身体好，一路平安。

11 月 20 日

致德塞军长书：我们收到法国报和英国报，至 8 月 10 日为止。截至那一天为止，欧洲并无新发展，我打发他们前去。

12 月 10 日

致多马尔坦（Dommartin）军长书：本统帅接到团长格洛巴请假回国书。因为该公民格洛巴原先是从巴黎奉委当团长的，且向来并未听见过一声炮响。本统帅的意思是，烦你继续派这位团长当前哨的差使。

21 日

（号令）每日中午，军乐队均应在病院前对过的宽旷地方奏乐。要奏令病人听了起兴的乐，要令人追忆从前的大战事。

23 日

我明日起程。

29 日

在苏伊士（Suez）。命工程队和炮队的长官，随从本统帅测量苏伊士运河。

---

① 即拿破仑之弟。——译者注

1799 年

1 月 2 日

在贝勒贝斯（Belbeys）。我正在忙于勘定路线，以便尼罗河的水可以同红海相汇。从前原有过这样的水道，因为我发现几处河道的旧迹。

8 日

在开罗。（号令）外科医士公民博乌（Boyw）过于胆怯，因为他以为有几个受伤的人得了传染病，他就不肯为他们施治。这个人不配做法国公民。叫他穿上女人衣服，背上挂一块牌子，牌上写明他怕死，不配做一个法国公民。叫他骑在驴上游街，游过街之后，把他监禁起来。等到几时有第一条便船回法国，就令他回去。

25 日

致提普萨希布书：你已经晓得我带无数的长胜军队，到了红海的海岸。我急于把你从英国束缚中解放你。

我今特为先告诉你，我急于烦你由摩卡（Moka）和马斯喀特（Muscat），将你们的政治情形报告我。我并盼望你能够派有才能又可靠的人来苏伊士或开罗，与我讨论要事。

28 日

致马尔蒙军长书：我就不懂为什么米肖（Michand）代表一定要住在有疫病的房子里。他为什么不在附近庞贝纪念碑的营帐居住。把第七十五队安置在树林中，即是你从前在这里驻扎第四轻便步队的地方。这里可以做营房，与亚历山大断绝往来。对于不幸的团轻便步队，你要令他们脱了衣服，洗海水浴，又要从头至脚按摩。他们要自己洗衣服，务求清洁。你要每日发号令，叫他们洗脚、洗手、洗面。

2月5日

我才听见有一商船从拉古萨（Ragusa）到了亚历山大，装了一船的酒。且又从热那亚和安科纳带来给我的信；这八个月以来，这是第一次得到欧洲的消息。

军队们正在沙漠中行进。

致克莱贝尔军长书：我居然得到法国的消息了。儒尔当已离开立法议会，现在统领莱茵河全师。儒贝尔统领意大利军。政府已经设法操练军队，凡是青年及十八岁的，都要受征，称为征兵。欧洲各处都预备军事。

10日

我已经照伊斯兰教的繁重规矩守拉马丹节（Ramadan）。是从昨天起的，从前原是土耳其高级官长所奉行的职责，今日是我奉行。

致督政府书：诸位读我这封信的时候，也许我已站在所罗门（Solomon）大庙的坍场古迹中。吉沙（Djezzar）是一位土耳其大官，今年有七十岁了，是一个极残暴的人，最恨法国人。我首先与他以友谊相待，他却很蔑视。

新10月29日

我打发人送他一封信，他把送信人斩首。埃及各处皆有告示，发现吉沙有仇视我们的意思。告示并且宣布他到了这里，他的前锋据阿里什（Arych）。那里的沙漠中有几口井，有一座炮台。

我是没有第二个法子。敌人已来挑战，我迅速定计，要把战事推广于敌人国内。

17日

在阿里什前线。我们现在是与敌军在阿里什地方相接触。我军是分师从各地点发动，会合于阿里什。马穆鲁克团有吉沙的队伍帮助，也在那里。雷尼埃（Regnier）所部未到。立刻攻马穆鲁克团，杀敌约四百人。此时围困其余敌军于炮台中。

你不是我的朋友！……妇女们真是可恨！……约瑟夫呀！——假使你真是我的好朋友，你就该把朱诺此时所告诉我的先告诉我了。约瑟夫呀！这才算是一个好朋友。我现在同你们相离有一千八百英里。约瑟夫呀！你应该告诉我的。你这样欺骗我么？——她吗！——他们要留神，我要把这一群浪子和小哥们扫除净尽了！至于她吗！我同她离婚。我要当众同她离婚！令她难堪，为人所不齿！我一切情节都晓得了，我必要写信！……这原是你的错，你应该告诉我的！

我的名誉怎么样呢！假使朱诺所告诉我的话是假的，我不晓得我有什么不愿意牺牲的？我爱恋这个女人，爱恋到极点了！倘若约瑟芬是犯了这个罪，一定要离婚，我们两人就从此永远分离了。我不做整个巴黎市的败类的笑柄！我要写信给约瑟夫，他将替我办离婚。

18 日

因为浮沙地太多，难以转运大炮，我军此时所处的地位颇为危险。只要稍有耽延，就要受致命伤。

我军攻克阿里什，是这次战事的好发端。

26 日

在加萨。我们在泥水之中，其深及膝。这时候的冷和天气，却恰好与巴黎这时候相同。地方还好，出乎我们所望之外。我们无意中找着许多军粮和军用品，还有欧洲制造的许多大炮弹。

致马尔蒙军长书：打发三条船开往雅法（Jaffa）。这三条船所装的物件，可以帮助我们围攻阿克（Acre）的圣约翰。

致麦努军长书：我听见你曾经在伊斯兰教的教堂礼拜，我甚喜欢。

27 日

我们横渡二百英里的沙漠。我们都颇疲乏了，往往不见有水；有时找着水，也是苦水；我们吃的是狗肉、猴肉、骆驼肉。

3 月 6 日

在雅法前线。明早 8 点钟，狄列涅（Delignette）所部的炮队将开火。邦军长将帮助高射炮队。拉纳军长在未破晓之前，将部署六营步队在裂口，等到敌军与我军轻便步队的炮火已有好发展的时候，我们有两队，每队三营步兵，就向裂口前进。攻下这个地方，再接连遣军队向前帮助步兵。

7 日

致雅法守将阿布达拉阿加（Abdallah Aga）书：上帝是有怜悯心的，是甘于长久受苦的。

本统帅波拿巴今告诉你：他在巴勒斯坦（Palestine），不过是要驱逐吉沙的队伍，此外并无他意。雅法已全被封锁。我军只要两个钟头，便要把你的城墙攻倒，把你的炮台打破。假使是用兵力攻克城市，居民必受大祸，本统帅实所不忍。今许你的城守兵队平安，并允保护城市。暂时稍缓开火，延缓至今晨7点钟。

8日

破晓。我令守将投降，守将把送书人斩首，并不答复。7点钟，我军开火。一个钟头后，我看可以破城。拉纳军长布置攻城。副军长尼特和德（Netherwood）领枪队十人冲锋。5点钟入城，大掠二十四个钟头，残忍无所不至。

9日

致贝尔蒂埃军长书：你立传炮队上校，命他开呈二十个重要炮队军官的名单，命他带这二十个人到炮队营所在的村庄，这一营是将要往开罗的。这二十个人放在前线，听候后命。他们已经起程前往村庄的时候，命值日副军长将炮队兵丁们押送至海岸，全数枪毙。须要小心，勿令脱逃。

18日

在卡迈尔山（Mount. Carmel）。史密斯（Smith）舰长（海军上校）带两艘英国兵船，从亚历山大到阿克的圣约翰。今晚阿克将被围。

23日

在阿克前线致史密斯书：我愿以礼相待，并愿帮助贵国人之因战事胜败无常而做的牺牲。请你勿疑我的诚意。

29日

自从我们到了阿克前线以来，我们的军粮很足。我们已经挖壕围城，工程进行得很有力。我们已经成立了攻城炮队，已经开火攻城，盼望迅速攻克敌城。

4月4日

（号令）凡是军人，能于今明两日内在空地找着炮弹送来的，每个炮弹赏给二十苏。

5日

我们缺少炮弹。史密斯带领两艘船离开十日，今又回来。

8日

我们在阿克已经有两星期，封锁敌将吉沙。因为英军炮攻城市，又有炮手和军官来援；而我军缺少大炮，是以克城稍缓。但是昨天那两条英国兵船对我们发怒，放了二千多弹，我们这时候有炮弹用了。

14 日

围城颇有进展。我军做一甬道，在外崖之外，在壕下三十尺，离城墙只有十八尺了。我军这两个星期内并未放过一炮，敌人却乱放炮，他们好像是疯了。我们却不怕丢脸，把放过来的炮弹拾来，凡拾交一枚炮弹的赏二十个苏。我们把拾来的炮弹都堆起来，现在已经有四千个了。这是足够二十四个钟头放炮的用，可以打开一个缺口。我要等到挖地道的挖通了，然后发号令炸外崖。我们现在相离还有五十尺，有两天晚上就可以挖通了。城里有许多法国仆臣和英国人，我们是很着急要捕获他们。大约 21 日，可以如愿。

18 日

大马士革的军队，吉沙的马队和阿拉伯人、易卜拉希姆的马穆鲁克团，渡约旦（Jordan）河，来救阿克。他们连战皆败。

19 日

致公民傅立叶（Fourier）书：烦你告诉议会，说这封书到时，阿克当在我们手中。我将起程回开罗。你之急于要见我，如同我之急于回开罗。我既到之后，第一件事就是开科学会议。试看我们能否办点事，推展人类知识的界限？

21 日

史密斯是乱放大炮。

（号令）团长朱诺，当拿撒勒（Nazareth）之战，曾以三百人敌五千马队，抢获敌旗五面，杀得敌兵尸横遍野，实在是奋勇可嘉。本统帅殊深满意。今特发令制造一座徽章，值五百路易的，奖赏其绘出拿撒勒之战之最好画片。

在此画片中的法国军队，应绘第二轻便步队和第十四马队的军服。

由参谋命我们现时在埃及的画师，绘画马穆鲁克团，大马士革的卫队和阿拉伯人的服装，送至巴黎内务部，以便仿绘，送交巴黎、米兰、佛罗伦萨、罗马、那不勒斯等处的最有名的画家。择定一日，选派裁判人，选择预赛的画幅。

这一条号令要传递到参加拿撒勒之役的有功的勇敢军人们的各自治区，以示表扬。

23 日

致拉纳军长书：等到我们的大炮把敌军的炮火止住，敌炮无声的时候，始能放炸药。本统帅将自己发令放地雷。

一放地雷，同时攻城墙的缺口，当位置军乐队于第一线，我们的军人一到缺口时，立即奏乐。我已号令所有的榴弹队于早上4点钟之前，往你的营盘报名。

25日

地雷炸死三百多人，但是效果殊不能如工程队的期望。有一部分土垒陷入地沟两旁各二十尺，皆完全被土填满。敌军摔了几桶烧着的火在缺口里，把我们三十个榴弹队吓到不能动了。我们只好抛弃。卡法雷利（Caffarelli）军长阵亡。

5月2日

我军的十八磅炮放了两天。城楼是攻坏了，敌军只剩了一尊能放的炮。他们晓得不能再保城墙，于是在斜堤之上筑雉堞。后天，我们就装好二十四磅炮攻破城墙，一届可以实行的时候，我们就总攻击。

8日

昨晚10点钟，我们夺得城楼。

9日

这一堆破落小房舍，死伤了我军许多人，耽延了许多时间；但是事体既已进行到这个地步，必要作一次最后的努力。我盼望，我并且相信，我能够得手。如果得手，我将激励叙里亚，供给他们军械。我将向大马士革和阿勒普（Alleppo）前进。当我前进的时候，我将所有的怨恨其国家的人编入我的军队。我将要宣布：奴隶制和本地长官的虐政，从此告终。我将带领有军械的群众到土耳其都城。我将在东方建立一个新而大的帝国。我打算作最后的进攻。如果我不得利，我立刻就离开。因为时间很短促，我不能于6月中旬之前到开罗。

因为克莱贝尔的一师，将要到此。本统帅的意思是一俟此一师稍为歇息之后，就要开赴缺口，攻克这城。

晚上。军队将于凌晨2点钟离营，进行到预先指定地点。

10日

我们已经攻倒城墙的各重要部分；但是敌人已筑一道二重城，接连吉沙的衙署。我们将要挖地道穿城而过。在每所房屋之前都要挖壕沟，未免使我军死伤太多，殊非我之所愿。无论如何，时期已迟了，我的目的已经达到了。埃及要我回去。

我正在部署二十四磅的炮队，攻平吉沙的衙署和这座小城市的重要建筑。我将放一千炮弹，放这么多炮弹，这座小城市将受重伤，阿克城将变作一堆瓦砾。我将再渡过沙漠，以防备所有欧洲军队或土耳其军队。试于 7 月或 8 月在埃及登岸。

16 日

我们已经将吉沙的衙署扫平，用我们的炮弹攻毁这座城。

17 日

军人们呀！你们渡过非洲和亚洲间的沙漠，有阿拉伯军队那样迅速。敌军前来侵犯埃及的，已被我军攻破了。你们擒获敌军的统将，夺得敌军的军械等件；敌军取水的皮袋、敌军的骆驼，都被你们夺了。从亚洲极远处招集来掳掠埃及的敌军，被你们在塔波尔（Thabor）山打散了。

你们原盼望再过几天，在吉沙的衙署内捉拿吉沙；唯是当这个时候，阿克城不值得我们耽搁几日。与其牺牲你们的生命攻克这个地方，不如保留你们的生命做要紧的事。

20 日

致各师军长：每营只要在晚上 7 点钟鸣鼓一次聚集。缪拉军长带领所部马队，等到晚上 7 点钟，方可起行。

我所经历的艰难，实在是不少。我任由我的想象，干预我的实行；但是我看这次阿克的圣约翰，已经把我们的想象杀死了。我从此要很留心，不要再让我的想象把我的决断拖走了。

27 日

在雅法。我军是 25 日到雅法，分起的队伍已在最后这两日起程回埃及。我将在这里逗留数日，将所有的炮台都摧毁。

28 日

在雅法。我军有十四个人或十六个人染疫。我召集医士们会议，他们说染疫的人当死于二十四个钟头之内。我立意等二十四个钟头，不愿使他们落在土耳其人手中。土耳其人若捉了他们，是要割他们的鼻子和耳朵的。到了二十四个钟头，染疫的只有一两个人活的。我军动身的时候，他们是要快死了。

6 月 9 日

在萨希耶（Salheyeh）。

我们过沙漠过得还好。那一位要达米伊塔（Damietta）降附的英国舰长兼司令官，原是一个疯子。因为他常是带火船的，全不晓得带舰队的重要职守。他所说的联军已在阿克被破坏了。

15 日

在开罗。我入开罗的时候，街上两旁的人极其拥挤。所有卫队巡警和阿部伯克（Abou-Bekr），法迪玛（Fatima）和伊斯兰教所尊仰的圣贤的后裔，都来欢迎我。商人首领和主教在前，希腊军队在最后。

致德塞军长书：我仍统领一部分的军队。我们到了这个时候，是有登陆的可能。我将筹备一切，一刻不容稍缓。

你为什么不穿法兰绒内衣？只有这一法，可以保护你自己不犯目疾。

19 日

仍无法国消息。

28 日

自从到埃及以来，法国军队损失了五千三百四十四人。再过一阵子，我们只有一万五千人可用的；还要除开在病院的二千人，老兵五百人，五百名军官是不临阵的，我们其实只剩了一万二千人。

29 日

致公民普西埃尔克（Poussielgue）书：烦你将从上埃及来的三个男奴的年岁告诉我，我想买他们。

7 月 15 日

本月 13 日有土耳其舰队，共有五条战船，三条快船，五六十条运输船，在阿布吉尔湾下锚。

20 日

在拉曼耶（即爱拉曼 Ramanyeh）。致克莱贝尔军长书：我们已经到了拉曼耶。朱利安（Jullien）副军长对我说："你的前队已到了罗塞塔（Rosetta），你统领其余的所部押后。"

敌军已在阿布吉尔登陆，似是事实。我将用大队守比尔卡特（Birket）。我的战线是亚历山大、比尔卡特、罗塞达。马尔蒙军长将在亚历山大，你在罗塞达。各人所统的军队，数目大略相同。故此你是我的右翼，马尔蒙是我的左翼。倘若敌军来犯，我将在很好的位置攻击他们。或调左翼，或调右翼前来。我盼望其未来助战的一翼，能够迅速赶上做我的后备军。波尔克与雷洛哈（Leloha）的平行壕相离三英里，离柏森托涅（Besentonay）亦是三英里。你务必打听一切情形，预备一切。我一发号令，你就能够立刻迅速赶赴埃德科（Edkou）或波尔克。敌军截断我们的交通，原是意中事，你务必多派哨探，以便知道我所做何事、我在何处。倘有环境指示，你可以有自由举动。同时你从探得的消息中，以为我当然已经号令你如此办法，你就可以照此前行。

21 日

致开罗议会书：他们起始在阿布吉尔登陆，我并不干预。他们舰队上有俄国人。俄国人最恨深信只有一位上帝的人。因为按照他们的谎话，他们相信有三位上帝。

22 日

敌军的舰队又有三十条船来助。他们的军队已在阿布吉尔列阵备战。我将于 2 点钟之前起行测度。

24 日

在亚历山大和阿布吉尔间的地区。

致缪拉军长书：命你统带全数马队，凌晨 2 点钟，前锋向敌军进行，并不击鼓。

25 日

在阿布吉尔附近。7 点钟，我们望见敌军。他们在阿布吉尔之前相离三英里列阵。我们攻敌军，大败之。抢获他们的方堡、壕沟和营盘。敌人投海，想要登舟。他们的船只离岸还有二英里多地，敌军全被水淹死。我向未见过这样可怖的情形。我们生擒敌军的统帅，他已经受了伤，名叫穆斯塔法（Mustafa）。我要把他带回开罗，我军死一百人，伤四百人。缪拉军长在受伤之列。我所见过的仗，当以此次阿布吉尔一仗为最得手。敌军已经登陆的，无一个能生还的。这一次的胜仗，颇有潜力及于法兰西共和国的前程，是缪拉军长的首功。

27 日

（号令）阿布吉尔之战，缪拉军长所部马队卓著战功，本统帅殊为满意。今命炮队长官将此战获得的两尊英国野战炮（原是英国送与土耳其的）交与缪拉所部之一团。

此团的三营名字（即第七营轻骑，第三、第四营龙骑）缪拉军长和罗伊斯副军长的名字刻在炮上；炮的后身上刻阿布吉尔之战数字。

8月11日

在开罗。我接英国的报纸，至6月10日为止。法国是3月13日对德帝宣战。儒尔当败退，已渡莱茵河。舍雷尔（Scherer）统领征意大利军，在里沃利大败，渡明韶河而退。曼图亚被封锁。

我若是终久有好运气，两足再踏法国的土地，他们空谈误国的世界，要告终了。

16日

（命令）驻扎各省守将应用阿拉伯文通告各村乡，说是先知的佳节，已经在开罗举行。全数军队手执许多火把，排队走到伯克利（Bekry）大教长的家中。统帅同教长宴会。阿布吉尔之战，被掳的穆斯塔法和重要军官们，也同教长宴会。读庆祝先知的阿拉伯诗歌的时候，统帅都在场的。听读之后，统帅在众教士群中参与礼拜，且命宣读先知的世系。穆斯塔法和其他土耳其俘虏，看见法国人这样敬重伊斯兰教和先知的最为神圣的法律，未免十分诧异。

19日

在米努夫（Menouf）。致克莱贝尔军长：我深悉在地中海内并无敌军的任何舰队。请你立刻动身至罗塞达，有重要事件和你商酌。

22日

在亚历山大。今夜赴法兰西。

致克莱贝尔军长：这一件就是委你统带全军的号令。随我同行的是贝尔蒂埃、拉纳、缪拉、安德烈奥西（Andréossy）、马尔蒙诸军长，还有蒙日、贝托莱（Berthlloet）两公民。

内附英国报纸多份，至6月10日为止。你一看就晓得，我们已经失了意大利。同时曼图亚、土伦、托尔托纳三处被围。我有理由希望曼图亚可坚守到11月。若是运气好的话，我盼望在10月之前到欧洲。

因为我惯于以后世的好评论为我一生所经历的困苦艰难的奖赏，我是一离开埃及，很有依依不舍之意。我因为国家起见，因为国家的命运起见，又因我自己的天职所在，和近来发现的非常情形，不能不打定主意，从敌人的军舰中冲过，回欧洲去。我的心却还是同你在一处。我看重你的胜利，犹如我仍然在你们之中。我若一日不出力，帮助我所交付与你的军队，我就算一日白过了。我留交与你军队，都是我的儿子们，他们无论什么时候，无论受什么大痛苦，都是常常爱护我的。你宜维持他们这种情操，毋令或失。因为我敬重你，爱你，又因我对于他们真有依恋不舍的深情。维持他们这样的情操，就是你的天职。

致朱诺军长书：等到你接读我这封信的时候，我已经远离埃及了。我便可惜我不能拉你同行，因为你离我们起程的地方太远了。我已经下了令给克莱贝尔，命他打发你10月间起行。无论我们在什么地方，处于什么情形，你要相信我与你的交情，仍是接连不断的。

10月7日

在阿雅克修。我们在阿雅克修得到消息，说我们在意大利接连大败；又听见曼图亚失守和诺威（Novi）、特雷比亚（La Trebbia）两处之战；又听得英俄联军已在荷兰登陆，还有新5月之变。

8日

在弗雷儒斯（Fréjus）。傍晚的时候，我们望见法国海岸。大众一晓得波拿巴[1]军长在快船上，便欢声雷动。我们到了这里，也同到了科西嘉岛一样，群众是一定要我们上船。我们屡次很着急地警告他们，不守船只验疫的规矩是很危险的，他们也不听。

9日

验疫官给我一张验得无疫的凭据。中午，我们就登岸。计划从亚历山大起程，至今是四十七日。

同日。波拿巴军长起程赴巴黎，一路上受人民的欢迎。可见得他这次出乎意料的回国，颇有政治的效果。

10日

在埃克斯（Aix）。致督政府书：自从我离巴黎之后，我只奉到诸君一次的公文。那时候我正在阿克的前线。我立即判断，我不能再离开法国了。我得到许多英国的报纸，截至6月6日。我从这些报纸，晓得儒尔当在德国之败和舍雷尔任意大利之败，我立刻起程回国，乘坐两条著名的快船，我并未曾一刻停留。计算我此行之冒险，我的天职是，只要我在某处最为有用，我就要到某处。我既存了这样的见解，假使无快船，只要有一叶无遮盖的小舟，我也要披上一件大衣，登舟便行的。我居然从英巡洋舰队中躜过。我在法利查平安登陆。我的信到时，我也要快到巴黎了。

---

① 即拿破仑。——译者注

15 日

到巴黎。住在得胜街。我与她断绝关系了。[①] 我不许她进我家门。人家要说什么闲话，我一概都不管。他们不过谈论这件事两日；到了第三日，他们就谈论别的了。饶恕她么？我永远不能饶恕她！

好吗！好吗！她又在我家里了。不要相信我已经饶恕她；当我在世一日，是一日不能饶她的。我要犹疑么？……她靠得住么？我到的时候，把她逐出，那个傻子约瑟夫正在这里！

但是我能做什么呢？当她苦苦涕哭下楼的时候，我看见她的两个儿女欧仁和奥坦斯跟她下楼，也是痛哭。天给我这个人一副热心肠，不是无用的。我看见流泪的时候，我心不能不动。欧仁跟随我到埃及。我惯于当他是我的承继儿子；况且他又是很勇敢，很是个好孩子！奥坦斯才出来在社会上应酬；凡是晓得这个女孩子的人，都说这个女孩子好。我自供认，我深为他们所动，我抵不住这两个孩子的眼泪。我对我自己说道：难道叫这两个孩子做了他们母亲的不规矩的行为的牺牲品么？我拦住欧仁。奥坦斯同她的母亲转回头，我一言不发。我有什么法子呢？凡人都是有弱点的！

17 日

你相信这件事能办到么？

22 日

我所得的消息实在是不少了，但是我们还要斟酌。我想贝尔纳多特和莫罗两个人是反对我的。我不怕莫罗，贝尔纳多特是不同的。他的血管里有伊斯兰教人的血。他有勇，又敢冒险。因为婚姻上与我的兄弟们有亲戚，他却不喜欢我。我很拿得稳他是反对我的。好在我们才到巴黎，我们看机会。

24 日

耐烦些！那个梨是将近成熟了。

11 月 1 日

好呀！布尔里埃纳，我同你赌，你不能猜着我今天同谁吃早饭。我同贝尔纳多特吃早饭，还是我自己请他的，是我请他的。假使你昨天晚上同我到法国大戏院看戏，你就全盘都看见了。我们出戏院的时候，我一头撞到贝尔纳多特的怀里。我当下立刻想不出话来对他说。我就问他：明早可能到我们今日的聚会？

---

① 此是对其妻约瑟芬而言。——译者注

他答：能来。这时候我们正在他的住宅门外。我就老实不客气问他要一杯咖啡喝，我还说我很喜欢同他谈谈。他却同我很客气。布尔里埃纳，你看怎么样？你不对，我对。这样一来，他却要同指挥戈伊埃（Gohier）生芥蒂。有一层你却要记得，你对待仇敌，必要先下手为强，还要不改面目；不然仇敌就以为你害怕，就是鼓励他动你的手。

6日（即新10月15日）

我们这一个世纪，是一个开明世纪、自由世纪，推翻代议制政府，就是一种犯刑事的行为。（波拿巴万岁！太平！太平！）我举杯为法国人的联合会全体祝寿！

7日（即新10月16日）

军长呀！据你看来，这共和国是什么情形？

儒尔当答：除非能产生某种较为稳定的秩序；不然的话，救国恐无希望。

我们要一个强有力的政府。不必心怀不安；无论所办的是什么，无一件不是有利益于共和国的。

8日（新10月17日）

论到要用阴谋，无论什么都是可以做的。

戈伊埃明天约我吃饭，我答应去；但是我敢保你，我是绝不去的。但是我很可惜他这个人太执拗。我因为要他稍为放心，我妻请他吃早饭。我今早见过巴拉斯，我与他分手的时候，他是非常之着急。他求我今晚去见他：我答应去，但是我不去；明天什么事都完了。用不着费多少时候。来吧，我要去睡了；明早7点钟务必到此地。

9日（即新10月18日）

军队到我这里来投奔我，我往立法院去。

我交给你们的法国，是何等一个发达的法国，你们干了些什么，把好好的一个法国弄到这样？我交给你们的时候，是一个太平的法国！现在是一个战争的法国！我交给你们的是一个得胜的法国，现在是一个失败的法国！我交给你们的是千万的现款，现在法国是个乞丐！这种情形，立刻要停止。

诸位代表先生：共和国正在要死了！诸位见得到你们的明令，救了共和国的命。凡是要扰乱秩序的人，要小心呀！我有我的同袍们帮助，要捕拿扰乱秩序的人。你们的智慧规定这个明令，我们的军队就要奉行。我们所要的是：一个以实在自由、文治自由、国民代表做基础的共和国。我们发誓，我们一定能胜利。

对军人们演说词：军人们呀！元老院这一条非常的命令，派我管辖都城，统带军队。共和国有两年来管理得很不好。你们原盼望我回来，就可以使我们的痛苦终止。你们万众一心地欢迎我回来，我不能不尽我现时所要尽的职责；你们当尽你们的职务，要用气势果断扶助你们的统帅。我向来是相信你们的，你们也要同样地相信你们的统帅。

自由、得胜、太平，这三件事，将能恢复法兰西共和国从前在欧洲所居的地位。只因无能或卖国，才令法国失了这个地位。共和国万岁！

晚上。

我们所征服的是太平。凡是报章，凡是剧院，都要说这句话。散文、诗歌、俚曲，也必要说这句话。

今日诸事还算顺利，我们要看明天怎么样。

10 日（新 10 月 19 日）

两院在圣克卢宫（St. Cloud）开会。

上午 9 点钟在康科德（Place de la Concorde）。我们不是明天在卢森堡（Luxembourg）睡觉，就是死在这里。

下午 2 点钟：在圣克卢宫。酒已经倒出来，我们必要饮了。奥热罗，你要记得阿科拉！

致元老院书：诸位代表先生：现时的环境，实在是非常的环境，你们是在火山顶上。昨天我原住在巴黎过安静日子，你们委我奉行迁移两院于圣克卢宫的命令。我立刻召集我的袍泽，就飞奔来帮助你们。今天我已经被许多污蔑我的话压倒了。有人说我是恺撒，有人说我是克伦威尔（Cromwell），有人说我设立军政府。假令我的目的果然是在乎设立军政府，我愿意帮助国民代表么？共和国现在是无政府，众议院自行分裂，互相反对。现在只有元老院。我的兵权是从元老院得来的：现在是要元老院进行，请你们发号令，我在此等候奉行。让我们救自由，救平等！

院内有人说：宪法怎么样呢？

宪法么！你们自己早已把宪法撕碎了。新 8 月 18 日你们撕破了宪法。新 4 月 22 日你们又破坏宪法。新 5 月 30 日，你们又撕破宪法。现在并无一个人尊重宪法的。我索性把话都说出来吧。自从我回来之后，我被阴谋诡计所包围。每一党每一派都曾来同我商量过。有许多妄自尊大的人自称唯有他们是爱国的人，曾经逼我把宪法摔在一边。

元老院内有几个人说：说出他们的名字！说出他们的名字！

一个军人的坦白性情——扰乱——（愈见扰乱，愈见吵闹）得胜——宪法破坏了——恺撒，克伦威尔，独裁者。我只有这几句话告诉你们——自由！平等！——你们忘记了宪法！——伪君子，阴谋家——我不是的——只要共和国一旦脱离危险，我立刻就解兵柄——战神和命运神都帮助我！

布尔里埃纳说：统帅，请你走吧！你不晓得你自己嘴里说些什么话。

我的朋友们跟随我！

你们有胆的榴弹队听着：倘若无论何人，胆敢用法律外之人称你们的统帅，你们立刻开战打倒他。

我果然说过许多胡话么？我说过么？

(统帅：你曾经说过。)

我宁愿对军人们说话，不愿对律师们说话。……使我害怕。我不习惯在议会说话，将来我可以。

下午4点钟。我入众议院，我只一个人去，并未带刀器。代表们拔刀相向，二十个刺客跑过来，行刺我。(他们说：打倒独裁者！打倒独裁者！贬他出法律之外！)

下午4点半钟：军人们归队！牵我的马来！军人们！我能倚赖你们么？我去叫他们讲理！

缪拉说："榴弹队呀！向前进！共和国万岁！波拿巴万岁！"

下午5点钟。众议院被军队逐出。

夜里11点钟。我尝试不做任何某一党的人。保守的，元老的，自由的，诸多观念，已经恢复地位了。

宣言书：当我回到巴黎的时候，我见得政府分了党派。众人都一致地说宪法是真有一半破坏了，不能救自由。所有的各党派都来见我，把他们的计划都告诉我，对我揭露他们的秘密。都请我帮助，我不肯做任何一党的傀儡，供他们的利用。

元老院传我去，我答应他们所求。我以为应该担任统兵之责，以尽我对于同胞的天职，以尽我对于军队里为我们而死的军人们的天职，以尽我对于流血换来的一国的荣耀的天职。两院在圣克卢宫开会：军队担任维持圣克卢宫外的秩序。但是其内有一群杀人凶手，发起恐怖。众议院有几个代表，挟带利刃手枪，口出恐吓杀人的话语。我于是把情形申诉于元老院，我请元老院担保我奉行有益于国的命令。元老院与我同意，重新表示他们不会改变的决议。我于是单身不带军械，免冠，入众议院；院内立刻就有人露刃相向，有二十人行刺的凶手抢过来，打我的胸口。护院的榴弹队原是我进院时留在院门口的，看见这样情形，进院，站在我与杀人凶手之间。凶手们把我拖出院外，同时大呼置于法外[①]，反对保护法律的人。凶手们包围院长吕西安·波拿巴，[②]口出恐吓之言，手执杀人之器。凶手们要求院长宣布置我于法外。有人出院告诉我，我即发号令救院长出险。于是有六名榴弹队员拥护院长出来。于是立法院的榴弹队立刻冲入院内，将院内的人全数逐出。党人们恐怖地溃散走了。

法国的人民呀！你是当能辨认我的所作所为，是一个自由军人的热心的行为，是一个甘为共和国牺牲的公民的行为。对此，我确定无疑。

11日

在巴黎，你们陆军部难道无军队的官兵实力登记吗？无论如何，你们至少必定有发饷的账簿。这种账簿，也能给我们相同的效果？你们有军衣账簿么？有军用品账簿么？

你曾在财政部多年么？

（戈丹答称：统帅，我在财政部有二十年了。）

我们要你帮忙。你来宣誓。我们忙得很。

12日

法国人民呀！他们同我们一齐宣誓，忠于一个不能分开的共和国，这共和国是建立于平等、自由、代议制基础上的。

共和国执政波拿巴、迪科、西哀士署押。

15日

创制一个财政的普通系统，每日必要有一进步。

24日

致儒尔当军长书：我接到你20日来信。你对于10日的事变很烦心。现在最不好的情境都已过去了。我非常之着急，要眼见弗勒拉斯（Fleurus）一战的胜敌者，仍然走在那条通向有组织、真自由和幸福的大路上。

你们必要拿民众做后盾。一个平淡的法国公民称呼，难道不抵得过称呼

---

① 殆谓“不为法律所保护，人人得而杀之”之意。——译者注

② 即拿破仑之弟。——译者注

为保王党，或称呼为克利希党（Clichien）、雅各宾党，或佛朗克党（Feuillant）么？难道抵不过其他一百一种的党派称呼么？这许多党派的精神，这十年以来，已经把法国陷入深坑。时候已到，我们必要拖他出来。

西哀士自己以为只有他一个人能达到真理，我们一致表示反对。他答我们的话，就好像是天授他意思一样，就算完了。

（西哀士说：由此看来，难道你要做君主么？）

12月1日

陆军总长应迅速设法，至少预备一百尊大炮，配好马匹，送交征意大利军前应用。

今订一个计划，将所有夺得的军旗，安置在陆军养老院大圆顶之下，将得胜日期刻在石头上。

4日

陆军总长应请克拉克（Clarke）、莫罗两军长前来议定莱茵河军的方略。将加派军队赴援。

5日

从前隶于征意大利军之第八师之团所剩下的军人们，应集中里昂，听候编组。三四个月后，就能够成为后备军。

6日

倘若西哀士往乡下，你们即速计划宪法；我将令其通过。

7日

告诉莫罗军长，说是执政的意思，请他迅速复入陆军。

14日

宪法正在编定间。多努先生请你坐下。请你写。

第一执政的判决就够了！

（西哀士说：我唯一的欲望，就是辞职。）

15日

凡是一篇宪法，都应该是短而晦的。

宣告民众书：今有一篇宪法，交与你们。这一篇宪法，将可以把临时政府所有的外交、陆军、内务诸事的无定之处扫除干净。

这次的宪法是拿代议制的真理、财产的神圣不可侵犯的权利、和平的自由做基础的。

宪法所给的权力是有力而又稳定的，既然是要保护公民的权利和国家的利益就应该如此。

公民呀！这个革命是在产生革命的原理中抛了锚。革命是办完了。

波拿巴、迪科、西哀士，署押。

18日

我相信此后的战事比于最后一次战事，更能为法国得荣耀。

21日

共和国此次竭力推进战事，目的在于由战争而导致太平。此时共和国的和平希望，专赖莫罗统帅所部的军队。政府是绝对信任莫罗统帅的热心和他的将才。

22日

今经考虑征意大利军队的情形，共和国的三位执政宣言如下：应以非常权力，委交马塞纳统帅。凡是统帅所不信任的军长，统帅得以停其职，或免其职；凡有不服命令的军队和军官，得以解散之，和免其职。

25日

致英王书：法国全国人民的愿望是请我出来当共和国的第一长官。今当到任视事，理宜由我本人通知陛下。

天下的四方，已被这八年的战事蹂躏，难道要把这场战事拖长到永远么？难道无讲和之可能么？地球上最文明的两个国，若为保固其安全，保固其独立起见，这两国的势力，是绰绰有余的。这两个强国，为何能牺牲商业、国内的发达和诸多家庭的欢乐，而去骛优胜的虚名呢？这两个强国如何不能看见和平是第一重要的必需，且是最大的荣耀呢？

对于我此番的条议，陛下必能见及我的唯一真诚愿望，在于迅速达成第二次的全面和平。

致奥帝书：自从我离国十八个月之后，今日归来，又见法兰西共和国与陛下交战。法兰西全国命我当首席执政，我绝不是一个好虚荣的人，我最大的欲望，就是要避免即将到来的流血战争。陛下向来的名誉令我不疑陛下最真切的愿望。本着这真心诚意的愿望，我们当能够调停两国的利益，此是我所不怀疑的。

对征意大利军团宣言书：军人们呀！因为形势置我于政府的首席执政官位

置，不能使我留在你们之中。

军人们呀！有几支军队弃阵地而逃，不肯听长官的命令。第十七轻便步队就是一个榜样。难道卡斯蒂利奥内之战、里沃利之战的勇猛军人们，都死光了么？他们宁愿一战而死，绝不肯抛弃军旗的。

征意大利的军人们呀！今有一位新统帅统带你们。当你们有荣耀的日子时，这位军长是永远在前线的。你们要相信他，他将能为你们的军旗恢复名誉。

我将要每日有一报告给我，详载你们的行为。我所尤其注意的是第十七轻便步队和第六十三队。让他们谨记从前我如何相信他们。

26 日

致内务总长吕西安·波拿巴书：假使战事不是必要的事，我第一件最注意的事，就是用乡制做基础，以建筑法国的发达。重新整理一个国，较为容易入手的事，就是先应付一千个人的事，不去力求每一个人的幸福。法国的一乡，是按一千个人计算的，办三万六千乡的发达，即是办三千六百万人的发达。既能化此重大问题为简单，且能简化许多为难。其比例即是三万六千与三千六百万的比例。

内务总长应小心考虑下列许多观念：

在革命之前，乡属于贵族地主，属于教士。贵族所辖的臣仆，教士所辖的教区内的居民，是不能享道路权利的，且不能享沟渠的利益，又不能享牛羊牧场的利益。自 1790 年以来，忽然间这种公共所有的交通权利、牧场权利，从封建制度贵族手中夺来，这原是很应该的。今日每个自治区，受法律保护之下，都变作一个实在法人，享有权利，可以执业、购业和买业；又可以做法律所认可的种种事业，以利益于该区的民众。是以法国忽然分作三万六千个人，每一个人都受地主或业主的本能所驱使；这种的本能，就是增加他的所有，改良他的出产，涨大他的收入，是以法国发达的根本，即在乎这一点。

为什么从这种根本，却并未发生什么呢？理由如下：凡是个人业主是常常注意他自己的利益的，一个公益社会就不能了。公益社会是常常睡着的，是无发展的。个人的利益，是一件简单本能的事；公益社会的利益，是要有道德的人管理的。然而有道德的人是很少的。自从 1790 年以来，这三万六千乡，不过是三万六千个孤儿，是旧时封建的专享利益的承继人。这十年以来，被临时政府和督政府的自治区的乡官所忽略不理，或为所剥夺无余了。他们无所不偷：从大路上也偷，从小路上也偷，从树木上也偷，从教堂里也偷。倘若这种情形再进十年，不知这三万六千乡更要变作什么了？内部总长第一件职责就是停止这种苛政。不然的话，整个大社会中的三万六千个社会成员，都要受这苛政所传染的。

凡处置一个大弊政，首先要小心诊断这病的重要之点和偶然之点。是以内务总长应首先制一个总计划表，条列法国三万六千乡的情形。我们向来并未有过这种节略。其重要的题目如下：

分乡为三种：第一种是欠债乡，第二种是出入相抵乡，第三种是有盈余乡。第二、第三种，为数原属不多，亦不是亟待解决的。实在问题，是如何清理欠债乡。

这个节略要表明下列各条：

（一）自从划分一乡的产业以后，属于该乡的产业详细情形。

（二）借款的详细情形。所欠的债务详细情形和还款日期。

（三）分门别类条列各种收入的估值，例如租价、赁价等类。

（四）条列不是真正一乡的出款，例如病院和慈善事业、津贴等类。

（五）道路的详情，要大略指明何者是有用的，何者是可以出卖的。

（六）总教堂和附属各件。

（七）海滩，有应由业主取回的，这是他夺该乡的。亦应将详细情形开列。

（八）木料，有可以出卖的，并应指明种类。

（九）赁出的产业、渔业权、畜牧权，是否能够整顿，以增多收入？

计划表列出之后，就要知照乡官必须用全力处理欠债诸乡。凡是市长不同意改良乡制表，必须免职。正乡官必须每年巡视该乡两次，副乡官必须每年巡视四次；如违免职。每月送一报告与内务总长，声明现在正在办某事，某事仍未办。

凡是乡官，于两年之内，还清其乡所欠之债，内务部总长得以提议，酌予奖赏。凡乡有于五年之内尚未偿还债负者，政府派专员管理之。

是以在五年之后，法国只有两种乡：一种是有盈余的，一种是不余不欠的。既到了这样地位，内务总长和各乡官应努力设法，务令出入相抵，各乡变成有盈余之乡。是以在十年之间，法国只有盈余之乡了。此后三千六百万个人的努力的效果之趋向，发达之趋势，将有三万六千乡的力量以增长之。各乡皆受政府指挥，促进其愈见重大的进步。

此五十位乡官，每年最出力清还乡债，或增加收入的，应由政府拨款，资送来巴黎，由三执政以隆重礼貌接见。并由政府拨款在该市或该乡建立牌坊，留传该乡官之名于后世。坊上刻字云：“法国感谢此乡的乡官。”

29日

致贝尔蒂埃军长书：内附宣言书一通和政府几条命令，都是同旺代（Vendée）的事变有相干的。你一看就晓得，该处居民得以自由奉教。凡未经变卖的教堂，要交与所在乡的行政局。所有教士，只要宣誓忠于宪法，此外不必再有其他宣誓。教士得以自由，在无论任何地方行弥撒礼。

1800年

1月12日

在巴黎。每旬的第一日，开财政普通会议。每旬的第四日，开陆军行政会议。每旬的第六日，开海军行政会议。每月的第八日，开司法行政会议。每月的第十八日，开外交会议。每月的第二十八日，开内务和警察事务会议。所有各次会议，皆在第一执政办公处会议。开会时刻，是晚上9点钟。

我每逢要搁下一件公事，我将这件公事的案卷推入，将另一案卷拖出。我向来不将两分案卷混杂在一堆。这样办法既不烦扰我，又不使我疲倦。我若是要睡觉，我立刻将所有案卷都推进，我就睡着了。

13日

处现在这种地位，四百万是很要紧的，我们或者能够在汉堡（Hamburg）筹这笔款。

14日

致公民戈丹书：莫罗军长诉称，他在巴塞尔（Bâle）取款的汇票，支不出款。他所部的军队，是绝对无一文的饷，现在务必汇款给他。你不能够给他马赛或科西嘉岛汇票么？

15日

致有勇的莱昂（Léon）书：我的英勇的同胞，我接到你的来信；你不必请我追忆你所做的事。自从英勇的贝尼萨特（Benezette）死后，你是陆军中最英勇的榴弹队的军人。我赏一百把军刀给军人，其中有一柄是赏给你的。所有的军人都众口一词说你是你的联队中的模范。我急于见你。陆军总长将发一号令，使你来见我。我当你是我的儿子。

缪拉军长将给他一个加衔，作为执政府卫队的副中尉，且将写一信给他。

25 日

我有意组织一个后备军，归第一执政统领。

27 日

（号令）华盛顿死了，此是一位伟大人物，与专制奋斗的人。他为其本国建立自由，法国人和两洲的自由人都永远纪念他；尤其是法国军人永远纪念他，因为法国军人同他和美国军人都是为平等自由奋斗的。

是以第一执政发令，共和国的大旗尖旗皆饰黑绸十日。

2 月 13 日

致希杜维勒（Hédouville）军长书：你告诉布尔蒙（Bourmont），一经你的传令，他必要在二十四个钟头内缴出他的大炮；三日之内，缴出三千支枪；他若是不肯照缴，你务必带领军队，把他消灭了。不把他毁了，不许脱靴休息。

18 日

在杜伊勒里（Tuileries）宫。在这里不算什么，但是我们必要住在这里。

致布律纳军长书：从你信上所说的卡杜达尔（Cadoudal）的情节来看，我却很喜欢在巴黎见他。你把为首的人名单给他一张，弗罗泰（Frotté）连同他的僚幕都被擒了。我已经拒绝同他商议条款。据你的信看来，他应该枪毙的。这样一来，诺曼底（Normandy）可以太平了。

27 日

宣布下期开议民法法典，把办事人的名姓开单给我，并把号令稿拟好了。

3 月 1 日

每十日驻守杜伊勒里宫的军队举行会操一次。

5 日

我今早见着卡杜达尔，他的面貌是一个粗壮的布里顿（Breton）人，似乎还可以造就为国家出力的人。

将来还是和呢，还是战呢？这件事现在还是说不定的。但是德帝商议条款，是很有礼貌的，只看表面似乎是还好。

8 日

宣言书：法国人民呀。你们要的是和平。你们的政府，盼望和平比你们还要热心得多。我们的第一希望，我们所始终努力的，都是要和平。英国政府已经表露出来他们的令人可怖的政策的秘密。英国花了许多金钱，口头上答应了许多好话，和他们的阴谋诡计，都是要分裂法国，毁坏法国的海军和港口，要欧洲不见有“法国”两个字，要把法国降到二等国，要离间大陆诸国，要夺他们的商务，要夺许多掠掳品以自富。倘若有任何一国仍要用武力争强，本第一执政已经答应和平了。本执政将统领从前屡战屡胜之师，打倒该国。带了这种军队，本执政晓得如何找着他们从前得过胜利的战场；但是在战场之中，本执政将为和平呼吁。今宣誓本执政只为法国幸福，为世界和平而奋斗。

12 日

致军长马赛纳书：莱茵河的战事，不久就要开仗。反对你的梅拉斯（Melas），原是个粗浅人。他既无你的军事才略，又无你的活泼，不如你远甚。我很对你所处的为难地位惆怅；但是我仍依赖你的热心和你的本领。

15 日

后备军的第一师约计有一万二千人，将于明日从巴黎拔队。其余两师于12日分从南特（Nantes）和勒内（Rennes）起行。

16 日

致军长莫罗书：我变了一种局外人了。我已经失了行动自由，又失了我的欢乐。我很羡慕你的好运气。你带领许多骁勇军人，当将建立奇功。我当然很愿意用执政的紫袍同你换你部下一位团长的一线肩章。

我盼望将来的形势能使我帮你的忙；无论如何，我完全信任你。

致一个报馆记者：我是与欧洲斗力，你却是与革命精神比力。你的志气比我的大得多，我的成功机会却比你多。

20 日

在马尔梅松（Malmaison）。我上星期日就在这里。我独行踽踽，唯与寂然无声的自然相对。教堂的钟声，忽然触我的耳，给我一种尖利的感觉。早年的习惯，和早年的教育，潜移我们的力量，实在是大。我对我自己说道：简单而又易于迷信的人，所得的这种深印象，必然更有大力。我要请哲学家和理性主义者，反证这种事实！民众是要有宗教的。

4月4日

军长贝尔蒂埃起程赴后备军。我委卡尔诺当陆军部总长。我还未发遣我的行李。我日日盼望维也纳决定的消息。

5 日

某报上有两句诗，议及第一执政。请令删去。

致富歇（Fouohé）书：三位执政的意思，要停止某某等三家报纸出版。烦你告诉潘恩（Paine），警察们晓得他的行为不好，一有人控告，就要把他送回他本国，即是美国。

9 日

致贝尔蒂埃军长书：因为将要发生的军事举动起见，你所部的后备军应和调征莱茵河之军，及征意大利之军一起部署。你所部的军队，作为一条长线的中心点，此线之左在多瑙河（Danube），其右在热那亚。

致马塞纳军长书：莱茵河军队，将于本月 10 日与 20 日之间开战。一经开战，利科布（Lecourbe）军长调统贝尔蒂埃所部，贝尔蒂埃将逾圣哥达山（St. Gothard）入意大利；同时后备军一部分将入瓦莱斯（Valais），从此入意大利，或取道圣哥达，或取道辛普伦（Simplon）。

21 日

告法军青年书：年轻的法国人呀！我们的陆军是要使革命的战事告终，要把我们这个大国的独立、自由、荣耀，都保护坚固了。那时候战事才可以告终。你们若是热心要投效陆军的，你们就赶快去！跑到第戎（Dijon）去！

大概而论，最善于称赞我的方法，就是凡办一事要用英雄情操，鼓舞全国的人，全国的青年和军人。

24 日

致卡尔诺书：征意大利的军队现与奥军接触。后备军必不要耽延片刻。是以请你命贝尔蒂埃军长迅速催促军队赴热那亚。今日接到贝尔的旗语，并无新消息。请你转令莫罗军长攻击敌军。

25 日

致贝尔蒂埃军长书：我们这里诸事顺手，无论是在莱茵河，或是在意大利，你若以为必要我来，我一接到你的信之后一个钟头内，就能起程。你说驻在第戎觉得沉闷，我为你惆怅，请你鼓舞起兴致来。

27 日

致贝尔蒂埃军长书：现在我的计划不是越过圣哥达山；倘若莫罗军长打了几次胜仗，这个计划然后可以实行，不出险况。且米兰不一定是我们的目的地，因为我们或者要赶到托尔托纳，或要援马塞纳。此位军长若是战败，势必坚守热那亚，是无疑的了。因为这个地方有三十日的军粮。我们是以要越过圣伯纳德山。

当我规划战略的时候，再没得比我更畏怯的了。凡是心里所能想到的危险及利益，我必十倍夸大这危险，十倍减少这利益。我的畏惧小心，真令我心痛。但是我对于左右，仍然是镇静的。我像一个要临盆分娩的女人。但是只要我一决定之后，我什么事都忘记了。只是不忘记一切能实行我的战略，而得成功的方法。

我是喜欢揽权。但是我之喜欢揽权，如同一位美术家喜欢他的美术器材，如同音乐家之爱他的乐器。我喜欢使这件乐器发出声音，发出音调，产生谐和。

半夜。我正在很着急地听候莱茵河和意大利的消息。

5 月 1 日

致卡尔诺书：请你派一位有知识的参谋，或一位工程军官，先去见絮歇（Suohet）军长，后见马塞纳军长，命他告诉这两位军长，后备军全体拔队，向阿尔卑斯大山诸山隘前进，定于 5 月 11 日在皮德蒙特出击（冲出）。

2 日

致贝尔蒂埃军长书：敌人并不疑心你前进。我得了可靠的消息说，维也纳和意大利的人都笑我们的后备军。他们以为 8 月就到我们这里。那时候我们的后备军还没预备好。他们又以为我们的后备军不过是一种强迫征兵，求充莱茵河军的缺额的。

3 日

致塞纳省法庭诸长官书：当法国一面被党派撕破的时候，同时又不好好执行法律，这原是在所不能免的事。这样的情形，已经有十年之久了。诸位要停止这种情形。你们不必问打官司的人是属于某党某派，你们只要极其谨严地衡量两方的权力，务求其平。同外国维持和平，是陆军的责任。同国内的公民维持和平，是司法的责任。你们都是一任终身的官，无人有权可以撤你们的职。你们只有对于你们的良心，负你们的裁判的责任。你们要如同法律一样，是无感觉的，不动情的。

既有实现干预执行法律的法律，我自己就不能不惩办诸多无秩序之影响国家治安，不能不独断独行地压制这诸多无秩序的事。

刑律要读出来如同是刻于石上的，又要概括，如同“十诫”一样。

凡是一条法律，必要将一种大概宗旨说明；若尝试预定所有一切案情，是绝做不到的。

4 日

致贝尔蒂埃军长书：我刚得到你的公文。从意大利来的最后的消息。是23日马塞纳军长在柯尼安诺（Cornigliano）桥，他其实即是在热那亚被围。有两件事可以发生：其一是马塞纳或者同敌人议款，退出热那亚；其一是马塞纳在热那亚的多数阵地为敌所攻下。无论或彼或此，你必定见到梅拉斯军长能够于8日之内，从热那亚到奥斯塔。假使他赶到该地，在你未能以二万人冲出之前，他的尝试守住入意大利山隘的可能，比你高。是以要请你尝试使沙卜朗军长所部，连同骑兵一千，于5月10日赶到奥斯塔。其余的军队，于12、13两日到此。我今晚起程，18日到热那亚。

5 日

致贝尔蒂埃军长书：我刚才接到旗语，说莫罗同敌军在斯托卡奇（Stookach）大战，俘敌军七千人，获得大炮九尊，子弹甚多，诸事进行顺利。马塞纳的副官已到来见我，他说我军还有二十五日的军粮。我发号令兼程行进。

致莫罗军长书：我正在起程赴热那亚的时候，适得旗语传达你大胜奥军的消息。荣耀呀！我连喊三声有荣耀呀！

我们远征意大利之军，所处的情形，有点危险。马塞纳孤守热那亚，军粮只能够至本月25日或26日为止，梅拉斯所部的人数似乎是很多，我诚心欢迎你。

致马塞纳军长书：后备军已在途，疾驰赴援。我今晚起程。我计算你尽力地死守，至少要到本月30日。

9 日

在热那亚。致共和国诸执政书：我是即日夜半到的，全军正在行进，秩序井然。我看见巴黎很镇静，我正欢喜。但是我再说一番，无论如何，亦无论何人，一发现摇动的征兆，就用大力把他打倒。

我沿途经过所亲见的法国情形，是不能笔述的。假使我不时常改变路程，至少也要耽延又一个八天，才可以到这里。

11 日

致沙利西提书：每逢有船开往马耳他，都要写信将欧洲消息告诉他们。还要切实对他们说，法国和欧洲都盼望他们坚守，只要有一块面包尚存，都不要降。

12 日

在洛桑（Launane）。致杜邦（Dupont）军长书：谓你发令，自明日起，每团的征兵，都要放几个子弹，教他们用哪一只眼瞄准，教他怎么样装子弹。

13 日

我得着马塞纳的消息，至 30 日为止。他在热那亚，完全被围，每日皆战。

14 日

致德塞军长书：我的宝贝德塞，我此刻接到你的信，你居然到了此地了。这是共和国极好的消息。尤其是给我的好消息。因为我极看重你。凡是有才略的人，都应该得我这样的敬重的。我是阅人多矣，况且与你又是旧交，我对于你的感情，是我对于别人所无的。

当我回到法国的时候，我见得共和国是完全失败了。旺代叛党兵临巴黎城下。该舰队原在土伦的，现在反而在布勒斯特，军装都全卸了。布勒斯特且被英国恐吓。我到了之后，还要击破旺代叛党，还要筹款，重新整顿海军。我们现在且不必谈这些事。你赶快到我这里来会晤。

致共和国诸执政书：我望你们登官报说，德塞、达武（Davont）两军长已经到了土伦。再加几句话说，自从我走开之后，这两位军长保全了他们在荷兰和莱茵河屡获胜仗的名誉。

15 日

致诸执政书：拉纳军长所部的前锋，此时正在越过圣伯纳德山。却暂缓数日，再把这个消息告诉军队。此时只要说前锋正在进行中。

16 日

致约瑟芬书：我正要起程赴圣莫里斯（St. Maurice）。我将在那里睡。我未得着你的信，这是不好的。我每逢有信差出发，总写一封信给你。我的小约瑟芬呀！我送一千的爱恋与你和孩子们。

17 日

在马提尼克。我刚到马提尼克，我将在这里过一夜。盼望得着明早攻克巴德（Bard）炮台的消息。

18 日

我们正在与冰雪、狂风、冰川奋斗。好像是圣伯纳德山，看见我们的大军尝试迅速越过，未免恐怖，故此阻挠我们。自从查理大帝（Charlemagne）以来，这里未曾见过有这样多的军队。我们的野战炮有三分之一已经过了大山。贝尔蒂埃军长在奥斯塔。三天之内，全军都将过了大山。

19 日

致诸执政书：我听絮歇军长说，敌军知道我们后备军的举动，发现惊扰状况。他们已派一支军队向贝尔蒂埃。我看见报上说我写信给我的母亲，说我一个月之内，当在米兰。这不像我做的事。我常不说我所知之事，我又向来不预言将来所发现的事。我请你们写几句登报，用一种挖苦的腔调。

20 日

在圣伯纳德。圣伯纳德山全为积雪所盖。爬山是极艰难的事。马尔蒙军长用两个方法：第一个法子是把树身挖通了，如同一个槽，把八磅炮和短炮装在槽里，用一百人拖，要费两月工夫才得过圣伯纳德山。到了极艰难的地方，就击军鼓，击交战冲锋鼓——这是极新奇的情景。第一执政从圣伯纳德山顶下降，是坐在雪上。全是用这个法子，渡过悬崖和山溪。

24 日

在奥斯塔。19 日梅拉斯在尼斯，还是毫无疑心。我军的炮队接连越过圣伯纳德山，谷口有巴德要塞，炮队经过颇难。

致约瑟夫 · 波拿巴书：请你交三万法郎与我妻。我们军队到了这里，好像是从天而降。是敌军意料所不及的，至今还不能相信。

27 日

在伊夫雷亚（Ivrea）。我昨晚到的伊夫雷亚，诸事进行得很好。在新五月之前，我将回巴黎。

29 日

第一执政在奇瓦索（Chivasso）阅前锋军队。第一执政对第二十八队说道：你们在这大山上过了两年日子，往往什么都没有。你们向来是毫无怨言，照常办事，这是好军人的第一天职。第一执政今发号令，一遇战事，应将这团位置在前锋，以表示本执政对于这团绝好的状况，极其满意。

我们截得两个信差，见得梅拉斯显然还在都灵。他的大部分军队，原是藏在尼斯的，现在正在兼程赶赴波河。

30 日

在维切利（Vercelli）。我今晚起程赴诺瓦拉。明天我将到提契诺（Ticino）

河畔。这条河很宽，河流又急，我要看看如何渡河。

31 日

全日前锋仍在奇瓦索。敌人将所有能调动的步队，从都灵沿波河右岸进行，与奇瓦索相对。当下缪拉军长已把渡塞西亚（Sesia）河的桥筑成了。大军过了河，到了诺瓦拉，扎在提契诺河右岸。米兰居民今日能听见我军前哨的炮声。

6月1日

在诺瓦拉。第一执政是 31 日到提契诺，河的左岸敌军有多数骑兵和几尊大炮。缪拉军长列炮攻击一个钟头之久。6 点钟之后，我军有一千五百人、大炮两尊渡河。

此时缪拉已在米兰半路。

3 日

在米兰。缪拉军长是 2 日到米兰，立刻围城，3 点钟之后，第一执政和属员等进城，为群众所包围。人人皆表示热心欢迎。

晚上。我们的举动，实在是神速不过。在我们入城之前二十四个钟头，米兰人才晓得法国军队到了意大利。

4 日

致塔列朗书：请你印行一本小书，书名是《论奥地利政策书》，署名为德国民族的一个爱国者。这本小书的目的，在于指出奥地利常是牺牲帝国，伤害帝国，以自拓疆土。最好是将此书用德文印行，广播于德国。

你要送衣服给西班牙皇后，我并不反对。你可以花到一千路易置办。但是你要办得庄重大方，切勿闹笑话。

致贝尔纳多特军长书：我的宝贝军长，我们在米兰，我们捕获敌军三百尊野战炮和攻城炮，夺得敌军的病院和弹药库。其余别的事，我就不必说了。

莫罗在附近的乌尔姆（Ulm），正在保卫此地。

你务必把那个恶棍卡杜达尔拿获。无论或是生擒，或是打死。你若是生擒他，在二十四个钟头之内枪毙他。

5 日

对米兰教士们演说词：我本愿与你们在这里会面，以便我可以当面告诉你们，我对于罗马教皇行使教徒的情操。我深信，唯有这一宗教能够担保有好秩序的社会的幸福，能够保护好政府的基础。我要你们相信我，无论何时，无论用何方法，我都是尽力保护这宗教的。你所奉的教，就是我所奉的教。你们教士是办理教事的人，我当你们是我的最宝贵的朋友。我最坚定的意思就是基督教的天主派和罗马派，必要保全其不受动摇。现在我有权力在手，我今打定主意采取各种措施，以保固这个宗教。从前用那种方法对待教皇，你们不必恐怖。庇亚士（Pius 亦作庇护）六世的不幸，有一部分是因为他听左右的恶阴谋，有一部分亦因指挥政府的苛虐政策。等到我能够同新教皇讨论事项的时候，我希望侥幸能够扫除一切仍然阻挠其调停法兰西共和国和宗教之长期间的窒碍。

6 日

我军已渡波河，占据斯特拉代拉，截断敌军队伍。

7 日

大多数的军队将于明日集中。梅拉斯除了开战之外，别无他法。除了亚历山大和图套那两要塞之外，他无退路。

8 日

致贝尔蒂埃军长书：缪拉军长截得敌人文件，送与我看。其中很有可注意的详情。梅拉斯 6 月 5 日致神圣罗马帝国两枢密院[①]书说：马塞纳 4 日定约献城的。据此看来，敌军似乎在 12 日或 13 日之前，不能在亚历山大集中。请你速派军队前进。无论遇到什么，你都要打倒了。前锋可以前进至沃格拉（Voghera）为止。

9 日

致卡尔诺书：我还是看不出来梅拉斯如何能出险。他只能够有两条路好走。其一即是必定在斯特拉代拉攻我们，若果如此，他必定大败，被我们毁了。不然的话，他可以尝试渡过波河、提契诺河、塞西亚河。他若是出这一计，也无好结果。他所处的地位，令人好笑。假令我军在热那亚再能坚守七十二个钟头，他的军队能够脱逃的更是少数。

我一个钟头之内，就要起程渡波河。前赴斯特拉代拉。

10 日

在斯特拉代拉。奥特（Ott）军长接连三次兼程疾行，带领一万五千围城军队，从热那亚赴沃格拉。梅拉斯拨四五千人帮他守波河。两军前锋日中相遇。敌军占据卡斯特佐面前高处。两军力战终日，我军第九十六队用刺刀冲锋，解

---

① 后称国会。——译者注

决这次的久战，敌军死伤三千人，被俘六千人，在阵上失大炮五尊，敌军完全败退。

14 日

马伦戈（Marengo）之战。

15 日

在加洛弗利（T. D. Garoffoli）。致共和国诸执政书：从我军得来的消息，都是好的。我不久就到巴黎，我最爱的最看重的一个人死了。我动不得了，不能多写了。

报单：我军于蒙蒂贝洛一战之后，拔队进行，往渡斯克里维亚（Scriva）河。敌军似无计划，举动无定。

14 日

破晓。敌军从三座桥渡波尔米达（Bormida）河，立意冲出，袭击我军前锋。于是世界闻名之马伦戈之战，由是开始。这一仗决定了意大利和奥军的运命。

当这一场血战，我军四次退后，四次复前冲。前后数次。在不同的时刻，在各地点，有大炮六十尊得而复失、失而复得者，有许多次。马队冲锋凡十二次。有得手的，亦有不得手的。

午后 3 点钟，敌军有一万马队抄我军右翼。敌人的马队，有步队有大炮扶助。我军榴弹队在这个大平原中央，屹立如石炮台，不为敌军所动。

这样不畏死的竭力抵抗，困住敌军左翼，援助我军右翼，候至穆内（Mounier）军队上来死战，攻克沙里奥洛堡村。这时候我军左翼已经摇动。敌军骑兵急攻我军左翼，我军急退。

敌军沿全线进攻，其一百尊大炮同时用葡萄弹射击。溃兵伤兵充塞路上，我军似已失败。任敌军接连前进，进至圣乔兰诺（San Giulano）村，我军德塞所部正在此出口，阵前有野战炮六尊，以两大队成纵阵拨归于后两翼。所有溃兵皆聚于后。此时敌军已有谬误举动，预示败征，因为其两翼太过延长。我军一见第一执政军气复振。第一执政对军人说道：孩子们呀。你们要记得，我的习惯是睡在战场。

于是军人大呼：“共和万岁！第一执政万岁！”向前冲锋。德塞的中坚同时前进，俄而冲破敌线。凯莱尔曼军长原是统其所部重骑一团，终日保护左翼后退，此时以全力冲击敌军，其势汹汹，遂俘敌军六千人，擒敌军参谋长察赫（Zach），同时敌军有几位军长阵亡。

我军全师追逐，截断敌军右翼；敌军恐怖失措。奥军马队进向中央，保护他们后退。团长贝西埃尔（Bessières）带领侍卫军、榴弹队奋勇急冲敌军，冲破敌阵，完全击退之。

这一场血战，我军获敌旗十五面，大炮四十尊，俘敌六千人至八千人，尚有敌军六千人在战场。贝尔蒂埃军长的衣服满为子弹所穿破。部下有数位落马。但是我军和共和国有一重要损失，是以虽大获胜仗，而全军为之不欢。德塞军长，当他所带的一师军队赴敌的时候，为敌人子弹所中，即时阵亡。临死时告其副官勒布伦（Lebrun）说道："你去告诉第一执政，我只可惜我在世不久，不能留名于后世！"德塞军长不过是三日之前才到大本营的：他是急于临阵，前日曾屡次对他的参谋们说道："自从我在欧洲打仗以来，相离日久了，子弹恐怕忘记我了，将有事情发生。"正当两军酣战的时候，有人来报告德塞军长阵亡，第一执政闻报，不过说道："为什么我就不该挥泪呢？"他的尸体已经送往米兰，设法保全。

短小精悍的凯莱尔曼，冲锋冲得极其侥幸，冲得正是时候。我们很要感激他。重大事件，往往以这种事为转机。

我对凯莱尔曼说："你的冲锋颇好。"

16 日

在马伦戈。致诸执政书：马伦戈血战的后一日，梅拉斯军长由我军的前哨送信来，要求许他派斯克尔（Skal）军长与我晤商。当日议妥信内附寄的条款。当日晚上由我军贝尔蒂埃军队同敌军梅拉斯军长签字。我盼望法国人民将来喜欢法国的军队。我今晚将到米兰。

致德帝书：我今致书于陛下，传达法国人民愿意停止伤残我们两国的战争的愿望。当日原是在马伦戈战场之中，在伤痍之中，被一万五千死尸包围，我恳求陛下听伤痍的呼吁所劝。因为我与战争的地点较近，我应该力求陛下的。陛下的军队已经赢得荣耀很多了很够了，陛下军队所管辖的地方，也够广大的了。陛下诸位大臣，究竟还有什么理由可以借口延长战争的呢？

我以为对陛下提倡和议，是我的职责。我提议两军全数停战并训令两军的议和人员。

17 日

在米兰。我才到了米兰，觉得有点劳顿。

我看见有些匈牙利榴弹队和德国俘虏走过，他们当 1796 年、1797 年的战争时，曾经当过俘虏的，他们认得第一执政。内中有几个似乎是很热心地开始大呼："波拿巴万岁！"

想象是一件最奇异的事。有许多人并不认识我，向来并未见过我，不过是听见人说过我，一看见我就为我所动，无论什么事，他们都肯替我办。这种同样的事情，什么时候都有，什么地方都有。这就是狂信！想象能掌控世界，的确是这样。我们近代的建设的弱点，就是不向想象说话。唯有用想象可以治人；人无想象，就不过是一只兽。

18 日

无论我们巴黎的无神派说什么，我也不管，我今摆齐仪仗，往米兰教堂行歌颂礼。

仪文极其庄严华丽。

21 日

致诸执政书：我已派专差带一封信送交德帝。这一封信外交部长将转交与诸位。你们也许以为，我这封信有点不讲究形式。但是这封信是在战场上写的。有一部分侍卫军今天已从这里起程赴巴黎，带有马伦戈一战所获的敌旗。他们所走的路程，是先已计划好的，以便他们准于 7 月 14 日到巴黎。你们要设法使这一次恭贺国庆发生异彩，不要仿从前的庆祝。放花盒是很有效果的。赛两轮车只宜于希腊，因为希腊是用车战的；我们若赛车，是毫无意识的。

25 日

我正在起程赴巴黎。

26 日

在都灵。后备军与征意大利军，合为征意大利军，马塞纳当统帅。

29 日

在里昂。我已经到了里昂。我在这里逗留，行某建筑的奠基礼。他们告诉我说：这座建筑的工程两年之内可望告竣。从前的里昂原是欧洲有名的商务中心点，我盼望不必等到两年，这里的商务可以恢复原状。

我要令人想不到我到巴黎。我并不要什么凯旋门，不要什么仪式，我很晓得我自己的价值，不必看重这些无意识的虚文。众人满意，就是唯一的凯旋。

7 月 2 日

在巴黎。住杜伊勒里宫。好呀，诸位公民，我们又见面了。来来来，自从我走了之后，你们很辛苦办事么？

答：军长，我们没得你那样辛苦！

我所赢得的不过是打胜仗，唯有约瑟芬的温柔，赢得每人的心——约瑟芬是最令人爱的女人，是最好的一个女人！

4 日

我吗，我是一个王室的小虫么？我是个军人，我是个平民，来自民间的，我是个白手起家的人！怎么拿我同路易十六相比？无论什么人的话，我都留心听。但是我打我自己的主意。原有许多人害了法国；他们祸国，比最野蛮的革命家厉害得多——空言家、理性主义者，祸国更甚。这些人都是空泛思想家、假思想家，他们不如赶快去读几章几何原本，还可以多少得点好处。

我的政策，是用大多数人所愿意怎样受治的方法治人。我看这就是承认民权的办法。

14 日

恭贺 7 月 14 日国庆！恭贺法国人，法国人是我们全数的君主！

24 日

致德帝书：我奉到陛下由圣朱利安伯爵转交的信。我盼望信内所附的草约，不久就继以最后议定的和约。

25 日

若任一个法国人，在一个巡警与魔鬼之间挑选其一，法国人必定宁愿当魔鬼。但是若令其于魔鬼与时髦之间任择其一，必然是择时髦[①]，只要政府办得好，凡是政府所办的，都是时髦的。

28 日

马伦戈之战，德塞预知其死。我当日很看得出来他是忧然不乐的。当战事危急的时候，众人都很着急，我下了马对他说道：我们不如坐在草地上片刻，表示我们镇静。正在此时，他对我说：子弹现在不认得我了。

30 日

好，朱诺，好呀，你为什么那样糊涂，上了那英国人的当。你现在要什么呢？我派你到莱茵河军队，好不好？你要再加上又一个十年。

军队的冲锋，与力学的总系数相同，是等于质量乘速度。

---

① 趋时。——译者注

打一场仗，是演一本戏，有始，有中，有结局。一场仗的效果，依赖霎时间一个观念的一闪。当开战的时候，要聚精会神，无论什么都不要忽略。一大队人往往决定这一日的胜负。

当打仗的时候，什么机会都要善用。因为运气好像一个妇女，倘若你今天遇不着她，你不必打算明天希望见得着她。

在军人的行业中，我没一件事不能自己动手的；若是无火药，我晓得怎样制火药；若无炮车，我晓得怎样制炮车；若是讲到铸炮，我也晓得；若是要教军略的条目，我也能教。

带兵的军长必要在队伍中。他原是个头子，一支军队全靠他。当日征服高卢的原是恺撒，不是罗马军队；令罗马发抖的，不是迦太基人，是汉尼拔；从前走到印度（Indus）河的，原是亚历山大，不是马其顿（Macedon）军队；转战到威塞尔（Weser）的，原是图林（Turrenne），不是法兰西军队；当七年之战，保全普鲁士，力抗欧洲最强的三国，是腓特烈大王，不是普鲁士军队。

我之所以每战必走好运，原靠战术的三大宗旨：一、集中兵力；二、灵活；三、灵活之中要有光荣战死的决心。战死是算不了什么，活在世上而战败，活得无荣耀，就如同每日死一次。

因为天生我是一个军人，我就是个军人；军人的生活就是我的生命，就是我的习惯。无论在什么地方，我都是发号施令的。围攻土伦的时候，我才二十三岁，那时候我就发号施令了。新9月我在巴黎又是发号施令。我在征意大利军中的时候，只要我一露面，军人们就跟我走。我是天生如此的。

8月12日

（府令）司法总长在该部召集特隆歇（Tronchet）、比戈特（Bigot de Préameneu）、波塔利斯（Portalis）诸位公民，会商民法起草事。

13日

有钱的人不能就享特别权利。我并无意提倡产业主义；我是对我辈中人说私话；我要国内有富人，因为唯有富人乃能养穷人。不过我不能承认有钱的就该享社会上的和政治上的特别权利。

无宗教如何能治国？若无贫富不均，则不能有社会，无宗教则不能维持贫富不均，一个人塞满了一肚子的好东西，旁边一个人却是挨饿而死，若是无一种法权对饿死的说道：“世界上必要有富有贫；但是过了这一世之后，永远之后，就不是这样了；这是上帝安排的。”若不是这样说，那饿死的人是绝不肯受这样的贫富不均的。

因我变作一个天主教的人，然后平旺代之乱。因我变作一个超山派（教皇全权派），然后在意大利赢得舆论。假使我治犹太人，我当然重建所罗门大庙，所称天堂，原是一个中央地点，人的灵魂是各走各路，趋向这中心点；各宗各派，有各宗各派的路。

9 月 6 日

德塞军长和克莱贝尔军长两个人，是同日同时死的。我将要为他们两人立纪念华表。一位是死在欧洲，死于马伦戈之役，这马伦戈一战，是为共和国再征服意大利。一位是死在非洲，死于赫利波利斯（Heliopois）之战之后，这一战是为法国再征服埃及的。

7 日

君主在米陀，就随他在那里！

致布罗温伯爵（即路易十八）书：我接到你的信，信里有多礼的话语。我谢谢你，你必要完全抛弃回来法国的希望。你若回来，当然要在十万死尸上走过。你要为法国的幸福太平起见，牺牲一人的私利，历史将不忘你的牺牲。你家族的不幸，我非并不念及，我很喜欢对于你的退隐的安乐和保安，有所贡献。

我的可怜的康巴塞雷斯，我是爱莫能助。但是你的地位是显而易见的。即使王族果能回来，你也是要问绞罪的。

10 日

致内务总长吕西安 · 波拿巴书：请将我们法国最有名的画师十个人的名姓单，十位最好的塑像师、十位最好的谱曲师、十位最好的音乐家和十位最好的建筑家的名姓单送来。此外若其他门类的艺术家，应受国家承认的，亦一并列单送来。

23 日

政府令通知英王，今以海上停战为根据；本政府并不反对任由英王的使臣入吕内维尔（Lunéville）会议。

10 月 17 日

经过这样十年的非常事变之后，治理法国是一件颇不容易的事。

11月22日

致萨瓦里书：请你明日起程赴布勒斯特，你将携公民杰罗姆·波拿巴[①]同行，送他到冈托姆海军上将的军舰上。你在那里等候。等到这位海军将领扬帆出海，看不见的时候，你就可以回来。

致海军将领冈托姆书：我今打发公民杰罗姆·波拿巴到你船上。要他在海上练习。他要有人用坚忍力管理，这是你晓得的。他是曾经耽误过的，他既入海军，所有应该实力奉行的所有一切职事，请你勒令他照行。

12月1日

倘若我四五年之后死了，这部机器（指法兰西共和国这部国家机器）将制好，可以行动的。我若死在前，我不晓得将来有什么事情发生。

狄威米说：我们应举一位军长当第一执政。

你不应该举一位军长当第一执政。你所要的是一位文官。军队易于听文官的号令，易过听一位军人的号令。假使三四年之后，我得了热病，将要死在床上；又假使我要立遗嘱，我当然要警告国人，要国人反对军阀政府；我当然要告诉国人，请他们举一位文官当元首。

9日

命令海岸要塞和加来（Calais）、布洛涅（Boulogne）军舰放炮，宣布霍恩林登（Hohenlinden）之捷。

24日

今日全日忙于办事。晚上觉得疲倦思睡。我就倒在我妻的客厅里头一张榻上，就睡着了。过了一会，约瑟芬进来，把我惊醒了，一定要我去看戏。我们是晓得的，女人想要做什么事，是一定要做的，我们必须满足她们的欲望的。我只好起来，心里原是很不愿意的，我上了马车，有拉纳和贝西埃尔两个人相陪。我实在是困到了不得，在马车上又睡着了。当我睡着的时候，炸弹爆炸了。我还记得我醒的时候，觉得好像是马车举起，在水中经过。制造这件东西的，是圣根特（St. Régent）某某等数人，他们弄了一架车和水桶，就像是巴黎所用供给饮用水的水车，不过他们的水桶是横摆的，桶里装满了火药，放在我所经

① 拿破仑之弟。——译者注

过的一条街的转角。也许我的车夫转角时，赶得非常之快，也有点助力。因为他是吃醉了，什么事都不怕。他以为炸药响，是他们欢迎我入戏院。可见得车夫是醉得可以了。

25 日

他们想炸死我，以攻击革命。我要保护革命，因为我就是革命。

31 日

（军长呀，你吃饭耽搁的时候太长了！）已经变了这样么！——权力害人到这样地步么!

1801年

1月2日

在巴黎。莫罗离开维也纳不过五日路程，已夺得敌人全数的军械库及兵栈。德帝派驻吕内维尔议约使臣科本兹，在12月31日的信中，曾经声明他预备商定一个单独的和约。奥地利是完全摆脱英国政府的影响了。

9日

致莫罗军长书：我对于你的极佳极巧的调度，不必说明我如何注意关切了。你这一战是超越你自己了。奥地利人是很顽强的，他们把冰雪都计算在内，其实他们尚未知道你。

13日

致福尔费（Forfait）书：总长先生请你对于马达加斯加（Madagascar）制作一报告送来。请你命令布律埃斯（Bruix）海军将赴海牙（Hague）。他的专门使命就是会同荷兰国海军总长商定方法，开赴好望角。

15日

现在的重要事情就是维持在埃及的陆军。

19日

致塔列朗书：请你制备同瑞士立约的草稿，以便使他们的割让从瓦莱斯至布里格（Brieg）为止。

21日

昨日有一专差从俄罗斯到此。他在路上只有十五日，他带来的是俄帝亲笔的一封很讲友谊的信。俄罗斯是偏向于反对英国。

致福尔费书：我把报告马达加斯加情形书送还。我看得这通报告太过简略。

25 日

马雷（Maret），你是个富翁么？

（马雷答：军长！我不是富翁。）

这是很不好的，凡是一个人，总要能独立的。

（马雷答：军长，我向来都不愿依靠人，只愿依靠你。）

哼！这还不错！

马雷是个好人。他不是傻子。他对答我的话很聪明。

2 月 10 日

在圣昆敦（St. Quentin）。我是昨日午后 4 点钟到的圣昆敦。我终日在马上查看运河。天气已冷，下雪颇多。所有关于圣昆敦运河的计划和草创工程，似乎还令人满意。我下台阶走入地道。这个市镇的制造，从前用七万工人，为法国收进一千五百万。已经减缩至六分之五。这是最重要最专门的制造，养活法国不少人家。若希望恢复这种工业，要重新使社会再兴通用细葛布。

13 日

在巴黎。大陆和约已在吕内维尔签字，条款皆合乎法国的民意。

我们同西班牙立密约。西班牙助我们六条军舰。

25 日

缪拉军长正在派一万人前往占领塔兰托（Taranto）、布林迪西（Brindisi）和出于这一条线之外的各处小口岸。

27 日

致俄帝书：英国的骄蹇，实在是无可与比。陛下既然想我调海军，我就在弗兰德（Flanders）各港口调集炮船三四百条，我并在该处调集军队。我已发令集中陆军于布列塔尼（Brittany），随时可以在布勒斯特登舟。

英军尝试在埃及发陆。沿地中海和黑海诸国，皆利于法国仍然占据埃及。苏伊士运河是连印度洋于地中海的，已经测量过；工程是很容易的，亦不耽延时日，将来俄国可得巨大的利益。

3 月 1 日

拉法耶特（Lafayette）是一个执拗的在政治上偏于一意的狂夫。他不能明白我，我却很可惜，因为他是个诚笃之人。我要委他做上院的参议员，他不肯，我只好随他去。无他，我亦能够进行。

4 日

每年将在巴黎举行法国实业博览会。

20 日

你晓得我为什么在举行政务会议的时候，任从各人自由讨论呢？因为辩论是我所长，他们都不及我，我任从他们攻击我，因为我晓得怎样保护我自己。

我是一位法律博士！

致一位代表书：你为什么不到我这里来，同我围炉讨论呢？

21 日

若是将政务会议的详细条文整理一下，有做得好的草稿，就成为可以流传后世的好文牍。我们若是打开路易十六在位时的国务会议录一看，我们只见得都是一片的闲谈。法律家的小错误，必不可以发现于我等的会议录。因为讨论既久，有时难免大意之处。若以我而论，我是个军人，是个理财家，不是法律家，是个立法家，我的见解无甚大关系。当辩驳的时候，我发种种议论，过了十五分钟之后，我许不以我刚才的议论为然；唯是我并不愿意人家强过我自己。

妇人应该从夫，民政官应该定一规则，其中包含妇女宣誓从夫和贞洁。凡是女人，必应受教训，告诉她们，一出其自己家庭的照料之外，即入于其夫照料之下。民政官执行结婚礼，毫不严肃，未免太过干枯无味。婚礼应该有道德的训谕。试看教士们执行结婚礼便知。

（一位政务参议问道：旧时的法律，曾否规定妇人从夫之条？）

天使曾经对亚当（Adam）和夏娃（Eve）宣布过。在举行结婚礼时，这句话是用拉丁文说的，女人不晓得说的什么。但是这句话，颇适用于巴黎。因为巴黎的妇女以为她们喜欢做什么就可以做什么。我并不是说这一句话对于全数妇女有效果，但是对于有些妇女，是有效果的。

（对波塔利斯说）假使权力在你的手中，你是不许离婚的，因为将离婚变作一种极其不体面的事，只有面皮极厚的人才肯离婚。这样办，也就同不许离婚一样。你的计划是不是这样？

（波塔利斯答：假使我们是为新民众立法，我当然是不许离婚。）

倘若夫妇不欢乐，民法原是不承认高尚的圣礼道理的，难道民法就不应该立有条文，以为个人欢乐的地步么？

（波塔利斯答：人原是群居的，结婚原是天性。）

我不承认这两句话。结婚不是从天性来的，原是从社会，从道德来的。有人说家庭生自民法，民法来自自然法律，我不能承认这种见解。

离婚是不能没有法律规定的，宗教自由，已经包含这种意思。假使离婚变作一国的习惯，却是一件大不幸的事。家庭一经破坏，家庭将要变作什么呢？夫妇同居，自然和法律所能结合两个人所过的日子密切到了极点，忽然变作路人，而彼此又终不能相忘，这又算作什么夫妇呢？无父的子女，对于已分离的父母，原是一样地搂抱爱慕，又变作什么东西呢？哈！我们切勿鼓励离婚。社会上的习惯，当以离婚习惯为最大的致命伤。一个男子要求离婚，我们切勿羞辱这个人，我们还是可怜这个人，当他是最不幸的牺牲。遇着不幸的人，法律既不能不许其离婚，然而习俗必要表示其不乐见这种惨酷的方法。

凌晨2点钟。公民们呀，来来来，这时候不过是2点钟，我们还要办点公事，才对得起法国人给我们的薪水。

3月22日

致缪拉军长书：倘若议约拖延太久，请你带军队入内亚波利斯（Neapolis）国，大本营扎在亚基拉（Aquila），克服一切困难。若是你到时，国王还不肯承认我们使者所提议的和平条件，你就向那不勒斯前进。

4月12日

俄帝于3月24日或25日晚上中风而死。他是我极其看重的一位帝王，今一旦死去，我是不胜伤感。我不能详细叙述情形。他的长子继位，陆军和都城俱承认了。

26日

致俄帝书：卡利季奇（Kalitohy）交给我等一封信，内说陛下已经登位。并说先皇帝已死。我们闻俄国先皇帝宾天的信，极其伤感，闻陛下继位，稍感告慰。

7月10日

致塔列朗书：我已经读过和平王的来信。这封信实在是令人发笑，殊不值得答复。倘若这一位王者领了英国的薪水，若是劝国王和王后作出利于共和国的体面和利益的举动，西班牙王国就到了末日了。

20 日

致约瑟夫·波拿巴书：请你接续与孔萨尔维（Consalvi）红衣大主教和你的其他诸位同事，商议条款，我愿意教皇的告谕在法国宣布越早越好，以便我立刻可以荐派大主教和主教。我颇想能于 8 月 15 日在巴黎宣布告谕。

8 月 6 日

致富歇书：第一执政要你告诉《政治报》《文学报》诸记者们，切勿讨论宗教、教士和教仪。

16 日

致杰罗姆·波拿巴书：我听见说你已经习惯在海上，我很欢喜。唯有在海上，能够得最伟大的荣耀。

25 日

对第一炮队说：军人们呀！你们在都灵城要塞的举动，全个欧洲都晓得了。你们用武力乱冲入一个要塞里头，全不顾要塞上所挂的法国国旗。那一位英勇的军官，原有守台之责，你们杀了他，你们在他的尸身上走过，你们全体都有罪。那位不能节制你们的军官是不胜任统带你们的责任。你们所抛弃不顾的军旗，你们不肯再集于其下的军旗，将挂在战神大庙里，配上黑绸，我遣散你们这一队。

30 日

卡普拉拉（Caprara）红衣大主教将到巴黎当教皇大使。

10 月 6 日

致塔列朗书：我附送本月 1 日，在伦敦签字的和议草约，又附秘密条款。

10 日

致教皇书：我极喜欢接待陛下使臣卡普拉拉大使。我已经同英国、葡萄牙、俄罗斯、土耳其签立和约。我很晓得教皇是很注意于各国的幸福和平的，所以迅速告诉你这个消息。

致俄帝书：在法英两国所签订的和议草约中，有一条是预备将马耳他岛交还其教会，归一强国保护。陛下对于该岛和马耳他的教会，有何见解？请通知我。从前该教会原是承认令尊为大教长的。

12 月 1 日

致吕西安·波拿巴书：我简直是不明白西班牙内阁的行为，请你告诉西班牙王和王后，对于和平王的谬误举动和不合逻辑的举动，我实在是极端的不满意。在过去的六个月之间，这位大臣常常给我们侮辱的信和鲁莽举动，凡是能反对法国的事，他都做到了。你只管坦白地告诉王后与和平王说，倘若还是这样行动，他们的末日，就如同半天的霹雳忽然而来。

1802 年

1 月 7 日

在巴黎。致约瑟夫·波拿巴书：明晚夜半我起程赴里昂。我看贝尔纳多特军长是已经往亚眠（Amiens）了。但是无论他已去或尚未去，就要他告诉你，他愿意不愿意去瓜德罗普（Guadeloupe）当统将。

13 日

在里昂。从巴黎到里昂走了六十九个钟头，沿途都是积雪。我是晚上 9 点钟到这里的。此地的人民欢迎我、爱戴我，我很满意。他们的工厂里，他们的心里，都是很积极的。志在恢复里昂为共和国第一个制造市镇。

14 日

此地天气极冷。我从早上 6 点钟至 12 点钟，接见附近各省的地方官和有名人物。因为他们会商事件，是要详细对他们说的。今晚市政厅开音乐会和舞会，我在一点钟之内要起程。

我看见里昂和法国南部人民所做的事，接连表示满意。

16 日

天气极好极冷。自从前两年以来，国内的进步是显而易见的。在 1800 年、1801 年，里昂户口必已增加二万人。有两处地方的制造家告诉我，他们的制造厂是充分的动工。18 日我将阅西部六个团的军队。

18 日

致康巴塞雷斯执政书：你 15 日的来信，把元老院的辩论情形告诉了我。我相信你必能把两院的不良分子二十六人速即革除。国民的意思是不愿意政府的良法美意被人阻挠，不愿意两院再分出多数党派。[①]在这个当口，西哀士的举动显然无疑的，是自从1791年以来，他无一次不预谋破坏宪法的事；这时候又想破坏现在的宪法。他屡次免于祸害，安然无恙，以至今日已经是很侥幸的了。他只应该到巴黎圣母院焚香烛祷谢。但是我越老越明白，一个人的命运，必定由他自己创造。

今日不如前数日那么冷了。

21日

里昂商会为我妻开一场大型舞会，我在舞会上一个钟头。这个会很好。

25日

今日阅操。天气是好极了，好像是在新四月。在里昂的军长们以为应该为我妻开一场大舞会，我将入会看半个钟头。

2月19日

在巴黎。假使运气不就，不能保存和局，我们能够担任做什么呢？

致富歇书：因为与各国重订和约，我有时候可以特别注意警察事务。我要晓得警务的所有一切详细情形，遇有必要时，我与你同办警务，每日至少一次，有时每日两次。于我最便的是早上11点钟和晚上11点。

4月9日

致波塔利斯书：当每位大主教、主教行就职礼的时候，第一执政的意思是授每人一个十字架、一个牧徽、一顶教冠。请你把这些器物购备好了，却要用最便宜的价格购置。

12日

请看教士们的无礼，当划分他们所谓这个世界[②]的权力的时候，他们要自己保留控制人心（灵魂或精神）的权力。人心原是人类最可宝贵的部分，却将控制体魄的权力佯让与我。他们要的是灵魂，把躯壳摔给我。

我们若无一班教员照着一定的宗旨施教，则不能有稳定的政治形势。人民若是先从孩提时代起，受教训，做一个共和国国民，或做一个君主国的人，做一个天主教的人，或做一个自由思想的人，这种国将不成其为国。

---

① 原文为多头恶魔。——译者注

② 与天世界反衬。——译者注

5月4日

无论在哪一国，武力都应该对文治美德鞠躬。见着教士要以宗教为名说话的，见着科学家，刺刀是要服从的。我有言在先，除非是法国因受五十年的无知无识的退化，不然是绝不能容军阀政府的。军人们无论如何尝试，必定不能成功的。为首的人，必定首先牺牲。我现在治理法国，并不是因为我是一位军长，原是因为国人相信我有文治的才略，适宜于治国。不然的话，这个政府是不能维持他的地位的。当我当军长的时候，我用国立科学会会员的头衔，我是很有用意的。在军队中地位最低的鼓手，也很明白我的用意。

我们在这个时候，不能拿中古的黑暗时代来比，我们现在是三千万人为文明、财产、商业所团结为一的。在这许多人数之中，三四十万军人算不了什么，军人们原是公民们的子弟，军队即是国。

军人与文人有大分别：军人的标记，是他的全数欲望都是专制的；文人的标记，是无论什么事，都要讨论过，要随着真理、理性走的。

7 日

有几位主教尚未宣誓的，将于下星期日在第一执政的小教堂内行宣誓礼。这个教堂将安置于第一执政的书房内。巴黎大主教将于10点钟行供神礼，11点钟唱弥撒。主教们将于读过福音后，行宣誓礼。

9 日

执政制重新延长十年。

元老诸君：在你们8日辩论中，表达你们对于我的种种看重我的话，将永远深印于我的心中。现在世界的和平，是已经办到了。若为我自己的名誉，为我自己的幸福起见，我应该当此时就不必参与政事的了。但是私人的荣耀，私人的利益，必要压住。既然自为国家的利益，为舆论的好意，叫我出来，我就不能再顾私人了。诸位既然是决意我对于国人应再牺牲，我就牺牲。

12 日

在圣克卢宫。有一个榴弹队里的军人名哥白恩（Gobain），因为爱情自戕。他却是一个好军人，这一营里头，在一个月之内，这是第二次因爱情自戕。第一执政吩咐他们，在护卫队的号令中多加一条如下：凡是一个军人，必要打倒为恋爱发生的愁苦忧闷，以血肉之躯，在枪林弹雨之中，能够坚定不动，与用毅力以支持灵魂的痛苦是需要同样的勇气，既为愁苦所逼，而不竭力反抗，反去自杀以让步，即是临阵脱逃，甘于受败。

14 日

在巴黎。宪法第八十七条规定奖励战功，奖励文官异常劳绩，将建设赏功徽章。

自古以来无论哪一个共和国，有不奖赏徽章的么？若说这都是极小的事，原无不可。但是世人是为小事所潜移的，我若是当群众面前，当然是不说这句话。但是我现时是在几位政治家、思想家之中说话，我们就应该说实在话。据我的见解看来，法国人并不管什么自由、什么平等，他们唯一的情操，就是要体面。是故这样的情操，必须使他们如愿以偿的，一定要给他们荣耀的。你们诸位以为用一种分析[①]手续，就可以劝他奋勇打仗么？这是绝对不能的，这种分析手续，只可用于书房里的科学家。军人所要求的是荣耀、体面、奖赏。

8 月 6 日

命令内务总长在真涅（Cenis）山、在日内瓦（Genèvre）建造军路（除从辛普伦（Simplon）起建的不计外），又把过田达（Teeda）山隘的路修好。

致杰罗姆[②]书：海军学生，我接到你的来信，我很着急要晓得你在船上，在大海之中，大海就是你求得荣耀所走的路。与其见你活在世上，无荣耀，无用于国，不留名于世，我宁愿见你早死；因为既不在世立功名，与不活在世上何异。

7 日

我要记得帮助尼斯的商业，例如皮德蒙特就可以经由尼斯输入糖、咖啡和其他殖民地所产的东西，又可以输入马赛和我们制造厂所能供给的肥皂和其他各物。

致塔列朗书：凡是我们大使或驻使呈来的公文，我要于接到之后二十四个钟头之内都晓得内容。当我打开外交部的包封时候，同时我晓得你关于我往往用间接方法试求消息的诸事，已得有正式报告了。

13 日

致富歇书：禁止全数英国报纸入法国。特别重要的是，禁止该项报纸在公众地方、阅报室流通。

---

① 理论。——译者注

② 拿破仑之弟。——译者注

15 日

致塔列朗书：在葡萄牙都城代表共和国的驻使拉纳公民，不该离开该处，他破坏一切规则，破坏一切形式，不称做官的第一职守，他未奉政府的实在命令，是不应该擅离职守的。他对于葡萄牙宫廷，用号令形式，又未奉命令，擅离职守，即是法国驻使，无礼于该国，应该调他回来。

10 月 18 日

在圣克卢宫。致驻土耳其都城大使秘密训令：

政府的意思是要驻土耳其大使用尽方法，恢复二百年来法国在该处所享的至高至尊地位。法国大使的使署最为美丽，必须时常赛过其他使署。随从的官员人等，必要独多，出现的时候，必要极其排场。

我们的商务必要保护。凡当地众人请法国大使注意的事，切勿震惊于本地习惯、本地风俗，且要加以尊重。

最后一事，政府是盼望大使探报土耳其各省的消息，报告我们。且要晓得波斯的消息。

22 日

圣洛斯（St. Roch）的主教，一时失于检点，不肯为沙莫罗（Chameroi）小姐诵经，或不肯为小姐出殡开放教堂。政府已命巴黎大主教停这个主教的职三个月。使他记忆耶稣基督吩咐我们的，即使是仇敌，也要为他祈祷：令这个总牧师静思几时，可以令他记忆他的职守；又要令他明白有许多迷信做法，因其愚蠢地压低信奉宗教者，已经为共和国与教皇共同签订的条约所严禁，并为本国新 3 月 18 日的法律所禁。

在我们这个时候，可以不必畏惧教士。从前他们原是专精科学。自从科学专门知识入于宗教以外诸人之手，他们尽失他们的权利了。

每两年由政府给款制四幅历史画、二个石像。画幅的尺寸是长五米，宽四米，拨一万法郎购入；石像是要高二米，拨一万五千法郎购入，石料由政府供给。

28 日

法英两国的关系在于《亚眠和约》，全在于《亚眠和约》，专靠《亚眠和约》。

全数的恶事，全数的害尽人类的疫病，都是从伦敦来的。

31 日

在鲁昂（Rouen）。致执政康巴塞雷斯书：时间是傍晚 5 点钟。我是早上 8 点钟骑马察阅鲁昂附近的高地。大主教颇为众人所爱戴敬重的，他很客气地为我们唱弥撒，但是他并不给我们圣水，亦不讲经。明天是万圣节，我们要将诵经补上。我才接见过诸多官长，我对他们说话，说得很多，说得很久，我很喜欢此地众人的情操。

11 月 2 日

在鲁昂。本市昨日为我开庆贺会。我曾在场。会里的人很多。明天晚上我要赴商人为我而开的庆贺会。星期四日阅操。星期五日我将往观市场。此日是市场期。我立刻就要往哈佛尔（Havre），我回来是走第厄普（Dieppe）和博维（Beauvais），我将在博维歇息一夜。

致约瑟夫·波拿巴书：我与约瑟夫太太[①]致候。她生了几个极美貌的女儿，即使未为你生一儿子，我们也可以安慰了。

我喜欢鲁昂与我喜欢里昂相同。这处市镇表示他们欢迎我，实已动我的心。我们在这里无论看见什么都是好的，看了令人高兴。我实在是很爱这个美丽绝好的诺曼底。这才是真正的法国。

致红衣大主教费什（Fesch）书：你切勿耽延。即速前往你所辖的大主教区。你宜勿忘你所处的地位，是全国人所瞩目的。你要严守你的道德，你的行为，要配你的地位，竭尽职责。

3 日

在厄尔柏夫。今早 8 点钟，我起程前往察看厄尔柏夫地区。这是一座大工厂。诸事的局面还好。自从 1788 年以来，兴旺程度增加了三分之一。

4 日

阅操，操得极好。军人的形象，令我喜欢。

6 日

晚上 6 点钟到哈佛尔。一路上我被众人成群成队地包围，往往使我停留。他们欢迎我的情形，不是眼见难以想象。我所经过的每个乡村，教士们在教堂门口，站在华盖之下，有多人环绕，在那里唱圣歌，捧香火。哈佛尔晚上燃灯

---

① 即拿破仑的兄嫂。——译者注

庆祝，形状很特别。我耽误了几天，想不耽误路程，殊属不易。

10 日

在第厄普。我昨天晚上到第厄普。他们燃灯欢迎，办得很好。但是市政所的人员们对于小节上，很自大，把我安置在一所极不堪的房子中，里头的烟囱没得一个不冒烟的。

我经过某某两处地方。因为由哈佛尔至第厄普的路，是一条横亘路，我们的马车，常时只能一步一步地走。因为马车走得慢，附近的乡下人，就能跟我们一路走，我们同他们谈了一路。

26 日

在圣克卢宫。致拉普拉斯书：你的大作，卷首题我的名，我很感谢你。我且甚欢喜承认你的好意。我盼望后世读你这本《宇宙力学》，将不忘记我对于作者，表示我的尊重和我的友谊。

12 月 4 日

迪罗克可以告诉波瓦森（Beauvoisin），他可以把安比古（Ambigu）尽数送给我。并可以把伊华尔诺（Ivernois）的著作送来。你可以吩咐他把在英国所见的事写出来。他所晓得皮什格鲁和维科特（Willot）两个人的事，据实写出。因为我要出版他所写的东西，他可以把皮特（Pitt）、格伦维尔（Grenville）、怀恩达姆（Wyndham）和英国宫廷做为题材。你告诉他，他把这件事情做过之后，他还得回英国去。他必要找借口，去查察从泰晤士（Thames）河口至普利茅斯的海岸和布里斯托海湾、爱丁堡（Edinburgh）和苏格兰的海岸。

28 日

致塔列朗书：请你告诉惠特沃思（Whitworth）勋爵，我听见亚多亚（d' Artois）伯爵披挂英国所不承认的王室所颁的徽章阅操，我很诧异很讨厌。我们久已不发作；但是这件事与我们的体面有关；我们敢说与英国政府的体面尤关；法国的王族应该被逐出于英国，如其不然，为款待起见，亦不能任其披挂英国所不承认的王室的徽章。这件事永远是我们法国人之羞，欧洲和平的时候已到了。照这举动看来，实在是法英两国之间并无和约，不过是一种停战条约，这全是英国政府之过。

30 日

我的权力是从我的名誉得来，我的名誉是从我屡战屡胜得来。假使我不再用荣耀，再多打胜仗，维持我的权力，我的权力就要倒地了。原是战胜征服使我得居今日地位，亦唯有战胜征服，可以保全这个地位。

交情不过是一句虚话，我并不爱什么人，就是我自己的亲兄弟，我也不爱。我稍爱约瑟夫，则容或有之。但是这个亦是习惯，因他是我的哥哥。迪罗克呢？是的，我爱迪罗克。我为什么爱他呢？因为他的性情能引动我。他这个人是很冷的，又干枯，又严厉。况且迪罗克这个人，向来是不滴泪的。说到我自己，你绝不以为我顾我自己；我很晓得我无真朋友。只要我仍然高居这个地位，我要有多少朋友，就有多少朋友。这是指面子上的话。啼泣原是女人的事，让女人啼泣。至于我自己，我不要什么感情。一个男子汉，必要坚定，心要狠，不然，就不必干预战事和政治。

1803 年

1月12日

在巴黎。我从小至十六岁时，当然是愿意替卢梭（Rousseau）抱不平，攻打所有一切维护伏尔泰（Voltaire）的人。现在却不然，完全与从前相反。

25 日

约瑟芬常时怕我很热烈地爱恋他人。她真不晓得天生不是叫我爱恋的。因为爱恋是什么东西呢？爱恋是一种激情。把世界放在此一边，把所爱恋的人放在彼一边。天生我的性情不是这样排除一切的！

我向来很喜欢分析的方法，假使我真是发生热烈的爱恋，我当然要一步一步地分析我的感情。

2月10日

致雷尼埃书：我禁止德 · 斯塔尔（de Staēl）夫人入境，她还是不怕，将于本月 15 日到默伦（Melun）。请你派一名警官请这位夫人立刻出境，回到边界上，带她回她已故的丈夫本国去，或是她父亲的本国境内。政府的意思是不容这种阴谋外国人在法国，因为她的家族已经承担了许多恶事的责任。

20 日

英国军队接续占据亚历山大和马耳他岛，法国政府有充分的根据诉说不满意的话。但是运输这种军队回欧洲的运输船，已经在地中海。

3月11日

我为解放意大利，不知费尽多少心力了。难道还是不能收效么？难道这一国的命运，是永远要它不成其为国么？米兰政府懦弱无力，实在是出乎想象之外。

致团长科尔伯特（Colbert）书：烦你往俄罗斯，把这里头的一封信送交俄帝。当会谈的时候，你要强调说明巴黎重视俄国人。你对俄帝说话时，你要畅谈自由和哲学的观念。倘若说到法国同英国开仗的话，你可以说因为现在两国相仇视，法国人民对同英国打仗有充分准备。你对于驻俄国的驻使团要客气，对待英国驻使，与对待他国驻使，同一礼遇。你说到第一执政，就说他忙于计划开浚运河，发起制造和办理公众教育诸事。

请你快跑，你不要忘记创造世界不过只要六天工夫，你问我要什么东西都可以，你却不能问我要时间。

致俄帝书：今已发生一件与英国相抗的重要事件。《亚眠和约》有一条，英国应于三个月之内退出马耳他岛，法国应于三个月之内退出塔兰托。我是遵守和约，退出塔兰托了。我请问英国为什么不退出马耳他岛？他们答我说：岛上尚未有教会的会长。这是在和约上又加一条。于是派了会长。他们告诉我要等候陛下批准，我也表同意。现在这件事是办完了，我就将情形通知英国政府。到了这个时候，英国才揭开假面具，说英国要据马耳他岛七年。

13 日

波拿巴夫人[①]在杜伊勒里宫接待使团。

拿破仑说：原来是你们要打仗么？

(惠特沃思勋爵答：第一执政，不是的，我们看重和平的利益，我们看得很深。)

拿破仑说：我们两国已经打了十五年仗了。

(惠特沃思答：这是已经打得太久了。)

拿破仑说：但是我们要接续再战十五年，原是你们强迫我的。英国人要打仗。但是倘若你们首先拔剑，我是最后插剑入鞘的。他们不守和约，我们要用黑绸子盖上和约。你们倘若是备战，我也要备战。你们若是要打，我就同你们打。凡是不遵守和约的，是要受祸的。你们可以杀法国人，却不能恐吓法国人。

---

① 即约瑟芬。——译者注

16日

致希杜维勒军长书：第一执政看见，当着整个欧洲的面，有人说他失信违约，英国政府在一件公文中，且启发一种议论，说当世界和平的时候，第一执政正在盘算用兵，第一执政因此觉得难过。这种攻击他失信的言论，极伤他的心。这是在上个星期日，在波拿巴夫人的宴会场中，他特地趁这个时候发表他的意见，大约可以使他所说的话更为有力。

5月1日

原来英国大使今日不在这里么？——大约他是在收拾行装！

致塔列朗书：你的信是在马尔梅松交接我的。若是此信里头有哀的美敦[1]字样，要使他晓得，这个名词，是当作打仗解。若是信里无这个字样，就教他添上。因为我们要晓得我们所处的是什么地位。

13日

英国大使才离开巴黎。

23日

政府的用意是要圣西尔军长立刻带领军队，从里米尼（Rimini）开始，入那不勒斯国境，一到塔兰托，圣西尔军长就立刻动手筑炮台。

我刚才已经发号令，命莫蒂埃（Mortier）军长带二万五千人入汉诺威选侯的国境。

26日

英国人若是要我们跳沟，我们就跳沟。就是英军可以捕获我们几条快船，或几处殖民地，但是我要在伦敦使他们惊魂动魄。我预料战事未了之前，他们要流血流泪。

6月20日

从现在这几件公文内的日期起，禁止从英国殖民地来的殖民地的出产入法国口岸。英国货物无论是直接或是间接从英国来的，亦一律禁止入口。

26日

在亚眠。我是星期六晚上7点钟到此。按照古时习惯，亚眠市送我四只天

① 即最后通牒。

鹅。我已经送回去巴黎。我盼望把这四只天鹅放在杜伊勒里宫的池子里。

7月1日

在加来。我前往布伦，晚上10点钟到。我是凌晨3点钟起行。骑马验看炮台。我令炮船出口，同两条英国快船短兵相接，后来两条英国船走开，其中有一条失了锚。

我今日在安布列特斯（Ambleteuse）早膳。从此骑马沿海岸前行。我在一个低湿地方找着一个地点，合于我的计划，这地点离英国最近。我骑马回加来。9点钟到，我要用晚饭。

我接见全数的商人。我查阅政府的船只。我坐一小舟查看罗格炮台。我明天可以自由赴敦刻尔克，同我妻和内务总长外交总长相见，我将在那里住三日。补办例行公事，并使我的随员们歇息。

5日

在敦刻尔克。末后这两天，我不是在马上过日子，就是在海上过日子。今日我并未骑马。我们大家都歇息。

7日

在里尔（Lille）。我晚上6点钟到里尔。

致雷尼埃军长书：我想应该命警察长发一通告，通知各书店，先将书本送交警署查阅，7日之后，才可出卖。遇有违警书籍，如《路易十六函牍》和《可怜》诗篇，就可以禁止出售。

11日

在奥斯坦德（Ostend）。我已经走过比利时国境的一部分。此地人民的态度令我欢喜。我昨日到奥斯坦德。我看过几处地点，都是同这个市镇或此地居民有重要关系的。我正在要起程沿岸至布兰肯堡（Blanken-berghe）。今晚我将到布鲁日（Bruges），我妻已先到此等我。

17日

在根特（Ghent）。昨日根特地方的商会在市场请我赴欢迎会。今日我用大典仪式，前往大教堂参与弥撒。

23日

在比利时国都城。我到此已经两日。尚未出门。

市政厅开欢迎会，似乎办理不善。那地方只能容若干人，却来了五六倍的人数。

哈！你的头梳得很丑怪！

是谁把你的头弄得这样难看的！

你无儿女么？也许不是你之过。你务必要生几个儿女！

26 日

今日全数的比利时贵妇人都来见我妻，阿里沃特（Aliée Verte）地方大悬灯彩庆祝。我今天终日在马上。贵妇人走过之后，我宁愿看公文函牍。

军队在附近布伦、埃塔普勒（Etaples）、安布列特斯等处分布，情形是极其重要，也是此次用兵的重要方面，因为军队常须由陆登舟，又常须由舟登陆，登舟必要极其迅速，发号令之后一两个钟头之内，必须办竣。

8月4日

在那慕尔（Namur）。莫蒂埃刚才送一篇拉丁文稿本给我，是从前莱布尼茨（Leibnitz）呈给路易十四条陈征服埃及的事。此是很奇怪的一篇文章。

23 日

在圣克卢宫。我同英国立和约，只能按照《亚眠和约》的条款，此外绝不能有所增加。我宁可尽力抵抗，万不能答应英国在地中海占据任何地方。纳尔逊从马耳他岛就封锁整个意大利。英国骄傲自大，把世界上最为神圣不可侵犯诸事，作为游戏。在近今二十年间，称霸欧洲，蔑视欧洲各国，侵害各国工业商业的生命，无此则难以生活。此次战事我们的理由充分，加以上帝保佑，虽然许是一件不幸的事，却绝不能够令我们法国人屈服于英国人之下。

9月6日

今年冬天将必极冷，肉价极高，巴黎必用人甚多。

催促乌尔克（Ourcq）运河工程。

在德塞和狄奥赛（d’ Orsay）码头动工。

新造的道路填石。

想出其他事业，令群众工作。

10月1日

在巴黎。将在巴黎某大街中心建一纪念柱，与罗马所建的图拉真（Trajan）

纪念柱略同。柱顶要有一座橄榄叶的圈，其上安查理大帝的石像。

3 日

致雷尼埃书：我得着消息说德·斯塔尔夫人到了马福里埃（Maffliers），请你不必张皇。令她的朋友告诉她，倘若本月 7 日她仍然还在那里，就有军警押她到边界上。这个女人很像是个不祥的鸟，她一出现就是滋事之兆。我的意思是不许她入法国境。

29 日

致海军上将布律埃斯书：你的布伦港口开始塞满。我甚喜欢。哈佛尔、沙尔布、格伦维尔、圣马罗等处，都有很大的小船队，无论何时都可以到你那里。这些小船队能倍增你的兵力。当下我听见军队的神气甚好，他们又很热心于海军布阵，我甚喜欢。

30 日

致海军少将德克雷书：请你在罗奇福特（Rochfort）和布勒斯特召集运输舰，以便向爱尔兰出发。

11 月 5 日

在布伦，我出其不意，于星期五凌晨 1 点钟到布伦。我用全副精神查阅我们大出发的一切预备。到了半夜，我还在这里查阅。我在海岸上兵营中间的兵房。我从这里能够量度我们离英国相隔有若干里。

9 日

星期日我探视安布列特斯和维米洛（Wimereux）两处新港口，并操演阵势。

今日我极其详细地查阅海军工厂。工厂的情形是坏到极点了。我才把几座兵房改作海军军械厂。极细极微的事，都要我自己照料。

我花了几个钟头工夫逐个军人的检阅。

我们的舰队，已有一百条战船，仍在海湾下锚。英国兵船不敢走近。基斯（Keith）勋爵似是海军统将。有几条六十四号船；虽相离颇远，他已经受有损伤。

昨天晚上，我费了几个钟头的工夫，令军队做夜操。这样的举动，往往可以获得操练纯熟、严守纪律的军队，攻击敌兵，往往得利。

诸事已有头绪。有令敌人望而恐怖的面貌。

11 日

阴雨不止。海上波浪极大，昨日我在港口查阅——无时不有可以注目的事。

12 日

大雨如注。我昨天终日忙碌，不是在马上，就是在船上。却与我的身体相宜。我向来无如此的康健。

现在是全欧瞩目。我希望不久就能达到目的。我们要雪六百年的耻。

16 日

我在安布列特斯岸上，看见英国海岸。我看见对岸的房屋和对岸的动作。两国相离的海峡，不过是一道沟，只要有一撮的胆气，就可以跳过去。

12 月 7 日

在巴黎。联合舰队将于 3 月起程，4 月到布伦。

2 月初我将统十三万人到布伦。若是顺风，我们舰队用时不过十二个钟头。

29 日

我明早 6 点钟起程赴布伦。将要回巴黎，举行立法议会开幕典礼。

1804年

1月1日

在布伦。明早8点钟将阅全体小船队，当我登第一号舢板的时候，海军统将座船将鸣炮六十响。

2日

在埃塔普勒。这个地方像伊奥拉斯（Eeolus）。

4日

在布伦。

致执政康巴塞雷斯书：我并不反对送一把军刀给朱诺军长，用几句单简话宣布实在事实，亦尚不至于不像样。若是格外多加枝叶，就未免无理了。众人可以诘问：巴黎对于一位首先踏步登英国陆地的军长又该怎么样呢？当尼罗河之战之后，伦敦市送纳尔逊一把军刀。我可以发这一番议论，并不是说朱诺军长不配这一把军刀，只因为他自从当了巴黎督军之后，并未建过什么功业。

12日

在巴黎。

必要在1804年的预算内减去一千万法朗的地税。这种减税，将来就可以做新酒税的基础。我们必要知足知趣。

16日

各处都在设立高等学校、二等学校。

2 月 13 日

在马尔梅松。致苏尔特（Soult）军长书：乔治（Georges）[1] 带了一群四十八个恶棍，分三队，在特里波特（Tréprort）和第厄普之间登岸。我们在这最后的八天，就是缉捕这一班凶手。那个恶棍皮什格鲁已经跟随乔治和余党到巴黎。我们已经晓得晚上他们睡在什么地方。我们提了几个人，他们的口供牵连最高级的几位军长。我们若是能够证实，必要按律惩治。我想我最好立刻通知你，以便你可以在你所部的军队里头察探有何阴谋。我这件公文里头有一部分是隐藏不明说的，你一定能够看出。当这个时候，我不愿意尽情说透，警察们盼望今日可以捕获皮什格鲁和乔治。

16 日

致雷尼埃书：请你出票拘拿苏阿姆（Souham）军长和利伯特（Liébert）军长。他们所犯的是串同莫罗、皮什格鲁两军长和法律所不管的乔治，密谋叛国。

试猜猜看，我才办了一件什么事？我发令拘捕莫罗军长。这不是一件最易于制造谣言的事么？众人总短不了要说我妒忌莫罗，说是我志在报复，还要说相类的一千种谣言，我是妒忌莫罗的人吗？

18 日

对元老院说；我自从当了第一执政那一天起，就有许多阴谋诡计要害我的性命。其实这许多阴谋，都是反对我们法国的荣耀、自由、命运。公民们不要害怕。法国要我为国出力到何时候，我将活到那个时候。

19 日

致苏尔特军长书：莫罗已经被拘。有十五六个恶棍已经被捕，余人逃走。搜获十五匹马，并几件号衣。这都是预备在巴黎至马尔梅松路上狙击我所用的。

3 月 1 日

皮什格鲁是昨日被捕的。他既不能用他的手枪，又不能用他的小刀。他用空拳同三四个挑选过的警察好手奋斗，约有半个钟头之久。

8 日

在马尔梅松。我们每天都捕人。我看乔治和几个同党一定还在巴黎。

---

① 即卡杜达尔。——译者注

9 日

在巴黎。莫罗、皮什格鲁两个人的罪案，是由塞纳刑事法庭办理。

10 日

致贝尔蒂埃军长书：我把奥登纳（Ordener）军长交你差遣，请你命他今晚起程往斯特拉斯堡（Strassburg）。从此往埃腾赫恩（Ettenhein），包围该市镇，捉拿昂基安（Enghien）公爵、迪穆里埃（Dumouriez）和一个英国陆军上校，和同他们在一处的其余各人。

12 日

在马尔梅松。致苏尔特军长书：巴黎仍有警察严密暗查，等到把所有的恶棍拘获为止。我可以把消息告诉你，你却要严守秘密。我要拘捕迪穆里埃这个恶棍，他此时离边界不远。

致马尔蒙军长书：你一到军中，就立刻令一大队成列，你费八个钟头工夫，逐名地检阅，听他们有什么诉苦的话，检阅他们的军械，留心察看有无短缺的物件。这种七八个钟头工夫的检阅，是很有利益的。因为既能使他们习惯于长久披带全副军装，且能使他们晓得军官们并不是偷闲娱乐，是时时刻刻记念他们。这种的办法，能发生军人们深信军官。

14 日

处今日欧洲的情形，我的政策是以英国做目的。我在布伦有一千条炮艇和平底船，可以渡十万人及一万匹马。

19 日

致缪拉军长书：我接着你的信。假使贝利（Berry）公爵是住在科布伦茨宅内，假使奥尔良是住在狄加洛侯爵宅内，我真希望当天晚上就把这两个逋臣拘拿，就地枪毙，我还要把窝藏他们的两位大使一并拘拿，同受枪毙，枪毙了他们，当然不会有多大影响及于万国公法的。

巴黎只有昂基安公爵，此外并无其他王公。昂基安公爵明天将到文森兹。你要谨记这件事，不必听与这个相反的话。

20 日

前昂基安公爵被控举兵反对共和国，被控仍然受英国薪水，被控串同英国反对共和国内外治安，将受军事法庭审判。军事审判员共七人，是巴黎督军所派，会审地点在文森兹。

午后 4 点钟。致缪拉军长书：押解昂基安公爵到文森兹炮台。那里已经预备接收他。当此期间，公爵用普莱西斯（Plessis）名。

午后4点半钟。致公民哈拉尔（Harel）书：有一个人，此时他的姓名是不能令人知的，将要送到你所管的炮台。你把他安置在一间空屋子里。你要防备一切，勿令逃走。政府的用意是凡与此人相关的各事，都应严守秘密。并不应盘问他是什么人，亦不应问拘捕他的理由。

致公民里阿尔（Réal）书：昂基安公爵显然是17日半夜动身，不久就要到这里。我才发出命令，附此送阅。你立刻前往文森兹，拷问囚犯。应问的话，开列于下：

你曾否兴兵反叛本国？

你曾否受过英国薪水？

你晓得英国阴谋打倒共和国政府的计划么？假使他们的阴谋成功，你是不是在某种环境中入阿尔萨斯（Alsace）和举兵向巴黎？

你要带了检察官同去。检察官要当特别警察队营长，你必要吩咐他把诸事迅速办完。

21日

杀昂基安公爵。有好根据的舆论，我是愿意尊重的。唯是无理取闹的舆论，我必然是蔑视。我有全国的民意和五十万的军队做我的后盾。我既有了这两件有大力的后盾，我就能令人尊敬共和国。我原可以将昂基安公爵当众明正典刑的，我之所以不当众执行，并不是因为我有所害怕，原是要免得王室的秘密被暴露，自己害自己。他们却并未蠢动。我只要如此。

英国若不驱逐王室，我不肯同英国讲和。亦如路易第十四驱逐当日英国的王族，因为法国王族在英国，将永为法国之害。俄罗斯、瑞典、普鲁士诸国，已经驱逐他们出境了。

22日

这班人要在法国举事，他们要杀我以杀革命。我是要保护革命，替革命复仇的。我已经证明革命能够做什么事。昂基安公爵是一个谋反叛逆家，与任何一个谋反叛逆家相同，必须对待他如同对待其他叛逆家一样。王族仍是永远看事看得不清楚的，永远在幻境之中。哈，假使他们同查理四世在战场上露面，满身都是尘土，满身都是血，又当别论。要复辟不是在伦敦写几封信，加上路易两个字的签押，就能办到的。我已经流血了，我或者将来还要多流血。我却向来并不是因发怒流血，也并不只是因为政治医术要用放血法而流血。

4月5日

致纽约美术院院长利文斯顿（Livingston）书：我乐闻纽约有一个文学会成立。今日贵院公举我做一个会员，请你告诉贵院。我很喜欢承认，且感谢贵院对待我的一番美意。

6日

致波利娜·博尔盖泽（Borghese）[1]书：我的胞妹，我听说你竟乏善知识，不肯遵从罗马风俗和习惯。我听见了很为你惋惜。又听说你看不起罗马居民，你常常要拿巴黎做模范。我虽然是忙碌于重要事件，我想我应该拨冗把我的见解告诉你，盼望你依照我的见解行事。

你应爱恋你的丈夫和你的家庭，待人要克己，练习服从罗马习惯。你要听我相劝，如果到了你这个年纪，你就听从不良的言语，你以后就不必指望依赖我的了。

14日

各部会议。两院和国家的大团体，要求以巩固共和国地位，应免予选举的大扰动和个人生命的无定，而使王室绝望。

15日

我治法国，并不是因为我是一个军长，却是因为国人相信我有宜于治国的文官资格。我治国之法是很简单的。我知道处这时候的环境，最重要的是集中事权，增加政府的权力，以造成一国。我就是造国的权力。

最好拿一条船来比一个宪法。倘若你任由海风灌满你的帆，你就不晓得你的船往哪里去，只能任风吹去，但是你若用船舵，即使风向是吹你的船往甲，你也可以驶你船往乙。世上并无永远不变的宪法。改变宪法全资人力和环境。倘若权力过大的政府，是不相宜；过弱的政府，更不相宜。

25日

对元老院说：我常常谨记你们新3月6日的演说词。我已经细心想过，你们已经决定必要元首世袭，以保护法国，不受仇敌阴谋的祸害，不受互相冲突的党派的离心离德，我是以请你们完全发表你们的意思。

---

① 此是拿破仑之妹波利娜，改嫁博尔盖泽亲王。——译者注

5月18日

宣布法国改帝制。致执政康巴塞雷斯书：贵执政鉴，你的头衔就要改变；你的职任和我对你的信任却仍旧不改。你仍要在你的帝国首相尊崇地位上，如同你在执政地位上，接续发展你在议政上的智慧，表示你的才略，从前我能略有成就，大部分尤仰赖你的干济大材。

审定元老和帝国高贵大人的称呼。

高贵大人应称殿下，称元老应称大人。

全体元老院称元老执政官，私下称呼用先生，各部大臣同。

凡是能增加国利民福的，是完全与我自己的福利相连。只要你们相信这一个称呼有益于国有利于民的，我就承受。我将把关于世袭的权力法律，交国人讨论。我盼望法国将永不惋惜其施与我家的荣耀。

元老院的元老，政事会议的会员、司法官，立法团体的会长和秘书、大理院长，将亲自对皇帝行宣誓礼。

20日

此时我要撇开我两个兄弟，不令他们继帝位。一个兄弟虽然有知识，因为他的结婚是一种假结婚，故此不令他继位。另一个兄弟因为胆敢未奉我的同意，娶了一个美国女人，倘若他们把所娶的女人丢开了，我还可以恢复他们的权利。

29日

你们法国人是喜欢君主制的。其实唯有君主制是你们喜欢的。雷米扎（Rémusat）先生，我肯同你赌，你现在称呼我陛下，你觉得一百倍的舒服。

6月3日

在圣克卢宫。俄罗斯为昂基安公爵举哀素服。前俄帝保罗第一被刺之事，欧洲几乎完全忘记了。今日俄国为公爵举哀，即是令欧洲追忆被刺之事。

18日

因为审讯叛国徒党，巴黎发生许多谣言。塞纳法庭颇为懦弱。他们的判词，只是已经过于哀矜的了，等到上诉期一过去，就要执行。我虽已宽待数人，尚有十二个暴徒是不能赦免的，必要受刑法处置。说到莫罗军长，他虽然未定死罪，但是判词已令他丧失一切体面了。

7月1日

试想象皇帝和皇族，穿上皇袍，暴露于风雨泥土之中，像个什么样！巴黎人看见了，当然是大笑话！他们在歌剧院戏院看有名的演员们装扮皇帝就发笑。但是演员们演皇帝，比我演得好看得多。有人条陈皇帝登位大典，应该在陆军养老院的教堂举行。因为此地与陆军有关系。但是我以为在巴黎圣母院行礼，更为合宜。因为地方较大；况且在这个大教堂里，还有许多联想，极能激动想象的。在这里举行大典，较为有尊严。

2日

在马尔梅松。所有一切如是的荣耀富贵，我存则存，我亡则亡。等到我死的时候，倘若我的儿子一年有四万法郎进款，他就觉得是走好运了。

致海军中将特列维尔（Latouche-Tréville）书：倘若风雨阻滞的话，你几时可以下锚，烦你将回信交来者带来。烦你将敌人情形相告。——纳尔逊现在何处，对于你所担任实行的大计划，你要小心周到，当我未将颁给我的号令签字之先，你宜将你以为是最好的实行方法见告。

我们有一千八百号炮艇和大艇，装载十二万人，十万匹马，分布于埃塔普勒、布伦、维米洛、安布列特斯等处。我们若是能够当六个钟头的海峡主人翁，我们就是世界的主人翁。

倘若你能诱纳尔逊，他将扬帆赴西西里、埃及，或斐洛尔（Ferrol）。是以似乎宜于驶及极宽广的海面，先让纳尔逊发现于罗奇福特，那里可以给你十六条战船，十一条快船。到过之后，你不要耽延，不要拢岸，或环驶爱尔兰一周，或实行你的第一计划，驶到布伦。我们在布勒斯特的舰队有二十三条战舰，船上将满装军队，常时扬帆待发。是以敌将康华利（Cornwallis）必要驶近布列塔尼海岸，阻止我们的舰队驶出港口。对于此等调动，我的意思尚未能最终定夺。这样的调动，冒极大的危险。倘若得手，关系却甚重。我今候你的计划，再行决定。

21日

在布立克（Briques）桥。致约瑟芬书：我妻，自从我与你分手，已经是四日了。我这四天不是骑马就是做别的事，毫不损伤我的健康。

今晚风大，我们有一号炮艇为大风所刮，拖锚而走，在离布伦三英里地方触礁。我以为这条船和水手们都完了。幸而我们尚能施救。沿岸像是一派火光，海波吼叫，我们终夜等候，要晓得全船的人或生或死。我的灵魂与永远、大海、黑夜，相通！早上5点钟风停！一切都救了；我上床睡觉的时候，还有一种浪漫的和史诗般的梦幻感觉。假使不是我已经疲倦极了，身上也湿透了，一上床就熟睡，不然就令我想到我自己一个人，孑然无偶的了。

27 日

昨日我检阅整个小艇队。我们的地位比英国的地位好得多。这次战事，对于法国并不发生不良效果，英国吃亏最大。我的左右有十二万人、三千大艇和舰艇。只等一阵顺风，把我们的飞鹰皇旗送到伦敦高塔顶。这件事的结果，只有命运和时间能断定。

30 日

我发号令将特威代尔（Tweedale）贵族释放回英国，表示我尊敬福克斯（Fox）品行才略之意。这位贵族原是在凡尔登（Verddun）的囚犯。

8 月 3 日

近日有多国联盟成立之兆；我要使他们不能完成。奥国的骑墙举动，在海峡岸上有军队三十万人，按兵不动，是不应该的。我要维也纳政府明白表示态度，倘若维也纳犯了疯狂病，受伦敦的愚弄，再想一战，奥地利君主国是要受祸的。

6 日

布伦的警察总监，是一个极好的青年，但是年纪过轻；当他这样的年岁，是不能够领略人类倒行逆施的性情的。

17 日

昨天的礼节行得甚好，可惜风太大了。昨天的景象是很新鲜，很能深入人心的，很少得看见有这许多的刺刀在一起。

9 月 3 日

在爱克斯拉查佩勒（Aix-Ia-Chpe' le）。我对于维尔纳夫所部的舰队将要实行的大计划，必要同他细谈。

6 日

致海军中将冈托姆书：倘若你于 11 月间能够运一万六千人、一万匹马往爱尔兰，我们的敌人必受致命伤。你告诉我几时可以筹备好，成功有多少把握。你宜与爱尔兰军长奥康纳（O' Connor）细谈，在某处地点可以登岸。

我并无海军将领。我很想造就几个海军少将，但是我要不论资格，要挑选有才略的人。

12 日

在盖尔特附近的拉海堡（Castle of La Haye，near Guelders）。我今天在帝国边界上的一座小城堡。昨日我往克利维（Crevelt）。今早我将往温罗（Venloo）。现在时候是到了，要从军事观点和行政观点，留意这个地方。

致德克雷书：你要作出几个榜样来，振奋海军的精神。只有这个方法，可以造成一个海军。自从我执政以来，无一次的海军大举，不是失败的。他们以为不冒险，就可以作战。因为海军统将们看事看得不清楚，我不晓得他们是从什么地方拾来这种见解。

我已送给你关于圣赫勒拿岛（St. Helena）的报告。

15 日

在科隆（Cologne）。致教皇书：大主教，重行基督教，颇有极好的潜力及于法国人民的习惯和品行。因此引我求大主教在人类历史中所记载诸多最重要事件中之一件，表示你关怀我和我们这个大国的一宗新证据。法国的第一位皇帝，将要举行登位礼和加冕礼，我请你给以宗教的允许。

看待教皇，要当他是有二十万人的。

27 日

致贝尔蒂埃陆军大将书：我的表弟兄，出征爱尔兰的大举，将要实行。你要与奥热罗大将熟商这件事。我们在布勒斯特有运船可装一万八千人。马尔蒙军长在他的一方已预备运二万五千人。他将尝试在爱尔兰登陆，将归奥热罗大将节制。同时大军团将在布伦登舟，将竭尽能力在肯特（Kent）登陆。海军希望 10 月 22 日预备好。

11 月 4 日

我所以不愿与她离婚，原是由于我主张公平。也许为我私人利益起见，或为我的系统起见，要我再娶。但是我对自己说道：我如何能够因为我变了伟大的人物，就推开这样一个绝好的女人？我是做不到的。我有的是人心。我不是母大虫生的。等到她死了，我才续娶。也许我续娶之后，可以生育儿女。但是我不愿令她不欢乐。

约瑟夫不宜继我为皇帝，他的年纪比我长，也许我尚活在他已死之后，我的身体是很康健的；况且他不是生于颇高等人家能够维持这个大环境。我是生于寒微之家，他也是生于极其平常的环境；我已经凭我自己的作为，飞黄腾达了；他还是仍然不能超出他出世时的地位。要做法国皇帝，不是易事，法国皇帝必要一个出世就是个大人物，在宫廷里生活，有侍卫包围，不然是要一个能够自拔于众人之中的人。

我所最热爱的就是权力；我不知费尽多少心血，才把这个我所最爱恋的女子降伏了，我不能轻易让人抢去。虽然可以说权力是她自己投入我手中的，但是我晓得我费了多少辛苦，经过多少彻夜不眠，经过多少谋划，然后得来的。

他们妒忌我妻，妒忌我妻前夫的儿女欧仁和奥坦斯，他们妒忌我的至亲。这算件什么事呢？我妻有金刚钻——也背了许多债！欧仁一年有二万法郎进款！因为这两个孩子常常地令我欢喜，故此我疼这两个孩子。倘若有人放大炮，都是欧仁跑出去看是什么事。若是我要过一道沟，欧仁的手要立刻扶我。我疼奥坦斯，是的，我疼她。她和她的兄弟，总是帮我的；有时他们的母亲，因为某女孩子，或不相干的小事发怒，他们还帮我反对他们的母亲。当我商议国家大事的时候，若是奥坦斯要见我，我是要出去欢迎她的。若是缪拉夫人[①]要见我，我是不出去的。我同我的妹妹是时常开战的。我若要使我家族中这一个小女子讲理性，我必定要费许多唇舌，当她是元老院和国事会议两处凑合为一。有许多人说我妻不贞，说她前夫的孩子们是勉强造作，令我欢喜的，好吗！就令他们是如此！他们待我，如同我是他们的老叔伯（或舅舅或姨丈），这原是造成我一生的乐趣方面；我年纪将大了——我今年三十六岁，我要休息。

有人说我要把意大利给欧仁。我虽疯了，也疯不到这个地步。我想我自己能够治理意大利，且能治理威尼斯国。我妻是个贤妻，无害于人。她不过要稍摆帝后的架子，戴许多金刚钻，穿几件华丽衣服，这原是她们这样年纪的人所好的小玩意。我向来不是瞎了眼爱恋她的。倘若我立她做帝后，这也不过是还她一个公道。是的，我要立她做帝后，即使要我牺牲二十万人，我一定要立她为帝后。

她又时常对我说我死，常常说到我死。时常听人在自己面前说自己的死，是最能令人不欢的。假使我在自己家庭之中，还寻不着一点乐趣，我岂不是一个极不幸的人么？我死！我死！常常说的都是我死！若是我常常有死的思想在我眼前，我愿我死之后宇宙全毁了。

我对你说话，我当作是你的一个朋友，当作是内务部委员会的会长。我晓得你，但是我不晓得其余终日包围约瑟夫的人。他怎么样不久之前，能够跑

① 即拿破仑之妹。——译者注

去见富歇诉苦，说是约瑟夫的夫人，当皇后行加冕礼的时候，要替皇后捧拖裙呢？好呀，倘若约瑟夫的倔强性情，是从他的血管中的辣血得来的，他必得退隐乡下。他很享受乡村的生活田家的诗歌，就让他回乡吟田家风景的诗。

5 日

在圣克卢宫。致红衣大主教费什书：请教皇迅速起程，是绝对必要的事。我可以延期至 12 月 2 日。这是我可以延期至最后一日。若是到了这一天，教皇还不在这里，加冕礼是要举行的。崇奉典礼，可以改迟。现时在巴黎等候参与大典的军队和各省代表，有五万人，是绝对不能耽延他们的。

12 月 1 日

在巴黎。元老、国民、陆军，众口一词虔请我登基，我谨如所请登位。我当日在军队之中，首先宣布法国的伟大。我们这个大国的命运，充满我的心中。

我的后裔将永久享此宝位。

2 日

在巴黎圣母院。

行加冕礼。

我宣誓我治法国，唯以保固法国人民的利益、幸福、荣耀为目的。

5 日

在巴黎。军人们呀，这就是你们的军旗，你们必要永远以这军旗为你们复集之点。

27 日

立法院的各省代表，司法团体诸位，国事会议诸位参议，我来当你们开会的主席。我今日到此，原欲令你们的勤劳增加较为煊赫的庄严。王公、地方官长、军人们、公民们，每人在他自己的范围内，只有一个目的——就是国家的利益。今天与人归，请我登此大位，若是自我眼中看来，看得这个大位是极可宝贵的，唯一的理由只在乎唯有赖此大位，然后能保全法国的宝贵权利。法国若无一个强有力和亲民如子的政府，法国当然恐怕全国从前受过一次的痛苦复现。一国的大祸，在乎行政权薄弱。我当一个军人的时候，我当一个执政的时候，我只有一个目的。现在我当了皇帝，我仍然是无他目的。这个唯一目的，就是法国兴旺。

若是当我为国勤劳之中，不是功业未成而身先死，我盼望留一种名誉于后代，可以使继我者作为一个好榜样，或作为一种贬词。

1805年

1月1日

在巴黎。天呀！你两只膀子为什么这样红！你的衣服为什么这样不干净！你是向来不换衣服的么？你身上所穿的这套衣服，我至少也见过二十次了。

你为什么不擦胭脂！你的脸色太青白。你说什么呀！妇女会忘记擦胭脂么？约瑟芬，你是绝不会忘记的，是不是！[①]

2月1日

我任我妹夫缪拉大将为帝国海军上将。

27日

时候快到，我们能开始调动了。

3月15日

在马尔梅松。致海军中将冈托姆书：我们已经到了3月15日，一天都不能再放过的了。你要谨记，结果之重大，全在你一人身上。你若能够多表示勇敢，是必定成功的。纳尔逊在地中海遇风，颇有损失，只有十二条战船。

17日

在巴黎。我，法国大皇帝拿破仑第一，是意大利王。意大利王位是世袭的，由直接的苗裔继承。

① 这是拿破仑记其当日在宴会场中对贵妇人说的话。——译者注

20 日

在马尔梅松。致贝尔蒂埃大将书：我的表兄弟，我要你写信给贝尔纳多特大将，请他派人用诸多借口，在俄属波兰旅行，以便探得俄国军队的举动确实消息。

21 日

致贝尔蒂埃大将书：我看见每日都有陈请迅速升职参谋官，他们都不过是三四年的中尉资格，我颇不以为然。他们若是1799年投军的，就自以为是老资格。但是平均每大队都有八个军官是1792年投效的，都受过伤，每次战事必经过仗。我曾算过，第一大队就有七名，第三大队就有八名，第四大队就有四名，第五大队就有十四名，第六大队就有十五名，余仿此。

22 日

致海军中将维尔纳夫书：我很着急地等候你出海的消息。

致洛里斯托纳（Lauriston）军长书：我的意思是要将土伦的舰，与其他两舰队联合。最要紧是26日必须起锚；你要用尽种种方法，催他们放洋，不要为事所耽延。鼓励海军统将按部就班，趋向他的目的地，海上用兵的结果与法国的将来，是有性命交关的，你要鼓励他不必迟疑。我的海军统将们，都是无勇的，他们误以快船当战船，误以商船当敌人的舰队。他们必要表示决断。舰队一旦出海，必须飞驶直达目的地，万不可驶入港口或回头。

4月3日

在特鲁瓦（Troyes）。我刚才得从土伦来的消息，说舰队已扬帆。

7 日

在沙隆绪梭恩（Chálons-Sur-Saōne）。以舰队出发时的天气和近来盛行的风色而论，我计算纳尔逊大约是回去马达伦纳（Madalena），或撒丁尼亚的港口。

11 日

在里昂。致冈托姆书：从加的斯（Cadiz）来的消息说，海军统将格拉维纳（Gravna）准备带领八条战船和二条快船出发。这样就把维尔纳夫统将的舰队，增到二十条战船了。你在斐洛尔将见有八条西班牙船、四条法国船。我是以盼望你能够从集中地点统带五十条战船出发。世界的命运，在你们手中。

致海军中将维尔哈尔（Ver Huell）书：我意在集中荷兰小艇队于安布列特斯。此时快要打荣耀时刻了。这种事全是几个机会几个偶然的事的结果。

20 日

在斯特平尼吉（Stupinigi）。致德克雷书：纳尔逊海军统将又猜错我们舰队的动静了。你起首觉得心中稍为安乐。你将见维尔纳夫并不是奉训令立刻回头的。他所奉的训令是更候三十五日，以便布勒斯特舰队可以有时候同他联合。你要激励他们，叫他们赶快行动。

22 日

上皇太后书：杰罗姆·波拿巴先生到了葡萄牙都城，带了与他同居处的一个妇人来。我已经勒令这不肖子往米兰。同他在一起的女子，是一个叫帕特森（Patterson）的小姐。这个女人却是很审慎的，带了她的兄弟，陪她做一个护卫。我已经吩咐把这个女人送回美国。我许这个孩子见我一面。倘若他不能保全我们的家风，仍然想接续同这个女人苟合，我就要很严厉地对待他。他专为一个无价值的女人，抛弃国旗，抛弃国籍，玷辱我的名声，除非他愿意洗清这个污点，不然的话，我是不理他的了。或者我还许把他做一个榜样，警戒年轻军人们，令他们晓得军人的职责，是神圣不可侵犯的。为一个女人而抛弃国旗，是一大罪。

23 日

本月 10 日维尔纳夫与格拉维纳在加的斯海外联合。

致德克雷书：关于加的斯事件，和舰队出发，宜严守秘密。你设法使荷兰报纸刊布消息说，有一法国舰队装一万人已在埃及登陆。海军统将调度得法，使纳尔逊无从知晓法国舰队的踪迹。法国海军统将佯示驶过直布罗陀（Gibraltar）海峡，其实到了晚上折回，沿非洲海岸行驶。

24 日

致康巴塞雷斯书：我的表兄弟，我看国务议会并不十分注意于我们的制造。理想是不能富国的。

致富歇书：你设法在报纸上登几篇好笔墨的议论，挖苦俄国军的举动和俄奥两帝之会晤，以及许多毫无道理的报告，都是英国的浓雾和英国人的愤怒所发生的幻影。你要活动活动，维持舆论，你要告诉各报馆主笔说，我虽离此地甚远，我还是读报的。倘烦他们接连地走现在他们所走的路，我要同他们算账。

致苏尔特大将书：烦你告诉我，两星期之内，人马接济，能否登舟。你不要用玄学名词答复我。你应查阅军械事和栈房。

26 日

致达武大将书：你勿为外观所愚，酣睡不醒。我赴米兰，许要两个月工夫。但是我不过只要几天从米兰回布伦。

5 月 2 日

在亚历山大里亚。致塔列朗书：非我亲自起稿的信而由我签押的，往往是杜兰德（Durand）和他手下的人的手笔。因为这样，就难怪他们起草由我画押致骁骑会的信，鼓励德帝攻击诸王公。世上有一种人，以为我是无牙无爪的。[①] 你写信告诉他们，不要相信这句话。外交部的习气，向来是依照记录（初稿）办公文的。应该有一专科办理此等事。要我签押这种函牍，岂不是叫我当傻子？

我从那不勒斯得着消息，说 22 日纳尔逊在马里蒂莫（Maritimo）才晓得土伦舰队已经过了海峡。

4 日

倘若西班牙从迦太基（Carthage）遣他们的六条船开来土伦，我将恐吓英国人。他们自然要派有力的舰队到那里，因为我将用诸多方法，显然地恐吓埃及，他们自然盼望有一场大战。他们相信我的多数舰队是驶往印度的。从外面看来，好像是我实行约好在先的计划。

8 日

在帕维亚。7 月 14 日我将在海岸盼望第二十九舰队回来。

22 日

在米兰。致富歇书：杜尔格伦琪（Dolgornki）公主在罗马散布谣言，你要命人写几篇论说反对她。你许晓得她久已同一个演员同居处。她身上所戴的许多金刚钻原是波腾金（Potemkin）给她的。就是她卖她的贞洁的代价。你可以打听她的隐事，使她变作世人的笑柄。她自命为一个聪明女人，同那不勒斯王后很要好，也同斯塔尼尔夫人要好。这也是一件令人诧异的事。

26 日

我行加冕典礼，登意大利王位。

这是上帝给我的，谁敢动我！

---

① 意谓不能发威也。——译者注

27日

昨日行加冕礼，仪节颇威严。大教堂装饰得极好看。此次的大典，与在巴黎举行的大典，皆能如意。不过昨日的天气是很好。当我自取王冠戴在头上的时候，我加两句话说道："这是上帝给我的。谁敢动我。"我盼望我在预言将来。

30日

致德克雷书：你为什么这样着急要我回巴黎？我不在巴黎，最易遮掩我的计划，欺瞒敌人。他们更为自信，多拨几条船出远洋。

致富歇书：你命人作几幅诙谐画报，画一个英国人，手执一个钱包，求各国受他的钱。这是我们应唱的调。你命人在荷兰登报，说从马得拉（Madeira）来的消息说，维尔纳夫看见一队一百条的商船是往印度的，被他捕获了。

7月1日

我将取热那亚土地，加入帝国版图。

致富歇书：我看见一张报纸说将演查理四世惨剧。这件事发生得较近，足以鼓动政治的激情。我们的戏院要多演古剧。你为什么不派雷诺亚（Raynouard）编一本戏，演蒙昧时代的人，过渡于较为进化时代的人的故事。演专制君主，继以救国英雄的故事。那篇扫罗（Saul）圣乐，正是这个意思，在一个退化的君主之后，继以一位伟大人物。

7日

朕深信欧仁王爵效忠于朕。朕是以急于表示朕的深信于朕的继子欧仁王爵，并为当朕不在意大利的时候，有人坐镇，是以任欧仁王爵为意大利总督。[①]

给欧仁王爵的训令：我的表兄弟，朕今任汝统治我们的意大利。汝宜谨慎将事。我们的意大利百姓较为狡诈，过于法国公民。只有一法可以令他们敬重，并可以扶助他们。此法即是对于无论什么人，都不要完全相信。勿令人晓得你对于你左右的重要官长是何意思。

对于你所统治的人民，要表示一番善意。你若见得他们不好，你越要表示善意。将来总有一日你就晓得，这一国的人，与那一国的人，其间并无什么大分别。

你勿多说话，越可以少说越好。你的知识尚不足，你又自小失教，你不能

---

① 原文称副王。——译者注

同人作不假思索的辩驳。你要学习听人说话。你要谨记，不说话往往发生效果，与卖弄知识相同。不要怕问人。你虽然是一位总督，你现在不过是二十三岁。无论人家怎样地恭维你，人家是很晓得你有多少知识，人家晓得你现在是一个什么路数的人，看你也不过尔尔。你将来能够变作一个什么路数的人，人家都会看重你一些。

你不必屡次做国务会议主席。你的知识不够，不会出色的。

9日

吕西安宁愿匿一个无名誉的女人，甘愿牺牲他自己的名誉和家族的名誉。他们未结婚之前，这女人产生一子。吕西安的天分尚好，却走了邪路。我只能够痛惜他，他为一种无可与比的为我主义所诱，失去极好的前程。不顾责任，不顾体面。

7月13日

在封腾布罗（Fontainebleau）。我从都灵起程，八十五个钟头后到了封腾布罗。在真涅山耽延三个钟头。常常地逗留一两个钟头用早膳。正餐耽延一两个钟头。有时因为皇后，又多耽搁八九个钟头。

14日

我们的报纸正在登载波拿巴的世系，既是无味，又令人好笑，这种举动未免孩子气。有人问波拿巴朝代的起始时间，原是极容易答复的，就说是从新10月18日起的。

18日

在圣克卢宫。我在我的训令中，原已预先见到敌人或者从布勒斯特撤退。因为有报告说有四天不见他们了。这一件事凑合封锁罗奇福特的舰队之驶去，是表示维尔纳夫回来，是无甚可疑的。加纳（Gardner）统将已经出发去会维尔纳夫。大约总得要几天，维尔纳夫才可以集中于斐洛尔。

20日

致海军中将冈托姆书（时在布勒斯特）：你已经奉到训令出海。你要追赶敌人的快舰，打听他们的举动。倘若敌舰已看不见，他们已经驶赴斐洛尔，或是出海已远，向维尔纳夫方面而来，我命你前往布伦，那里诸事都预备好了。倘若我们能占领海权三日，你将能够在布伦，使我们敲英国死亡的钟。

你接到此信的时候，朕将已亲到布伦，什么都要装在船上，重大事件将要发现，或不久就要发现。你切勿置你的舰队于无用之地。倘若敌人在你的阵前减少军舰数目，这是因为他们以为是维尔纳夫担任进攻。你应该自己先发制人，对抗他们的举动。你要审慎，但是更要晓得什么时候该放胆。

28 日

在皮亚琴察。纳尔逊驶赴美国。维尔纳夫目的地殊难猜着，纳尔逊也只好在巴佩道斯装粮食之后，放过三四日，以为不足惜。因为在马提尼克（Martinique）海湾是不能攻维尔纳夫的，我计算维尔纳夫当在 6 月 9 日至 29 日之间起程往斐洛尔。在纳尔逊见得着他之先，我将提早数日回去。因为我以为纳尔逊之到美国，也许可以令维尔纳夫决计起程往斐洛尔。

31 日

从意大利来的消息，都是指示有战事。其实奥地利不过是保全外貌。

8 月 3 日

在布伦。奥地利是筹备开战，这是不必问的了。

6 日

致达律（Daru）书：我的意思是将关注美术的趋向转向注意于令人长远记得的最后十五年间的诸故事。今试举一事，我不能够使戈贝兰（Gobelins）开神圣历史，令他们的美术家用其所长于为陆军，为本国赢得荣耀诸大事。凡此诸事，都是创造我们帝位的。

8 日

联合舰队已经在附近斐洛尔地方开战。他们与斐洛尔分队联合，是已经达到目的了。舰队追逐敌人，占据战场四日。

9 日

致马波亚（Marbois）书：你要使财政界诸人安心，解说给他们听这并不冒险，并要说明现时诸事进行得很顺手。绝不无知无识的，把我们国民的幸福和发达作孤注一掷。我将带领陆军登陆，是毫无可疑的事。是人都必然看得出来，这是件必然的事。但是我或我的军队不见有好机会，是不登岸的。

11 日

诸舰队已来科伦纳（Corunna）下锚。洛里斯托纳写信说他们将进军，舰长和水手们都好。维尔纳夫并非是无才略的，不过是太过迟疑。

13 日

致康巴塞雷斯：你试读《帝国报》上几篇论说，就使你以为快要同奥地利开战。其实奥国在那里布置军事，我要奥国解严，倘若是不肯，我就要带二十万人去探访它，使它长远不能忘记。虽是这样说，若是有人问你，或在你的演说中，你要说你并不相信有这件事。因为我[①]已经有了许多警告。因为与我开战显然是一件最荒谬的事。在全欧之中，没得哪一国的军队，能及我现时所统的军队那么好的。

在布立克桥。我已经打定主意了，我只有两个办法。我或攻奥地利，将于11月以前到维也纳；俄国若是敢露面，我就要对付俄国。我或设法令蒂罗尔山只剩一队奥军。我要不受牵掣，安安静静地调度我的军队攻英国。

在布伦。致德克雷书：派一专差往斐洛尔告诉维尔纳夫，我很不满意他延误许多宝贵的光阴。

致维尔纳夫书：你宜派专差将你的出发告诉冈托姆统将。你的舰队是为一最重要的目的而冒险，我的陆军海军人等将有机会为极重大极名贵的效果而流血，这是空前绝后的唯一大机会。英国欺压法国，已有六百余年了。我们各人能够尽力攻伐英国，都是死而无怨的。你应该用这样的情操，激励你自己，激励我的军人。英国不过有四条战船在当值（Downs）。

致约瑟芬书：我许久不见你的来信了。我忘记你的朋友们，这是一件不应该的事。我却不晓得普隆比埃（Plombières）地方的水，与利特（Lethe）地方的水有同一效果。我似记得有一次你饮普隆比埃水，曾对我说道："哈，波拿巴。倘若我死了，还有谁爱恋你？"这是许久以前的说话，是不是？凡物都是会过去的，美貌、聪明、感情，都是会过去的，即至太阳，也是如此。唯有一物是无尽的，这一物就是我愿你欢乐。即使你笑我费尽心力，无论我如何爱恋你都不为过。我的宝贝朋友，我与你暂别了。你昨日令我们的舰队攻英国巡舰，诸事顺手。

20 日

天气很无定，落雨太多。联合舰队有三十四条战船，从斐洛尔出发。

此时有一小艇分队，正在绕过格利尼角，同英国舰队交战。

本月 2 日纳尔逊仍在圣文森特（St. Vincent）角口外。他似是缺乏粮食。

---

① 指拿破仑。——译者注

22日

我相信维尔纳夫才干不足，连统带一条快船的本事都不够。他既无决断，又无勇气。不过因为有两条西班牙船相碰，他自己的几条船上有几个人得了病，加上有两天逆风，有一条敌船测探，又因得了消息说是纳尔逊已经同考尔德（Calder）联合，他就改变计划。其实把这件事一条一条地记算起来，并不算得怎么一回事。他既无打仗阅历，又乏打仗的本能。

致维尔纳夫书：我盼望你已经到了布勒斯特。你即刻出发，不要耽误片刻。带了我的联合舰队，驶上英国海峡，英国就是我们的。我们诸事都预备好了，什么东西都上了船了。只要你在这里出现二十四个钟头，什么事都过去了。

23日

我见得必要当机立断的了。其实要求奥地利解说是毫无用处的，我的主意是拿定了。

我的舰队于17日从斐洛尔扬帆，带有三十四条战船，并不见敌舰。倘若照我的训令行事，倘若联合布勒斯特舰队入海峡，还有时候来得及，我就是英国的主人翁。倘若不然，我的海军统将迟疑不决，调度无方，不照我的计划实行，我只能候到冬天，那时候用小艇队渡海。这却是冒险的办法。现在情形既是如此，我必要注意更为重要的事体。我能派二十万人入德国，派二万五千在那不勒斯国。我向维也纳进行，必要等到我攻克那不勒斯和威尼斯，我才肯罢手。我已经增加巴伐利亚选侯国的土地，我不必再有什么畏惧奥地利的理由。当冬令进行的时候，我必能用这个方法平定奥地利。我非达到目的不回巴黎。

我的计划是要赢得两个星期缓兵之计。我要于无人疑心之先，以三十万人入德国腹地。

24日

得不着舰队消息。我接连检阅各师的队伍。

25日

致塔列朗书：我开始调动。你可以说因为我的边界空虚。我正在调拨二万五千人守边，不要露出勇敢情形，宜露出绝对怯懦的情形。我要赢得二十天。我要当我向莱茵河进行的时候，免得奥国军队过因（Inn）河。我原不以为奥国人会这样的活跃。但是我一生做过许多错误的事，我现在是老脸面变厚并不因做错许多事会脸红的了。

缪拉大将明天起程，改称波蒙上校，直接前往美因兹，只在该处换马。他将经过法兰克福，在路上测探奥芬巴赫（Offenbaoh）；将往符腾堡，测探这个地方，逗留一日半，察看符腾堡和美因兹、多瑙河之间的大路，并要察看在从山隘出乌尔姆、英戈斯塔德、雷根斯堡等处的隘口情形。从此前往班班贝格(Bamberg)，必要筹划于9月11日到斯特拉斯堡。

26日

今任缪拉王爵为皇帝的副帅，皇帝出行时，该王爵代为陆军大元帅。

29日

等到法国得着两三个不怕死的海军统将，英国就变渺小了。

31日

什么东西都走了。我将于9月27日也预备好了。我把驻意大利军队交与马塞纳。奥地利十分无礼，正在加强力量。我的舰队驶入加的斯。

9月2日

我将于一个钟头内往巴黎。

4日

在马尔梅松。致海军中将德克雷书：海军统将维尔纳夫荒谬到了极点！这件事简直是不可思议！送我一份关于这次出发的全局情形的报告。维尔纳夫是一个下流无赖，必定受极不体面的革职。他这个人既无计划，又无勇气。只要能保存他的躯体，是无事不可牺牲的。

13日

在圣克卢宫。奥地利军队是本月10日过因河。巴伐利亚选侯退至符腾堡。

我的计划原是约好各舰队共四五十条战船分从土伦、加的斯、斐洛尔、布勒斯特各港口，齐集于马提尼克，然后从此地忽然驶回布伦，节制海峡十五日；预备军队十五万人、马一万匹，在英国登岸，夺伦敦和泰晤士河。我这个计划几乎成功。假使当日维尔纳夫不进斐洛尔，只要同西班牙舰队联合，驶赴布勒斯特，与冈托姆联合，我的军队就可以渡过海峡，英国就算是完了。要实行这个计划，必要在布伦聚集十五万人，四千条小艇，无数的军需，要将这些人马和军需装在船上。同时又要令敌人猜不出我的用意；这一节似乎是办不到，若是要办到，必要采取反常措施。假使要五十条战船才可以掩护陆军渡过海峡，我们在布伦所必要者，不过是运送舰：摆列无数的炮艇和小艇，是绝对无用的。聚集这样的船四十条，是以炮抵炮、以战船抵战船的办法；敌人果为我所愚。

敌人相信我要用小艇队夺路渡军，看不出我的真计划。等到后来我的舰队不能实行我的调度，敌人才晓得他们所冒的险，伦敦大为震动，是人都承认英国向来未有过如此次的临危。

18日

致马塞纳大将书（是时马塞纳为征意大利军团的统帅，驻在瓦莱焦）：你现在所部有六万人。比我从前所统领者多三分之一。我完全相信你的勇气和才干，请你替我打几个胜仗。

23日

我明日凌晨4点半钟，起程往斯特拉斯堡。

26日

在斯特拉斯堡。全军已渡过莱茵河。不久就要调动。

27日

事情发展得很迅速。奥军在大黑林的出口。我求上天留他们在那里，我唯一的着急，就是恐怕我们惊跑他们。若是我走好运，奥国军队在易勒（Iller）酣睡三四日，我就包抄他们，我希望使他们片甲不留。

29日

普鲁士王已经征调后备军。

天气佳极，我盼望秋令天气好。

致内伊大将书：我料你已经到了斯图加特（Stuttgarde）。拉纳大将正在向路德维希堡（Ludwigsburg）进行。若有必要，他能够迅速前来援助你。缪拉王爵正在向拉斯塔德进行。你要把一切军情告诉他。

30日

军人们呀！第三次对联军打仗已经开始了！奥国军队已经过因河，违背一切条约，攻击我们的同盟，驱逐他出了都城。你们不能不兼程疾行，保护边界，但是你们已经渡过莱茵河。我们要等到维护德国诸邦的独立，援救我们的同盟，挫去不讲公道先为祸首的敌人的骄气，我们才肯停止前进。

我今晚就要起身做苏尔特大将的后盾，抄袭乌尔姆。奥军若是让我前进几站，他们必不能免予大祸。我盼望在伊萨（Isar）与勒赫（Lech）之间集中。

10月2日

皇帝的大本营在埃特林根（Ettlingen）。

敌军或前进或后退，似是完全迷惑，不知所措。

致约瑟芬书：我正在起身往斯图加特，今晚可到。我们的大方略正在完全实行。符腾堡和巴登（Baden）的军队，与我军联合。我所处的地位很好，我爱恋你。

3日

在路德维希堡。我同符腾堡选侯在一处。他已经决定与我们联合。

4日

无新发展，全军向前进行。天气甚佳。我已经同巴伐利亚军队联合了。

致香巴尼（Champagny）书：我在符腾堡宫。我虽是在这里调度军队，我听着很好的音乐，但是我觉得德国人唱歌的派头很奇怪。后备军是否到达？1806年的强迫征兵是什么情形。

5日

在本月15日与16日之间，全军将在多纳维茨（Donauwerth）与英戈斯塔德之间，向来未曾试过有这样多的军队挤在这个小地方里头。

8日

在多纳维茨。昨日我渡多瑙河和勒赫河。我命军队攻奥格斯堡（Augsburg）和艾夏赫（Aichach）。有十二营榴弹队在勒赫与多瑙之间被包围。其中有几部分和军旗大炮被获。

我行军绕到乌尔姆之后，日见其危险。倘若敌军错走几步，后效是不设想的。

致苏尔特大将书：拉纳的榴弹队，不行进至苏马豪森（Zusmarshausen）不止。我依照在两个钟头前送达我的消息，将于今晚调动絮歇所部的一师。你切勿停止行进，你要打定主意，日夜行进，直到俘获他们的大军为止。你至少也要能送我三四千俘虏。

9日

致缪拉王爵书：我已经命霍普尔（d' Hautpoul）往乌尔丁根（Wertingen）。我盼望苏尔特大将已经到了奥格斯堡，我将带卫军在那里下榻，截断从奥格斯堡至乌尔姆的大路。逼沃尔特（Walther）军长于奥格斯堡与兰堡（Landberg）之间，部署拉纳于某地点，倘若奥格斯堡于破晓时被攻，他所部的三师可以进至该处。

10日

在苏马豪森。天气变坏了。多雨。乌尔丁根一仗龙骑队马队很有功。此次不过是小胜，缪拉是统领。自然是很欢喜。我包围敌军于乌尔姆。昨晚被内伊所败。

我军进行是满心乐意的，既有精神，又能自信，是向来军队所未能有过的。

皇帝在苏马豪森检阅龙骑队第四营。有一个军人名玛尔克（Marcate），是军中最勇敢的。皇帝命他到跟前，赏他一枚徽章。他的长官，前数日把他贬在兵丁之列。其后当渡勒赫河的时候，他救这位长官的性命。

11 日

在奥格斯堡。敌军斐迪南（Ferdinand）王爵所部被我军所抄。缪拉王爵领拉纳大将所部和内伊大将所部正在追赶敌军。贝尔纳多大将应该今日到慕尼黑。

12 日

奥地利军完全丧胆。我们最不能战的轻装步卒，都能以少数胜敌军多数。他们的步队是简直不能立足。

致约瑟芬书：我军占领慕尼黑。在一方面，敌军是在因河彼岸。我将其他敌军围困于易勒之上。敌军大败，不知所措，这一战似乎是最得手，为时最短，最有光彩的胜仗。我一个钟头内赴布尔戈（Burgau）。

致苏尔特大将书：若是从慕尼黑来的消息能令我实行的话，我今晚将调动达武的一师人往兰堡，归你调度。你要令你的副官们和分统们杀死他们的马。这原不是败敌的问题，是不令一个人脱逃的问题。你到了密明根（Memmingen）之后，召集你的军长们，告诉他们说，处这样重要环境之中，我盼望他们，凡是可以使此次胜仗变成更安全更绝对的胜利，都要竭尽能力。凡是力量所能做到的，都要做到。我的意思是，要使此次胜仗的光荣，十倍于马伦戈之捷；要使极远的后代，夸奖每位军长的功业。假令我不过只要败敌，我们又何必受许多辛苦，担任许多兼程的进行呢？我此次的意思，是必要俘虏敌军。

晚上 10 点半钟。我才得着缪拉王爵送来的函牍。敌军以四万人守乌尔姆。

当马尔蒙军长所部渡勒赫河的时候，皇帝是在勒赫河桥边。皇帝命每一队列一圆形。皇帝对他们说，敌军处的是什么情形；不久要打一大仗；皇帝很信任他们；皇帝对军队说话的时候，天气很不好，正在下大雪，军人两脚都陷入泥中，其深及膝。但是皇帝所说的话，是极其有生气的。军人们都忘了劳苦疲倦，唯想奋勇赴敌。

15 日

在埃尔欣根（Elchingen）。天气很不好，皇帝在这后八天并未曾脱过靴。

19 日

致纳瑟芬书：我的好约瑟芬，我这几日颇疲乏。在霖雨之下八日，两脚常是冰冷的，有点伤我的身体。但是今日整日我未出门，已经歇息好了。

我已经达到我的目的。我只用前进的方法，毁了敌军。我俘获六万人，夺得一百二十尊大炮，九十余方军旗，三十多名的敌将。

我正在要进行攻俄罗斯，他们是已经毁了。我很满意我的军队。我所损失的不过一千五百人，其中有三分之二不过受了轻伤。约瑟芬，我同你暂别了，我送你绵绵不绝的深情。

乌尔尼克所部的军队，才在努尔林根（Noerdlingen）向缪拉王爵投降。驻守乌尔姆的敌军，将于明日午后 3 点钟投降。那里有二万七千人，其中有三千马队，六十尊大炮，是都配有马匹的。

21 日

在埃尔欣根（特拉法加之战）。军人们呀！我们十五日内打了一场大仗。我们已经达到目的了。我们把侵犯巴伐利亚的奥军驱逐了，重新令我们的同盟恢复国土。敌军既不善盘算，又好炫耀，陈列于我国边界之上，今已全军覆没了。英国却不管奥军的覆没，他只管他自己的目的。英国的目的是达到了，我们不在布伦了。

敌军共合有十万人，有六万已为俘虏。他们可以替代我们的强迫征兵，在田上劳力耕种。我们尽获敌军的大炮，共二百尊，军旗九十面，俘敌人全数的军长。

军人们呀！你们打这次大胜仗，因为你们无限地相信你们的皇帝，因为能够受辛苦挨饥挨饿，因为你们有勇。

但是我们还不能安歇下来，你们很着急地要打第二个大仗。俄国接受了英国人的金钱，从天涯海角调集军队。他们也是要大败的。这一次战争，以法国步队的声誉尤其吃紧；因为这是第二次要解决一个问题，就是要解决法国的步队在欧洲算是第一，还是第二。

并无军长们指挥他们，我从他们那里没有任何光荣可得。我唯一着急的是要流最少的血获得胜仗。我的军人就是我的儿子！

22 日

在奥格斯堡。缪拉王爵从阿尔比克（Albeck）进行到纽伦堡（Nuremberg），令我们人人惊奇。敌军在两日之前早出发了，他却每寸每寸地奋斗，居然赶过敌军之前。这次行军异常活动的结果，是夺得敌车一千五百辆，大炮五十尊，俘一万六千人，包括敌军降于乌尔尼克军长的，又获敌旗多面，俘敌军的军长十八名，其中死者三名。

23 日

辛苦了两夜之后，我休息透彻了。明日起程赴慕尼黑。

27 日

在慕尼黑。俄军有颇厚的兵力在因河后面。我正在调度人马攻击俄军。两星期之内，我将有十万俄军、六万奥军抵御我。我将击败他们。但恐不免有损失。

30 日

在布劳瑙（Braunau）。现在正下大雪。

11 月 2 日

在里德（Ried）。

天气变得很冷，这样干燥天气亦有好处，人马觉得康健些，军队行进也较易些。

3 日

在哈尼革（Haag）。我们全军前进。诸事都顺利。我的敌人比我还要烦恼。

5 日

在林茨（Linz）。我的前锋离维也纳还有六日行程。缪拉与敌军相近。

6 日

致缪拉王爵书：你打发来见我的军官是一个大傻子。他什么事也不能解说。你给我的信又不告诉我详细情形。因此我不能晓得敌军是退，抑或仍然成阵未动，有多少炮，交锋的是乌迪诺（Oudinot）的哪一部分？

13 日

在布克斯多夫（Burkesdorf），我今早入维也纳。

14 日

在申布仑（Schöenbrunn）。苏尔特大将所部的军队是今早 9 点钟穿维也纳而过。现在是达武大将所部的军队穿过。

15 日

我们的军队都在摩拉维亚（Moravia）。离多瑙河尚有数日行程。

致约瑟夫·波拿巴王爵书：我正在调度军队攻击俄军，并无机会使我满意于贝尔纳多特。他耽误我一日，世界的命运就或许依赖这一日。我很想见朱诺。我日见深信，凡是经过我亲身操练造就的人才，是远胜过他人。我仍然是很喜欢缪拉、拉纳、达武、苏尔特、内伊、马尔蒙。凡是替我办过事的军长军官们，我立意使他们做大富翁，使他们不能借口贪得金银财宝，污辱最名贵的正业，同时军人们又看不起他们。

16 日

致约瑟芬书：我正在写信给哈尔维尔（Harville），你可以前往巴登，从巴登往斯图加特，从斯图加特往慕尼黑。你要殷勤待人，但是一切尊崇你的仪节，你都可以受之不辞，都是你该享受的。你对于众人，原无一定要尊崇的礼节，只有你喜欢就行。我要起身往我的前锋，天气坏极了，下许多雪。但是诸事皆顺利。

20 日

苏尔特大将带军队将赴奥斯特利茨（Austerlitz）。

23 日

在布伦。致塔列朗书：在我看来，奥国人手上有极重要的事，比引诱女选侯还重要得多。假使他们果然引诱了，他们对待这位女选侯，又能够怎么样呢？我不久就要到维也纳，因为我要休息军队。

25 日

致俄帝书：今当陛下与我军联合，我特派我的副官萨瓦里（Savary）军长致贺。我吩咐他面致我如何敬重陛下之意，急于借这个机会证明我如何贵重陛下的友谊。我盼望陛下接待他。请陛下当我是一个愿意与陛下做合意的事的人。

26 日

德帝俄帝在奥尔穆茨（Olmütz），俄军正在厚增兵力。

28 日

卡法雷利军长要注意他所部的一师的军械，要收拾干净。各军人都满带子弹，预备将有血战。他必定要同他的部下军官说明，凌晨 1 点钟，他就要带队出发。

马尔博（Marbot），据你看来，我的卫军里头有多少轻装步兵，有一千二百人么？

（马尔博答：没得这些，我只能计出一千一百二十人。）

我很晓得有许多不在这里的。

12月1日

在奥斯特利茨附近露宿。

军人们呀！俄国军队正在来攻你们，要替奥国人报仇雪耻。我们的地位是很坚固的，当他们前来攻我们右翼的时候，他们自己也暴露他们的一翼。

军人们呀！我今日自己带领你们的几大队攻敌，你们若是使出你们往日的勇敢，能够扰乱敌军，我就不暴露我自己。但是倘若有片刻间，我们不一定能胜敌，你们就看见你们的皇帝在前线暴露。因为当法国步队名誉濒于危急的时候，是必定要打胜仗的。

未到明天晚上，那个敌军就要毁了。

晚上8点半钟。诸位大将当于7点半钟齐集皇帝的露宿营帐。倘若敌军当晚上发出任何新举动，诸位大将可以面奉新命令。

晚上9点钟。皇帝决意微服步行巡阅各营帐，几乎立刻为军人们所认识。军人们一看见是皇帝，无不踊跃，表示热心，非笔墨所能述的。忽然间军人们燃着一千个火把，八万人同时直立，欢迎皇帝，有许多是庆贺加冕一周年大典的，又有许多军人说，明天全军送皇帝一个花球的。有一个老步兵，走到皇帝跟前说道，“请陛下不要站在火线上，我代表步队们（榴弹队）答应陛下，陛下不必亲临前敌奋斗，请陛下以旁观人的资格奋斗，因为我们要夺俄军大旗和大炮，庆贺陛下加冕的周年。”皇帝回到自己的营帐时候，这座营帐原是一所无顶的茅草小屋，是步兵造的，皇帝说道：“这是我平生最有荣耀的一夜，但是我很惋惜我的勇敢同袍们死伤必多。他们其实都是我的儿子。”

2日

在奥斯特利茨。日出时候，即能辨认柏拉真（Pratzen）高原。敌军从高原下来，如大水决灌平原。

你要多少时候，乃能占据柏拉真高原？

（苏尔特答：不到二十分钟。）

既是这样，我们姑且再等十五分钟。

缪拉王爵和拉纳、苏尔特两位大将驰马走了，各归所部。当皇帝经过几个大队的时候，对他们说道：“军人们呀！我们结束这一场大战，必要从半空发下一个霹雳，震碎我们敌人的傲气。”当下军人们立刻用刺刀高举军帽，欢呼皇帝万岁，这一欢呼，其实就是开战的记号。

3 日

军人们呀！你们打得好！这场奥斯特利茨之战，你们的勇气，很能如我期望。你们在大军旗之上，加上了永垂不朽的光荣。俄奥两帝亲统十万大军，不到四个钟头的工夫，不是被你们击散了，就是被你们擒获了。敌军幸免于你们的长枪利剑的，也逃不了溺湖而死。这次永垂不朽之战，我军夺得军旗四十面，都是俄帝侍卫军的大旗，大炮一百二十尊，军长二十名，三万多名的俘虏。敌军最有名的步队人数，比你们多，都不能抵挡你们。从此以后，你们不怕有什么劲敌了。

军人们呀！我们办完一切维护我们法国的幸福和发达所必要之后，我就领你们回法国去；那时候我就时常很亲爱地照顾你们。我的人民将很高兴地欢迎你们回国，你们只要说："奥斯特利茨之战，我是在场的。"他们就要答："他是一个勇敢人。"

我所打过的仗，是很多的了，当以奥斯特利茨一战，为打得最好。同样的仗，我曾打过三十次，但是并无一次，比得上这一次，打得有拿手的必胜，毫无可疑的。我并未派护卫军的步队临阵——他们生气到痛哭。

今天晚上我居然有床可睡了。我睡在科尼茨伯爵（Count Kaunitz）的华丽城堡内。我有一星期未换内衣。我今晚换了内衣，我将有两三个钟头的好睡觉。

今早德帝派列支敦士登（Liechtenstein）王爵来见我，要求一次会晤。我们不久就可以讲和了。

4 日

致塔列朗书：德帝要同我见面，我已经答应了。我们会晤是从 2 点钟起至 4 点钟止。我与你见面的时候，我就告诉你，我看德帝是一个什么路数人。他要就地讲和，他用很好的情操来攻击我。我保护我自己。我老实告诉你，这种样的相斗，我见得毫不为难。他要求停战，我也允许了。今晚将列出停战条件。

10 日

在布伦。致皇后约瑟芬书：我久已不得着你的信了。难道是巴登、斯图加特、慕尼黑等处的筵宴，就令你忘记了许多可怜的军人们在烂泥、人血、大雨里的生活么？

我很快就要起身往维也纳。现时正在商议和约。我的宝贝朋友，我与你暂别了。

19 日

致约瑟芬书。皇后陛下：自从你离开斯特拉斯堡以来，我并未见过你的只字。你经过巴登、斯图加特、慕尼黑，都无只字给我；这是不甚好的，不甚有爱意的。

我还在布伦，俄国人已经走了。现时是停战。再过几天我就能够晓得我有何所得。你从你所在的繁华欢乐的高顶，难道就不能一顾你的许多奴隶么？

20 日

在美泉宫。天气很冷，这是快到冬天了，但是天气还是很好的。这种天气能治疗我们的伤兵，振奋军队。我们现在是休息，恢复模样。我们已经将维也纳军械厂的一部分迁往布劳瑙。我们并且搬运了许多有价值的东西。和约将成，是毫无可疑的。

23 日

致塔列朗书：我接到你今日的信。你盼望结束，我甚喜欢。但是我明白训令你，不要提起那不勒斯。每次信差来，都加上一层对这个恶棍行径的女主的侮辱。她的君主之位，到了最后一日了。是以我绝对不要说及她。无论任何事件发生，我的训条是必须遵行的。你不要提她。

25 日

德帝和查理王爵曾有信给我。我将于 27 日下午 2 点钟接见查理王爵。会晤的地点是在德帝游猎的小行宫，离维也纳九英里。我不愿在这里同查理王爵见面。因为我不愿与他谈公事。在我所指定的会晤地方，我可以同他敷衍两个钟头：一个钟头是吃饭，一个钟头谈战事，和彼此互相恭维。

无论如何，你若能办到，条约要明天画押。

27 日

今早 4 点钟，塔列朗与列支敦士登王爵、吉乌利（Gyulai）军长，在普莱斯堡（Presburg）签押和约。

威尼斯市和威尼斯的大陆，原是坎波福米奥条约订定割让的，归入我的意大利国版图之内。

（对军队说）军人们呀！我在这十年之内，无所不用其力，以救护那不勒斯王，他却自己无所不用其自毁。当狄戈、蒙德戈（Mondego）、洛迪数次大战之后，他是不能够再抵抗的了。我却听了他答应我的话，慷慨待他。

当马伦戈之战把二次联军击毁的时候，那不勒斯王原是首先宣战的，这时候是孤立无援，无以自保，他哀求我，我于是第二次宽恕他。

我们军临那不勒斯城下的时候，离此不过数个月，我有很好理由疑心他们在那里酝酿阴谋反叛，我亦有很好理由雪我们所受过的耻辱，我又以慷慨大度对待他们。我答应那不勒斯作为中立国，我就命你们退出那不勒斯国境，这是第三次救护那不勒斯国。

我们还相信他第四次么？那不勒斯朝廷是无信、不顾体面、无决断的，我们还能够相信他们第四次吗？不能！不能！那不勒斯这一朝代，不能再在位的了。若是仍许这一朝代在位，是与欧洲的太平和我的皇冕的体面不能并立的。

军人们呀！你们要奋勇向前！倘若专制海上的薄弱军队等候你们，你们要把他们都摔在波涛里；你们要令天下人看见你们如何对待无信的人。你们赶快报告我，说是整个意大利都归我管辖，地球上顶好的地方，已经摆脱了最无信的国的束缚，违背条约已经受到报复了。从前我们英勇的军队，从埃及回来，幸免于海上、沙漠打仗的诸多危险之后，在西西里港口，被他们所戕杀。你们要报告我，说是我们被戕的军人们的英魂，可以安息了。

军人们呀！我的兄弟领你们打仗，他晓得我的方略，我的兵权已经交给他，我是很相信他的，你们也要相信他。

31 日

在慕尼黑。致约瑟夫王爵书：我到了慕尼黑。我打算将那不勒斯国夺来。你接我此信四十个钟头之后就起程往罗马。你第一件给我的公文，要告诉我你已经入了那不勒斯境。

巴伐利亚选侯有一郡主，名奥古斯塔，貌美。我已经从中替欧仁作媒，亲事是已经定了。我又为杰罗姆向另一位郡主求亲。

致欧仁王爵书。我的表兄弟：我已经到了慕尼黑。我已经替你向奥古斯塔郡主求婚。这是一件公事。郡主今早来见我，我同她谈了许久。她貌甚美。我今将她的画像送给你看，是绘在杯上的。但是本人的面貌比画像好。

1806年

1月2日

在慕尼黑。昨日选侯宣布登王位。

3日

午后2点钟。致欧仁王爵书。我的表兄弟：你接到我这封信之后，不得迟过十二个钟头，你必要起程来慕尼黑，驰驿前来。

7日

致红衣大主教费什书：11月13日教皇写给我一封极可笑、极无礼的信，他们这些人以为我是死了。我是个守宗教的人，但不是个沉迷于宗教的傻子。

从教皇方面看来，我就是查理大帝；因为我联合法兰西和伦巴底两国的君主为一。与查理大帝相同，我的帝国边界，与东方相接。我将把教皇降作罗马主教。

9日

我早已决定要我的儿子欧仁王爵与巴伐利亚王的公主奥古斯塔结婚。1月15日，雷根斯堡选侯为他们掌结婚礼。奥古斯塔公主是一位极美貌极有才艺的女子。

14日

昨日欧仁王爵行订婚和结婚礼。

19日

在斯图加特。我很着急地要回巴黎去。我昨晚6点钟到斯图加特。

27日

在巴黎。我昨晚半夜微服到巴黎。

2月4日

自皮特死后，英国内阁完全易人。倘然福克斯果然当了外交大臣，我们能够把汉诺威交与普鲁士，只作为普通办法的一部分。

致欧仁王爵书。我的儿子：关于你的旅行，你并无一字给我，我未免诧异。你的夫人却比你知礼。我一定要你写信给我，告诉我你现时在什么地方，将往什么地方，现在做什么事。你同你的新夫人相处得怎么样，你爱她到什么程度?

6 日

皇帝今封寄一段裁报与塔列朗。我们为二十万俄军前来所恐吓。普鲁士人一定是疯了。塔列朗一定要告诉豪格维茨（Haugwitz），一定要停止这种事。

14 日

致贝尔蒂埃大将书：你要严遵号令；迅速奉行谕条；你要各人都防备，各人都得顾其职责；只有我一个人晓得我将要怎样办。倘若驻慕尼黑的普鲁士使臣来见你，谈及占据安士巴（Anspach）的事，你就答他说，是奉我命令占据的。普鲁士不是占据了汉诺威吗？此外若谈到别的事，你只管多说些好听的话。

28 日

我有在伍的军人五十一万人。我曾经命令拨用巨款，用在港口建设和扩充海军。我将添陆军十万人，我就要加税。

3月1日

我要在法国创造一个非宗教的国家。计至现在，世界上只知道有两种政治，即宗教政治、军阀政治。君士坦丁（Constantine）是第一个帝王，用教士们成立一种文治的国家；克洛维斯能够固立法国君主制基础，亦是全赖这同样的维持。僧徒（借用）是军人的自然仇敌，曾经禁阻他们不止一次了。既用非宗教的制度，则必要创造一个发育的团体，且以此扶助此制度，若创造一个地方官的大团体，更能维持这制度。

我以为，不必考虑到教育女子的规划，因为女子教育，更没有能好过母教的了。公众教育，与女子不相宜；因为女子并不必有公众的生活，女子当以习惯为最要紧。婚嫁就是她们的目的。

我们要成立一个国家，必要即速用法典和诸多主要的立法区域，以资调整。

民法法典虽不完备，却是有功于社会不少。现在是人人都晓得行为的第一宗旨，就按照法典治理财产和事业。

4 日

据埋葬的报告看来，平均计算，巴黎每年死一万四千人；这个数目，很够一场好战事的人数。

当我的小教堂祈祷的时候，我不肯发入门券，我看最好是先来的先得座位。

在开罗和在沙漠中，伊斯兰教的教堂，并且是客寓，可以容六千人合宿；且能用喷水或蓄水洗浴。我们的洗礼就是从此而来的；不能发生于我们这样天气的地方，因为在我们这种地方，水并不宝贵。——今年我们得雨甚多，几乎把我们淹了。埃及人若是得不着水，就用沙行洗礼。据我看来，宗教的神秘，不在乎基督降世为人，而在乎社会秩序。上天启发一种平等观念，这就保存富人不为贫人所戕杀。若从另一观点看来，宗教是一种血清或痘苗，既能满足我们超越自然①的感觉，同时又能保固我们不为走江湖的骗子和幻术家所欺：教士们比卡略斯特洛（Cagliostros）②们、康德们，和德国的许多梦想家，好得多。

我要一个特别法庭，来审判侵犯法律的官吏。处置这种事情，必须有多少专断，却不宜将这种专断之权交与君主。因为君主往往枉用此权，否则忽略不用。国事往往逼我行专断之事，我无日不因我做这种事而自怨自艾。若是有一个特别法庭，就可由他们申诉。我要依照法律治国，遇有不得不违背法律而行的事，原该有一个正式成立的法庭酌量批准其可行。

同英国签押和约后四十八个钟头，我就要禁止外国生货熟货入口，我要宣布行船例，只准法国船不准外国船入口。这一举措虽将发生很大的非议，然而六年之内，法国必然极其兴旺。

6 日

致约瑟夫书：凡是无业游民，辄动小刀的，枪毙无赦，不可姑息。治意大利人民，必要用严威，使他们畏惧。你要勒令意大利纳战费三千万。你的政策过于游疑。

8 日

我将颁给克里甫斯和班贝格（Berg）两个公爵的封地与缪拉。

---

① 迷信。——译者注

② 有名的大幻术家。——译者注

9 日

致欧仁王爵书：训令你的工程师测探从扎拉和从拉古萨通土耳其都城的大路。

11 日

在教员的团体中，我们必要仿照陆军的分级。我坚持团体的意思，因为一个团体是永远不死的。不必怕我把僧徒请回来。即使是我要他们回来，我也办不到。僧徒的种种丑行，人人都晓得的了。我曾受过他们的教育，我颇晓得。

宗教所敬重的，我也敬重。但是以政治家而论，我不喜欢教士们不娶妻的狂信。这原是罗马宫廷不令教士们当公民，以束缚欧洲的一种方法。我以为只有军事的狂信有用于我。因为一个军人必要有这样的狂信，然后肯死。我要建设一个教员的团体，我的目的是在于有多少法子可以指导政治的和道德的见解。

14 日

荷兰没得行政长官，原是应该有的，我将把路易王爵给荷兰。他们不要大执政，要的是一位君主。

20 日

我想教员团体应有约一万人。最要紧的是，大学出身的人，应该专享教员利益。他们应该宣誓的。

我们一定要想法子训练年轻人。不令他们太过拘执，又不令他们太过怀疑。他们应该调和民族的情形与文明的情形。

我上床之后，所读的书都是第 3、4、5、6 世纪的纪年；我有时自己读，有时令人替我翻译。最奇怪，最少人晓得的，就是许多旧国如何过渡于新国，新国如何发起于旧国的瓦砾场中。说到西欧，政府并不注意于教育，在基督教盛行之下，尤其是不注意，因为教育是交与教士办的。东欧却不然，政府极其留心于教育。在基督教未降临之前，尤其是如此。

倘若法国君主们已经忽略教育，我们若是有志要好过他们，我们岂能因为他们不顾教育，我们也效法他们么？他们和教士们是携手同在无知无识的烟雾中走出来的，看见已经有了公共教育的初基，于是不得不把教育责任交给教士们了。

从前当教员的是要宣宗教式的誓的，我却不要他们宣这种誓，我要他们同公证人或地方官立合同。从前当教员的要奉教，这时候的教员要奉教育为正业。不过其中有点不同，他们的崇奉，无崇奉宗教那样神圣不可侵犯，束缚且较松些；虽是这样说，我要他们也要经过一种礼节，即另换名称，也无不可。

27 日

我亦愿意银行的头目称作总裁，因为名称是不用花钱的。我也愿意厚给薪水，因为薪水是由银行发给的。

4 月 1 日

在马尔梅松。致贝尔蒂埃大将书：我附寄帝国报，你就晓得，我替你做什么事了。我却有一个条件，是要你结婚。这一个条件，是与我对你的交情并行的。你的苟合的事，已经太久了，成了笑话了；我应该盼望，凡是我称为是我的同袍，后世将永远以我们为伍的这样的同袍，不应该接连地出现这样非常的弱点。故此我一定要你结婚；不然的话，我将不接待你。你现在是五十岁了，但是你们家的人，是活到八十岁的。你眼前还有三十年，你就在这三十年间，最能享结婚的福。

你晓得的，我是你的最热肠的朋友；但是你也要晓得，我的友谊的第一条件就是要我看得起你作基础。计到此时为止，你是应该得我的友谊相待的。从此你却要成立一个大家族的一大支派，遵从我的计划，就能接连安享我的友谊。

14 日

在圣克卢宫。致欧仁王爵书：我的儿子，你太过劳苦了；你的生活是太过索然无味。因为你以办事为乐，在你是原无不可。但是你有一位少夫人，不久就要为人母。我看你应该布置一切，务令到了晚上，你可以同你的夫人在一起，有一个小聚会。你为什么每星期不去，在政府的包厢看一晚戏呢？你必定要多快乐些。为你夫人的欢乐和你的康健起见，也必定要的。一个人并不要许多时候就能办许多事。你做事是拿我做榜样。但是我的夫人年纪大了，毋须我终日陪伴就能乐；但是说句实在话，我的乐趣，我的消遣，比你多。凡是年轻女人，是要有乐趣的，怀了孕的女人尤其要有乐趣。

18 日

在巴黎。这一座歌剧院要政府每年津贴八十万法郎。既是要投国人所好，政府不能不维持。

5月31日

在圣克卢宫。致那不勒斯王书：你太过相信那不勒斯人。你对于饮食，对于侍卫，尤其是太过相信他们。你过信他们，恐怕有一日你会被他们毒害，或行刺的。你不甚清楚我家庭中的办法。你要晓得，即使在法国，我是有最可信、资格最老的军人们，护卫我的。

晚上你不能许他人入你的屋子。只许你的副官入屋。副官的卧室应该在你的卧室之旁，你的卧室门必要从里面关锁。你要听清楚是你的副官的声音，然后开门，让他进来。你的副官又必要先将他的卧室门关好，然后敲你的门，以免有人跟随他。这种审慎，是很要紧的，也并不麻烦，且能令人放心，不独只能保护你的性命。你必须按照这样办法调整你的起居。从今日起，从此以后，都要照这样办。你不要到了有危险的时候，才去照这样做。临时如此，未免令你自己难堪，且令你的左右难堪。你要相信我的阅历。

6月3日

致那不勒斯王书：我读过你的演说。你一定要让我说，我见这篇演说里头，有不好的句子。你把那不勒斯人的爱戴你，比于法国人的爱戴我；这很像是一句讥刺诗词！你是因为征服他们，又带了四五万外国军队驻防，当他们的君主，又无德泽及人，你能盼望他们有什么爱戴？大概而论，在你的文牍中，无论是直接或是间接，越少说到我，越少说到法国，越妙。

5日

致约瑟夫书：你要晓得我所以封贝尔纳多特为公为王，原是为你的夫人起见。因为我所部的军长们，颇有比他替我办事办得较好，且是我更为信任的。

7日

致约瑟夫书：我不能派援军给你，我不能把我的全体军队困在那不勒斯。

致塔列朗书：我曾经问过你，要一篇关于普鲁士兵力的报告。你给我的消息，毫无用处。我要一篇关于普鲁士王的军队的完全报告。

7月4日

计至此时为止，与英国商订条约，是并无进步。英国得了好望角是永远担保他节制印度。但是英国得了马耳他和西西里，那就是筑成一件不能越过的阻碍，隔断亚得里亚（Adriatic）海和土耳其都城。这是万难承受的一种条件。

13 日

致巴登斯狄涅（Stéiphanie）王妃书：我接你的信，我听见你说你很好，我甚喜欢。你要爱你的丈夫，因为他爱你，你的丈夫应该受你的爱恋。

你要好好地待你的百姓，因为立君主是为百姓的幸福起见。你要习惯此土，对于无论什么事，都要存好意。你若是常常说巴黎，说巴黎的华丽，是很不应该的事。你是很晓得的，你不能享受巴黎的繁华，这原是法国人的一种毛病；你却不要犯这样的毛病。你既然在这个国中，你若是爱这个地方，爱这个风土，爱到什么地位，国里的人，也就爱你到什么地位。这是人类所有的一个最易感触的点。

19 日

7 月 3 日，英国有五千人在圣柔非米亚（St. Euphemia）海湾登陆。雷耶军长前往攻敌，此时尚未知胜负。大约英人当后悔多此一举。

21 日

致约瑟夫书：我接到你 7 月 11 日、12 日来信。你那时尚未得着雷耶的消息，亦未从那不勒斯发兵。许多人好谈战事，其实打仗是一件难事。在你的许多大臣之中，没得一个晓得打仗的要素的。但是你有三万六千人，切勿让你的一师为敌所败。你既得不着雷耶的消息，你就可以推理而知，交通是断绝了，叛民已经起事了。

26 日

致约瑟夫书：敌军若是尝试攻打那不勒斯，非完全疯了，不能有此想头。你有三万六千人，敌人不过有八千人。你宁守不战，甘愿把你的国土三分之二，拱手让与他人么？这是什么意思？在你的阁员之中，没有一个人有军人的见解？假使我尽情把我的意思告诉你，不过徒令你难受而已。

26 日

致约瑟夫书：你要成立这个那不勒斯本地人的侍卫队，究竟是什么意思？这是倚靠一根芦苇做柱石，还许是授仇人以柄。你的人情世故知识太少了！来来来，你得要振作精神，办一两件有力量的事。战术的全体，在乎想得透彻而又审慎的自守，同时又要想到勇敢而又迅速的进攻。

30 日

致缪拉王爵书：威塞尔（Wesel）只能属于一强大之国。至于担保你的子女的话，你所用的理据太可怜了，读之令我耸肩；我不禁腼然替你害羞。我盼望你是个法国人；我并盼望你的子女也是法国人；除此之外，你若另存他意，就是极其不体面的事，我必定要请你不必再提这样的事。法国施了多少恩泽给你，你却想为了你的子女以致可以伤害法国的地位，这是未免太离奇了。我再奉劝你，你的意思太过荒谬了，请你切勿再提。

8月1日

致荷兰王书：环境许令你，必须在乌得勒支（Utrecht）组织荷兰人的军队。

2日

致阿希姆（Joachim）王爵书：你当众所说的话，必要能令听者安心。我读你的信，我说不出来的心痛。你的鲁莽就够使我失望的了。

杜邦的一师人，是向因河前进。你不要发任何号令给这支军队。你不晓得我要做什么。你应安静，不要乱动。对付普鲁士这种国，我们是不能不温和进行的。

5日

英国人稍有就范。洛德代尔（Lauderdale）勋爵和亚尔默斯（Yarmouth）勋爵当议和专使。洛德代尔勋爵今早到了。

12日

福克斯病。因此耽延议约。

17日

在朗布勒特（Rombouillet）。致那不勒斯王书：倘若那不勒斯的游民尝试反叛，倒是一件好事。你既未做过一件惩一儆百的事，你就做不了他们的主人翁。凡是征服之国，至少也要反叛一次。我看那不勒斯反叛，如同一个当父亲的看子女们发疹一样。但是要发疹的人，不要太过受损害。这种事原是标示康健的转机。

19日

致富歇书：你若晓得度穆朗（Dumoulin）军长在什么地方，你就叫他来，盘问他关于一位女人名克仑费（Keilenfels）的情形。他未拐跑厄克哈（d' Eckhardt）小姐之前两个月，已经同克仑费结婚。我无权力及于裁判官。这种可憎的过犯，是必要惩办做一个榜样的。这位军长难道是不晓得刑事法庭将定他一个罚做苦工的罪么？他怎么能够把关于体面的法律丢在脑后？这件事太过令法国军队难堪。

23日

致那不勒斯王书：我接到你13日的来信，我很可惜你预定除非在极乐国相见，是永远不再与你的兄弟会面的了。这是一件很简单的事，当你十二岁的时候，我用什么情操待你，等到你四十岁的时候，我不该还是用同样的情操待你。

29日

在圣日克特。议约仍在拖延，结果是很可疑的。

31日

致奥古斯塔公主[①]书：我的女儿，我读你8月10日的信很喜欢。我谢你的恭维话。你处现在的情形，务必极其谨慎。但是你宜尝试不要生一个女孩子。我可以给你一个秘诀，但是你未必相信。这个秘诀就是每日饮少许清酒。

9月5日

欧洲的大局已变。我必须认真考虑我的军队的地位。

致贝尔蒂埃大将书：请你派工程队的军官小心测探从班贝格到柏林的大路的出口。各方向都要测探好。

8日

致卢凯西尼（Luochesini）书：我常把我的心放在头里。我若要同普鲁士打仗，只为我本国的体面，为我的同盟的安全起见。倘若柏林的年轻军官和年轻女子，都要打仗，我就打仗。我正预备使他们满意。但是我的志向是在意大利，这意大利好像是我最爱恋的女人，是我不能与他人分享的。

10日

普鲁士的态度仍是挑战。他们是急于要受一场好教训。

致科兰古书：把我所有的临阵望远镜收拾好了。明日从我的马号送六十四马出去，连同六匹坐马一并出发。你办这件事要极其保密。明日把我的行李车都预备好了。内中一部车要装载一个营帐、一铺铁床。营帐是必定要结实的，不要大剧院的营帐。你可以添上几块绒毡。我那一部在战场上用的小快车，一并随同马匹送去。

贝西埃尔大将和博尔盖泽王爵也要将他们的马匹送去。你把这句话告诉两位军官的时候，你就说他们陪我到法兰克福会议场。

---

① 奥古斯塔公主，欧仁之妻。——译者注

12 日

在圣克卢宫。致普鲁士王书。我的兄弟：我接到陛下的信，你信内所发表的友谊情操，令我尤其欢喜。因为这最后两个时期所发生的事，却授我以依据，以为陛下非以友谊相待也。倘若我不能不动兵自卫，我是很要惋惜我用兵力对抗陛下的军队。

致那不勒斯王书：普鲁士是预备动兵，情形很可笑。但是不久普鲁士就不预备动武的了。不然，他就要付出很昂贵的代价。普鲁士内阁的行为既糊涂，又迟疑。维也纳宫廷却很表示友谊态度，因为奥国是弱极了。我却相信他们是真的。无论如何，我能够对付得来。我所调集的强迫征兵已经四面八方前来。我还要召集后备军。我的军粮很充足，什么都不短缺。我也许于数天之内自统大军。我所统的共有十五万人，足够征平维也纳、柏林和圣彼得堡的了。

现在仍然接续同英国议约，或和或战，当决于一星期之内。福克斯是完全不能参加，因为他病重，将来不免于一死。倘若我真要再行大举，欧洲将要晓得，我只为听见我的仇敌完全毁了，我才离开巴黎。你不如令你的报说我还在巴黎，忙于消遣打猎和议约。

17 日

我才得信，说福克斯死了。以现在情形而论，这个人一死，是两国同深惋惜的。

19 日

大局日见其危险。我的侍卫军已经按站出发，要六日之内从巴黎走到美因兹。

24 日

致班贝格大公缪拉书：你迅速打发你的马匹往班贝格。你在美因兹候我。等我到后一个钟头，你就可以从班贝格起身。你可以在 10 月 1 日正午到班贝格。

28 日

在美因兹。我今天早上到此。

29 日

此时尚未宣战。

半夜。致奥热罗大将书：不要暴露你的举动。

30 日

致符腾堡国王书：我很想见陛下。我将于 10 月 2 日到符腾堡，5 日到班贝格。处于现在这种境况，我很想同陛下谈一个钟头。假令我不是极完全的一个奴隶，不能不受一个极无心肝的主人所驱使，即所谓为计算事变和诸多事体的情形所束缚，我原是很愿意在美因兹听候陛下光临的。

若说到我自己，陛下必然是看得到，唯我此时不能有什么一定的布置。此时尚未宣战，我又并未听说拉福勒斯特（Lafarest）已经离开柏林。我听说普鲁士王曾派一位普鲁士军官赍信来见我。我在这三天之内，日日听见这个消息，但尚未见面。

10月1日

我今晚9点钟起程。

3日

在符腾堡。我是昨日到达符腾堡的。

5日

两军已经相接了，不久就要打仗。符腾堡国王是两日前到这里的。他不能明白现在闹的是什么一件事。布伦瑞克（Brunswick）公爵写了一封极其恶毒的信，给符腾堡国王，唱的是德国民族激动的腔调。我全数的军队正在进行。我今晚起身往班贝格。

致苏尔特大将书：我把我全数的军队分为三军，在萨克森（Saxony）出口。你领右军，在你之后半日程就是内伊大将的所部。在你之后一日程，就是一万巴伐利亚军。共计五万多人。贝尔纳多特大将领中军。在他之后就是达武大将所部进行，带有后备马队的大部分和我的护卫军。共计有七万多人。贝尔纳多特将在克洛那哈出口。第五军团则领左军，继以奥热罗大将所部的军团。这一军乃是经过科堡（Coburg）和扎尔斐特而来，共计有四万余人。你到霍夫（Hof）之日，其余的军队将与你的所部布置成列。我自己大约居多在中军。我们的人数比敌军多得多，又极其集中，你当明白我的用意，并不是相机猝动，实在是无论敌军在何处布阵，我要用数倍军队攻敌。

据我今日所得的消息看来，敌军却是正在调动，似乎要攻我的左翼。敌人的重要军队似在耶尔福（Erfurt）。我严命你常常与我通信。凡是从德累斯顿（Dresden）路上而来的消息，你能够探得多少，必要尽数告知我。用二十万人成方阵向德累斯顿前进，是一种极妙的战略。你是能够看得出的。不过这种方略，是要有点巧妙，也要有点机会。

晚上 10 点钟，我正在起程往班贝格。我们全数的军团都出发了。我的身体极壮健，很有希望把这件事做一个好结束。

6 日

（对军人说）军人们呀！原已发过号令，调你们回法国，法国已预备你们凯旋。我们正在被靠不住的保安感觉所迷的时候，就有人在假友谊假联盟的面具之下，酝酿新诡计，在柏林地方已发起开战的呼声。这两个月来，他们每日更是大声疾呼地同我们挑战。

十四年前，鼓捣普鲁士出师到香巴尼平原的党人，今日仍然是主动的。他们要我们一看见他们的军械，就退出德国。他们都是傻子。我们要令他们晓得，毁坏大都城，比玷辱大国的子民的和同盟的体面，容易一千倍。他们从前的计划，又完全破碎；在香巴尼平原，他们所求得的，不过是死亡、失败、羞耻。但是既往的阅历已经褪色了，世上有许多人是永远忘不了衔恨，忘不了妒忌的。

军人们呀！你们没得一个人，是愿意不经由体面的大路，另走他路，回去法国的。我们必定要在庆贺凯旋的彩楼之下回去的。既是这样，你们就前进赴敌。请普鲁士军队再遇十四年前他们所遇的运命。

普鲁士送给我的哀的美敦书是在 8 日。这是一件很有趣的事。我并不晓得他们有此一举。但是我业于 7 日开始发动，同日入拜罗伊特。

致巴伐利亚国王书：我待之日久，居然接到普鲁士王的来书了，我不能将原书送给你。这封书是一篇狂歌，是从英国报纸抄下来的，有二十页长。但是我今把克诺柏斯多夫（Knobe’s dorf）的来信送给你，这是此刻他送来的。我的回信见于我的宣告军人书中。据此看来，原是普鲁士王先宣战的，我很感谢他的先见，使整个欧洲可以证明我的理由是很正当的。

8 日

普鲁士王后随军出征，作女将打扮，穿的是龙骑队的军服。一天写二十封信鼓励军心，如火上添油。在她左右的是普鲁士的路易王爵，是一个年轻王子，很有勇气，盼望从军事的偶然之事获大光荣。举朝的大臣都学这两位亲贵的榜样，都是大声疾呼：开仗！开仗！

在克洛那哈。我已经到了克洛那哈。我今晚就离开此地。军队进行极速。

午后 3 点半钟。致苏尔特大将书：你要多给我消息。我们这次原是混合调度，必要常通消息，然后能得最好的效果。我们正在这场战事最重要的关键上；敌人并未预料我们此时所试做的事；倘若他们迟疑或耽误一日，他们必然失败。

午后4点钟。致拉纳大将书。我的表兄弟：你昨天入科堡，我颇不以为然。我的训令原是命你今早用兵力入据。

你尽力迅速向格拉芬陀（Grafenthal）行进。奥热罗大将继你之后，相隔半日程。我自己将于凌晨2点钟到罗宾斯坦因（Lobenstein）。

10日

凌晨5点钟在埃伯斯多夫（Ebersdorf）。9日普鲁士军长托安森统普鲁士军队六千人，萨克森军队三千人，为班贝格大公所部的前锋所击退。

致班贝格大公书：拉普（Rapp）军长送来你昨晚打胜仗的好消息。拉纳大将明日攻扎尔斐特。

今日你的最重要的事就是利用昨天的胜仗，搜获全数的俘虏，并探听所有的消息，又要测探扎尔斐特和奥马（Auma）两处地方，以便知得敌军行动的确实消息。

致苏尔特大将书：我所能晓得的敌情如下：普鲁士军队拟进攻。其左翼是分从耶拿、扎尔斐特、科堡三处出发。无论敌军作何举动，我最喜欢他们来攻我；倘若他们让我攻他们，我是不会错过的；倘若他们转向马德堡（Magdeburg），你将捷足先登，比他们先到德累斯顿。我很盼望一战，战过之后，我能够到德累斯顿，或到柏林，在他们之先。

傍晚5点半钟在施莱茨（Schleiz）。大炮的响声不能再听见了。

傍晚6点钟致苏尔特大将书：我的表兄弟，我相信拉纳大将是今日攻扎尔斐特。原已有过一次很逼迫的炮声，但是只响了两个钟头；我不知是何结果。只要我们的左翼稳固，我们就可以快看热闹了。

12日

凌晨4点钟在奥马。命达武大将尽力速向瑙姆堡（Naumburg）前进。

拉纳大将正在向耶拿进行。

致拉纳大将书：我得着你10日的战信，极其欢喜。我听见炮声，就拨一师人向你的方面相助。普鲁士路易王爵之死，似是上天降罚；因为这次战事，实在是他主动的。

从我们所截得函牍看来，敌人是完全不知所措的了。他们日夜地辩论，终无结果。你当晓得我的军队已齐集好了，我是从他们所走的路往德累斯顿和柏林。我们此时的巧妙，就在乎遇敌则攻，分起地打败敌军，且要当他们正在集中的时候，攻打他们。我说遇敌则攻，是指凡在行进中的敌军，并不指敌军已占优胜地位。

早上8点半钟。我正在要骑马往格拉（Gera）。普鲁士是几乎毫无机会的了。普鲁士的军长们是完全的傻子。布伦瑞克向来有名将之称，不晓得他为什么能这样毫无道理地调度军队。

13日

在格拉。凌晨2点钟致皇后书：我的好朋友，我今日在格拉。我的事进行顺利，如我所愿。有上帝帮助，数日之内，普鲁士王的事情就不堪过问了。普鲁士王原是一个好人，我却很可怜他。王后同他都在耶尔福。普鲁士王后若要看打仗，这次却可以饱她的眼福了。我的身体是非常之好。我每日总走六十或七十五英里，或是骑马，或是坐车。我反而比未起身之前胖了。我8点钟就睡，半夜又起来。有时我以为你尚未入睡。

三四日之内，我们将打一仗，我将打胜。因打这一仗，将使我到易北河（Elbe），也许到维斯杜拉河（Vistula）。我将在这里打第二仗。这第二仗也是我打胜。以后……以后……这就够了。我们不必架空中楼阁了。克拉克在一个月之内就要当柏林的驻军司令。将来有人称道你一年之内打过两次仗，一年之内当过维也纳和柏林的驻军司令。

（通告）普鲁士王和王后、布伦瑞克公爵，尚在耶尔福。耶尔福此时在大恐慌之中。他们一面在那里商量，我们的军队一面进行。自从开仗以来，天气是非常之好。大军所过之地，供给是很充足，我们的军人康健精强。军人一日走三十英里，无一个落后的，我们的军队向来无如此时的精壮。

早上9点钟致缪拉书：蒙面纱是居然揭去了。敌军开始向马德堡退却。你同贝尔纳多特所部迅速进行，赶到多尔安堡（Dornburg）。此是一大村庄，在耶拿和瑙姆堡之间。最要紧的是迅速派你的龙骑队和马队到那里。

全数的重装马队和克莱恩（Klein）所部，正在向耶拿进行。我看敌军或者在耶拿试攻拉纳，或者溜走了。倘若敌军攻拉纳，你可从多尔安堡前往援助拉纳。我将于午后2点钟到耶拿。

上午10点钟。敌军果不出我等所料，果被我等所包抄。

晚上在耶拿附近露宿。致内伊大将书：敌军在魏玛和耶拿之间。你催趱所部前进，务于明日早上到耶拿。

14日

在耶拿。奥热罗大将统左翼。

天晓时，拉纳大将务将大炮于每两队之间作临阵排列，如过夜时一样。

护卫军列于高原之后，分为五线。

皇帝将发信号，天晓时人人都要预备好了。

内伊大将部署于高原边上，以备夺得村庄和有余地可以出口时，内伊大将可以前进于拉纳大将之右。

苏尔特大将，将向右出口。

15日

凌晨3点钟。致约瑟芬书：我的好朋友呀！我曾实行许多极妙的方略攻打普鲁士军。我昨日打一个大胜仗。敌军有十五万人，我俘获二万人，夺得一百尊大炮，还有许多军旗。普鲁士王与我对阵，我几乎生擒普鲁士王和王后。最后这两天我都是露宿，我的身体极好。

布伦瑞克公爵、吕歇尔（Ruchel）军长，皆阵亡。普鲁士亨利（Henry）王爵重伤。多数军长和高级军官皆受伤，法国军队损失甚轻。达武大将在瑙姆堡阻止敌军经过，力战终日，击走敌军六万余人。他所部的军队卓著奇功。普鲁士王后为我轻骑所追，她躲藏于魏玛。王后离开魏玛之后三个钟头，我军前锋亦至。

16日

在魏玛。早上7点钟致达武大将书：我的表兄弟，我热诚恭贺你奋勇出力。我惋惜你所失去的勇敢军人，但是他们是死在有体面的战场上。你告诉你所统的军人和军长们，传达我的满意。他们从此以后，永远得我的重视和我的感激。

耶尔福出降，共得一万四千名俘虏，其中有奥伦治（Orange）王爵、姆伦多夫统帅。

17日

皇帝驻跸魏玛宫，即前数日普鲁士王后所住的地方。众人说她煽动战事，原来是真的。普鲁士王后是一个美貌女人，而无知识，不能预先见到她的所作所为的后果。

19日

这次战事的第一目的是已经达到了。萨克森和威斯特伐利亚（West-phalia）和易北河左岸一带地方的普鲁士军队，片甲都无存了。普鲁士军既大败，又被我军穷追一百五十多英里。此时是既无大炮，又无转运的车辆牲口，又无军长，人数比一个星期前不及三分之一。最不良的结果是军心涣散，纪律无存。

20 日

班贝格大公和苏尔特、内伊两个大将，围马德堡。

致苏尔特大将书：你切勿为好运所蛊惑，须要留神防备。

21 日

致贝尔纳多特大将书：你昨日奉命向柯尔比（Kalbe）前进，你却并未实行，皇帝极不满意。皇帝今命你追忆耶拿之战你并未做，皇帝已决定，将使你晓得他的对于此事的意思，因为皇帝向来不愿意因仪文上的空议论，损害他的方略。

22 日

在德绍（Dcssau）。我已渡过易北河。诸事进行顺利。

战后，普鲁士王立刻打发副官送我一信。今日又打发卢凯西尼侯爵来。我令前哨阻止他进来。打发迪罗克去问他要求什么。我正在候他回来。普鲁士王似是立意要讲和。我也愿意讲和。但是讲和也不能阻止我入柏林，我盼望四五日间到柏林。

23 日

在威丁堡。致达武大将书：你布置军队前进，务于 25 日中午入柏林。

致贝尔纳多特大将书：我接到你的信，我的习惯是向来不辩驳已往之事的。因为已往之事已经定局，是不能再改的了。你的所部，并未预战。这样的举动，是可以发生大祸害的。

25 日

在波茨坦（Potsdam）。（通告）皇帝是昨日到的波茨坦，住在宫里。晚上是看新建的莫愁宫和波茨坦左右的地方。皇帝在腓特烈大王的寝宫逗留几时。这所寝宫的铺陈一切，还是同当日腓特烈大王死的时候一样。

26 日

（对军人说）在你们打胜仗的威名未到之先，我已经到波茨坦和柏林了。我们已经俘获敌军六万人，大旗六十五面，其中就有普鲁士王侍卫军的大旗，夺得大炮六十尊，炮台三座，军长二十余名。可惜我们的军人，还有大半很出怨言，说是没得机会放一枪的。

军人们呀！俄国在那里夸口，说他们正在进行，同我们见仗，倒不如我们前去迎敌，省他们多走一半路。

皇帝已经看过腓特烈大王的陵寝，皇帝已经将腓特烈大王的军刀，他的黑鹰勋章的大绶，他的军服的肩带，及七年之战他卫队的大旗，都送交巴黎军人养老院了。

29日

在柏林。霍恩洛厄（Hohenlohe）王爵，带同一万六千步兵、四千骑兵、四十五面大旗、八十四尊大炮投降。普鲁士奥古斯达王爵、施威林（Schwerin）王爵和其他普鲁士军长和侍卫军，都当了俘虏。

30日

计至今日止，我们共夺得敌人军旗一百五十面，其中就有美貌王后亲手绣的军旗。这位美貌王后，今日遗害于普鲁士人，就如古时海伦（Helen）之遗害于特洛伊（Troy）人。

31日

致班贝格大公书：我的兄弟，我庆贺你攻克什切青（Stettin）。你的轻骑若果能如此攻夺多数的炮台，我将来就要遣散我的工程队，熔化我的围攻所用的大炮了。但是你尚未办什么事，你仍然还要擒获布吕歇尔（Blücher）军长和魏玛公爵。他们还有二万五千多人。

11月1日

致拉纳书。你以为我不晓得你的所部曾兼程进行么？你以为我不晓得你调动你的所部很表现出的极大巧妙么？你们都是一群小孩子。到了一定时候，到了一定地方，我自然给你和你的所部以我的满意证据，并表彰你的功绩。

2日

库斯特林（Küstrin）是昨日降的。我军夺得敌炮八十尊，俘虏四千人。

3日

致富歇书：你遣人去请科修斯古，告诉他立刻起程，迅速来见我。但是要极其秘密，且要改名换姓。他要多少钱，你就照数给他。你只管打发波兰人来见我，你能够打发多少，就打发多少。

我们的前哨已经到了波兰边界，是以我要军队，赴援的军队，必要迅速到此，太迟却来不及了。俄军相离尚远，但是也许有两军相遇的可能。

6日

晚上9点钟致皇后书：我接到你的信。你的来信，似乎很不愿意我议论女人的话。我的确是最恨女阴谋家。我是习惯于慈祥温柔婉顺的女人，这种女人是我所欢喜的。倘若这种女人惯坏了我，这却不是我的错，是你的错。但是你将晓得哈茨菲尔德（Hatzfeld）夫人曾表示她为人良善慈祥，我就很好地待她。当我把她丈夫的信给她看的时候，她流泪，坦然说道："是的，这是他的笔迹。"听她读这封信，实在是令人怜悯。我觉得极其心痛。我于是对她说道："你把这封信摔在火里，我就无权伤害你的丈夫了。"她果然把信烧了，就觉得很快乐。从此以后，就并无人麻烦她的丈夫。若是稍迟两个钟头，她的丈夫性命难保。故此你就可以晓得，凡是良善慈心坦白的女人，我是很欢喜的。唯有这种女人与你的性情相似。

9日

致皇后书：我告诉你好消息，马德堡已降。本月7日在吕贝克（Lübeck）地方俘获二万人。这二万人原已脱逃了一个星期。敌人的全军都被我们俘获了。在维斯杜拉河那一边，普鲁士的余部，不及二万人。

吕贝克被班贝格大公、蓬特－科沃（Ponte Carvo）王爵、苏尔特大将所力攻。杀人是杀得极多。翌日，布吕歇尔（原统一万八千人）以及余部投降。

11日

致土耳其奥斯曼帝国苏丹谢里姆三世（Selim）书：最高、最好、最强、最大度、最无敌的皇帝，我的最宝贵、最美、最善的朋友，我祈祷上帝，添你的光荣，添你的权力。

当那一天，我们的仇敌借口我军大败，饬令你割让摩尔达维亚（Moldavia）、沃雷西亚（Wallachia），我正在耶拿地方，打一个大胜仗；从此乘胜前进，又打了许多胜仗。普鲁士的军队，不是被我破坏了，就是被我俘获了。全境都是我的了。我带了三十万人，乘胜穷追，不等到敌人把全数的小邦奉还与你，我是不肯同他们议和的。请你放胆。天命要保存你的帝国，我的使命就是救你的国。我打胜仗所得的效果，我与你分享。现在时候是到了，土耳其必要恢复气力发遣军队，我晓得俄罗斯正在撤兵，向我前进，我要找寻他们，同他们打仗。

1806年11月11日自柏林发

21日

今日宣布封锁英国三岛。凡与三岛贸易和函牍来往，都在严禁之列。

致香巴尼书：在剧院所唱的歌曲，我曾听过，其中有极不好的章节，难道是法国人立意要屈辱文学么？烦你把我的极不高兴的意思，转告卢凯（Lucay）。凡是不配在这所大剧院歌唱的都一律禁止歌唱。前者有一件极应该做的事，却并未曾做。我说的是应该唱雅歌庆贺12月2日的，因为文学原是你的范围内的事，我看你应该注意的。因为他们在大剧院唱的歌，是很屈辱这剧院。

23 日

皇帝终日检阅第四军团的步兵，提升奖赏各营的军人们。

我召集军官们和军人们。我问他们谁立过功，我提升其中能读能写的。

25 日

在库斯特林。我盼望今日可以从前哨得消息。

27 日

在米塞里茨（Miseritz）。午前 2 点钟致约瑟芬书：我入波兰境。米塞里茨就是入境的第一个市镇。今晚我将到波森（Posen）。到了之后，我将派人接你到柏林。当你到柏林之日，就是我从波兰回柏林之日。我身体甚好，天气却不甚佳，一连落了三日雨。

昨日班贝格大公紧追俄军，离华沙（Warsaw）不过一日程。

29 日

在波森。波兰人的性向颇好，他们是很踊跃地编立马队步队。他们表示急于恢复独立。贵族教士农民一心。

12 月 1 日

我明日将赴此地贵族所开的一个舞会。全数的贵妇人都来朝见。自从波兰灭国以来，这是第一次他们预开公家的大宴会。凡是受过教育的，都能说法国话。农民们是很爱法国人。

班贝格大公以十万人守华沙。

2 日

致班贝格大公书：波兰人表现得很审慎，又要求许多条件，才肯明白宣布他们的态度。凡是这种人，都是自私自利的。我们不能够鼓动他们的爱国心。我阅人多矣，颇知人情。我的伟大，并不依赖数千波兰人的扶助。他们原应该趁这个机会激动热心，恢复独立，不该由我先踏第一步。

我颇晓得波尼亚托夫斯基（Poniatowski）的为人，比你晓得清楚些。因为我留心波兰的事，已经有十年了。他比平均的波兰人，还要无定性。这一句话就说完了。在华沙地方，并没得什么人相信他。虽是这样说，我们却不宜得罪他。

至于他所说要立恰尔托雷斯基（Czartorivski）为君主的话，他不过是借此以自重。我老实告诉你吧，俄罗斯向来都不做放弃波兰的梦。

至于其余诸事，我赞成你的办法。愿意办事的爱国者，应给他们差使，不要谈恢复波兰的想法。你要令他们明白，我此来并不是为我自己的人求一个王位，我很有许多王位，分送我家里的人。

（敕令）每逢奥斯特利茨战胜周年之期，每逢耶拿战胜周年之期，都要开一个大音乐会。每次开会必要有一次演说，论军人所必要的属性，要有一次颂词，颂扬死事诸烈，又要设一个文字竞赛，选定最好的短歌、最好最合宜的乐章，在演说词和短歌之中，不许说到皇帝。

致约瑟芬书：今日是奥斯特利茨之捷之周年，我曾到过一个舞会。现时正在下雨，我的身体却好。我爱你，我想你。天气尚未变冷。所有这些波兰女人，都是法国女人。世界上只有一个女人，是我爱恋的，你晓得这个女人么？我能绘画她的像。但是我要把她添上许多美处，然后你才可以认得她。虽是这样说，我实在告诉你吧，我的心只能找许多好话对你说。独居无偶，觉得夜长。

5 日

致那不勒斯王书：把你所有的波兰军官都送到我处。波兰是全境起事，处处招兵。

9 日

致班贝格大公书：你印行多份的宣言书，力劝普鲁士的波兰军人和俄罗斯的波兰军人逃回去，聚集于他们的国旗之下。你要命前哨随处分送这宣言书。

10 日

要的是军靴，要的是军靴，你立刻注意这件事。

致约瑟芬书：我身体尚好。天气常变，我爱恋你，我很想你。宝贝朋友，我与你暂别了。我将写信请你来。我写信给你，我的欢乐，至少也同你来会我的欢乐相同。

12 日

致香巴尼书：文学是要鼓励的。你是文学部的首领。我们的诸派文学，向来是我们法国最出色的，你要设法鼓舞。

晚上 7 点钟。著名的音乐家帕亚尔（Paër）带了他的夫人和布里西（Brizzi）都在这里，每天晚上，他们奏乐娱我。

14 日

致班贝格大公书：你所部有颇多马队，你该能够从普尔塔斯克（Pultusk）至柯尼斯堡（Koenigsberg）冲开一条路。对于敌人的殿军，施以损害；你所部的马队，应该冲散他们，使他们纷乱，不复能成军；令他们以为你有十万骑兵，你不如当众宣布你有十万骑兵。你说到骑兵，总要说有十万人；说到步兵，总要说有五十万人。倘若敌军一退，我的步兵就变作毫无用处，我们只能用骑兵赶上他们。这就是你的事。

15 日

致康巴塞雷斯书。我的表兄弟：我接到你 12 月 4 日的信。我并接到论波兰的小册，似乎论得还好。你试问奥特里夫（d'Hauterive）能写一本小书，名《波兰之三次瓜分》么？你不必白送七百本，还是发卖的好。

致荷兰王路易书：在你国中贸易中心点所流通的英国报告，你全数送来与我。这个封锁，将要毁了许多通商的市镇。如里昂、阿姆斯特丹（Amsterdam）、鹿特丹（Rotterdam）等处是也。这原是一种无定着的程站，我们必定要走过，我们必要抛弃这件事，你要把战船的军需充分地供给，因为这样一来，才可以令英国人忙碌。我的全副力量都是在陆路。我盼望用陆军去征服好望角和苏里南（Surinam）。来来来，你必要振作精神，精神是最要紧的。我们必要打倒懦弱人无智无识人的见解，才可以为一国求得幸福。

19 日

在华沙。我于夜半到华沙。

23 日

在奥古宁（Okunin）附近。命拉纳大将今晚拨轻骑从大桥上过那勒甫（Narew）河。

29 日

在哥里明（Golymin）。致约瑟芬书：宝贝朋友，我只能给你一行的信。我住在一间小粮仓内。我已经打败俄军，夺得他们的辎重，三十尊大炮，六千俘虏。天气很不好，下大雨，泥深没膝。两天之内，我将回华沙，再写信给你。

致康巴塞雷斯书：你读通告就晓得我们大败俄军。假使不是天气太坏，我们所获的胜仗，更要大得多。我看这场战事是完了，敌军已退至低湿地和沙漠地的那边，我快要守冬了。

31 日

在普尔塔斯克。致约瑟芬书：我读你最后给我的信，不禁大笑。你太过虚张波兰美人之美了。

致富歇书：雷努亚德（Raynouard）只要能领悟古人惨剧的精神，他就不难产生好著作。阿特赖迪（Atridaxe）一家的命运不好，那几个英雄虽是罪犯，但不是犯刑事的罪，他们与神人们同分罪恶。在近代的戏剧，这样的意思，是不能用的，只能用古剧的势逼处此的环境。一种政策原可以引到一种大祸，却不必犯实在的罪恶。

倘若谢尼埃（Chénier）任意肆虐，我就要把他流到荒岛上。肆虐的时代已经过去了，你要告诉他谨慎。除此之外，他并无特别权利。

1807 年

1 月 2 日

在华沙。致瓦莱夫斯基（Walewska）伯爵夫人书：我两眼只看见你，我赞美的也只是你，我所愿得的也只是你。我是热烈到不能忍耐了，你一封迅速的回书，就可以使我安定。

3 日

致约瑟芬书：宝贝朋友，我已经接着你的信。你的大失所望，颇感动我。但是一个人不能不顺应环境。美因兹同华沙相隔是很远的。等到诸般事情一定能够任我回柏林，我才可以写信请你到柏林。我想着，你还是回去巴黎的好。巴黎是要你回去的。天气甚坏，我的身体尚好。

4 日

致瓦莱夫斯基伯爵夫人书：是我错了么！你令我不能睡。可怜我的一片热心要崇拜你，我求你赏我一点儿的欢乐，赏我一点儿的快乐，你的回信是这样为难的么？你欠我两封回信了。

6 日

致奥古斯塔公主书：我收到你的来信，为你起见，我已经发号令优待斯特列兹（Strelitz）家族。你的祖母是不会受惊扰的。唯是你的姨母[1]普鲁士王后的举动很不好。但是她今日是极其不幸，我必不再谈她了。你及早写信来告诉我，你生一个大儿子。倘若你生的是个女儿，我们盼望她同你一样的可爱，同你一样的好。父书。

---

① 也许是舅母、伯母或叔母。——译者注

12 日

致瓦莱夫斯基伯爵夫人书：你来呀！你来呀！凡是所有你的欲望，我无不遵办。你若是可怜我的心，我把你的国看得更为宝贵。

14 日

此时波兰诸事，将归一个临时政府管理。等到有和约规定诸事时为止。

15 日

致瓦莱夫斯基伯爵夫人书：玛丽，我的香甜玛丽，我的第一个思想就是想你。我的第一个想念，就是要再见你一面。你要再来呀！你将再来吗？你曾答应过再来的。你要不来，这只鹰就要飞到你那里。

23 日

致约瑟芬书：我是不能让妇女们走这样的路程。这路既不好走，又不太平，且有泥坑。你还是回去巴黎过繁华日子，享快乐吧。也许我不久也回巴黎。你说你嫁一个丈夫，原为的是与丈夫同住。我对你这句话，不禁大笑。我当日不晓得这个意思。我原以为妻是为夫而设的，夫是为国为家而设的，为功名而设的。你要恕我无知。我们男子是当在我们的美貌妇女手中学多少事。

宝贝朋友，我与你暂别了，我求你相信，我很惋惜不能接你来。你要对自己说，这就是证明他看得我如何贵重。

27 日

致博伊勒里（Bouillerie）男爵书：我要你当五厘债票跌到七八以下时，你就买入。你却不要使人晓得是你买入。

敌军的调度似是坚守埃尔平（Elbing）。既是这样，我就拔营，作一个反常的行动。现在似是本尼格森（Bennigsen）军长统领敌军。

28 日

致那不勒斯王书：我的兄弟，我奉到陛下祝愿我欢乐的来信，我不能不为所动。你的命运，我的战功，使我们相隔甚远；你在南方，与地中海为邻，我在北方，与波罗的海为邻。但是联合你我的努力，我们是同趋于相同的结果。你的国既富且庶，得上帝保佑，你的国将变作强大欢乐的国。我盼望你的国物阜民丰，你可以倚赖我的手足之情。

30 日

我今日午前 5 点钟骑马起程。

命大本营立刻起行，要今晚到马库夫（Makow）。

在沙斯涅斯（Przasnysz），敌军既然是追赶蓬特 - 科沃王爵的军团，我们必要紧紧地追随他们，不令他们脱逃。我们今晚将有消息。

31 日

在维伦堡（Willenberg）。全军正在进行。

2 月 1 日

致皇后书：我读你 1 月 20 日的信，令我心痛。你这封信太过颓丧失意了。原因在于你毫无宗教信仰。你说幸福使你快乐，这句话太不慷慨了。你该说他人的幸福，成为我的快乐；这一句话却又缺少夫妇之情。你应该说我丈夫的幸福，成为我的快乐；这一句却又欠母子之情。你该说我的子女的幸福，成为我的快乐；又因为各国，你的丈夫，你的儿女，无光荣却不能欢乐，你就不能对于光荣说不满意的话。约瑟芬，你的心是极好的，你的思想却是薄弱，你的本能是很靠得住的，你的理性却不甚靠得住。

来来来，我们不要再吵嘴；我要你快活，要你知足，我要你不流泪，高高兴兴地听我劝；宝贝朋友，我与你告别了。今晚我要赴前线。

我正在调度军队反抗敌军。倘若他们不迅速退去，我可以截断他们。

2 日

我才读完拉克勒特尔（Lacretelle）所撰的《执政时代历史》。

3 日

在帕森海姆（Passenheim）。计至此时为止，我们接连地逼压敌军后退。我们可以看得出来，我们的举动使敌军恐怖。他们正在设法应付，各方的报告都说敌军后退。

5 日

在施里特（Schlitt）。我正在追逐俄军，我追逐他们，我将逼敌军退至涅曼河（Niemen）那一面。

7 日

在埃劳（Eylau）。6 日的晚上至 7 日的早上，两军有若干部分彼此遥遥在望。敌军是当晚上退却。

到天亮时，法国前锋部队与敌人的后卫军相遇于埃劳和树林之间。有敌军的轻装步兵若干营守住此地，为我军所攻。敌军有一部分被俘。我们早到了埃劳，看见敌军已经成列。

9 日

我们昨日打一大仗，我军得胜。我军损失甚重，敌军的损失比我军更多，却不能安慰我。因为我离本国甚远，我的损失尤其令我心痛。

(通告) 离埃劳小村一两英里之地，有一高原，俯视从平原的出口。苏尔特大将命第四十六、第十八队往攻。我们的军队深入埃劳。敌军在教堂和坟地内暗伏数团人。敌军即在此地点，拼死抵抗。两边血战，死伤皆甚重。到了晚上10点钟，我军获胜，就在那里过夜。

破晓，敌军以大炮急攻埃劳村，及圣西尔所部。皇帝在昨日敌军死守之教堂督战，令奥热罗以侍卫军之大炮四十尊攻对面之山。

当圣西尔及奥热罗正在攻敌之时，适值大雪，对面不能相见。因是两军失其方向，太偏于左，颇有动摇之势。约半个钟头后，天色开朗。班贝格大公亲率马队，辅以贝西埃尔大将所统骑兵，在圣西尔之军面前走过，以攻敌军。此种布阵极其冒险，是向来所未有的。骑兵即以是而立大功，当时因为步队情形，其势亦不得不如此。当下达武所部冲出攻敌军之翼。是日之雪，或停或止，亦曾阻止此军前进，及其进攻。

是日之胜负久而不决，及达武攻克平原，包抄敌军，乃获胜仗。敌军决死，求复阵地，不克乃退。

我军将回营守冬。

14 日

遍地皆是死伤。

18 日

在兰楚堡。我军将归营。我很着急要军队休息一个月或六个星期。

埃劳之战，其始敌军有数位军长自谓获胜。9 日午前，在柯尼斯堡皆相信获胜。

3 月 1 日

在俄斯特罗德。致那不勒斯王书：我的参谋官、营官、军官，不脱衣已有两个月了，且有四个月未脱衣的。我自己亦有两星期不脱靴。我们现时在雪泥之中，既无酒，亦无面包，只食薯及肉。有时进军，有时退军，毫无任何奢侈品。与敌军以白刃或葡萄弹相见，往往受伤军士忍痛在雪车上走一百多里。你们那不勒斯的军队却幸福，在风景极好的地方打仗；有酒有肉，有油有面包，有衣有被，有社会的生活，而且有女人：相形之下，未免不伦。我们破坏了普鲁士君主国之后，我们还要攻打普鲁士的余烬，还要攻打俄罗斯军，攻打卡尔马克斯（Kalmuoks）人及哥萨克（Cossacks）人，这是从前侵罗马帝国的北方部落，我们是认真打仗。我们这样劳苦，有许多得了病。我自己却康健有过于从前，且比从前较胖。

5 日

我极不喜欢《帝国报》上所登之短论。贝尔蒂埃在战场上劳顿时所写的，并不晓得他所写的东西登了报。

11 日

致克拉克军长书：奥帕尔之报告令我发笑。我们可以结论说，这位军官看见敌人的炮火太凶，失了知性；这是该对狄布累说的话。这一场战事，是午后4点钟获胜的，其时达武大将正在以全力与敌军战。我当时亦在敌军炮火之中，但我是不得不如此。一个人不能完全晓得当时情形的，以为胜负未决，原是可能之事，但我却晓得我的军队正在来到，只有落雪的半点钟是着急的。至于说我们法国的军队有一万五千人败退，这是一句毁坏名誉的话。有几个落后的及几辆车，因为听见哥萨克人来攻，故此逃走，于是连累八九百匹马乱跑。这位军官于是夸大其词，说一万五千法兵逃走。假使这位军官从前见过马伦戈及里沃利两次之战，及其他二十场大战，他就晓得军长亲冒炮火及鼓励士卒并不必定为的是战败。无论如何，他所说的全是一派胡言；这个军官大约是不在场，因为我当此一场恶战都是骑马的，并未步行。

12 日

致塔列朗书：我在华沙有三十万人的军粮；从华沙到俄斯特罗德要八日，请你施展神通，每日输送五万人的军粮。只要我有军粮，打败俄人不过是儿戏。我委派你的任务，其要紧过于订议条款多矣。

13 日

天气又冷了。并无新闻——只有不关要紧的前哨的小事。我军正在稍稍歇息。我正要趁此取供给，锁闭但泽港口，且预备兵困该港口。

14 日

与俄国联盟却是一件有价值的事。只有妇人及孺子能够猜度我愿意跑到俄国的沙漠，迷失我自己于沙漠之中。

15 日

《慕尼黑报》说，埃劳之战，俄国得胜。

20 日

致达律书：我接到你 3 月 18 日来信，无论哪一条我都不能与你同意。你宜命全数所雇用的人回来办事。我已经久于打仗了。你应奉令而行，切勿迟疑。你的理论不佳，这三个月来我已经告诉过你了，你却固执于你自己的见解。你说我们能够从耶尔福调回一两个雇员；我的用意却不然，一个都不调回。你应再发你的号令，假使我承受你的理论，我当然不能有六千人在我的军队中了；且假令我照行每一位守台官的理论，我全军就不足以守土。在你一方面的问题，并不是某雇员在某地方合用，而是某雇员在这里比在大本营较为有用么？凡是有过任何战事知识的人，这是很平常的一个问题。无论怎样，即使是人人的见解与我的不同，这却是我的命令。

26 日

我已经写信给警务大臣，要求押解德·斯塔尔夫人回日内瓦，而许其自由赴外国。这一个妇人接连地行她的阴谋，她回来巴黎附近，是违背我的命令。这个妇人就是瘟疫。

27 日

致皇后书：我的宝贝朋友，你的信使我痛苦。你殊可以不必死；你的身体康健，并无合理的原因令你烦恼。今年夏天你可不必作旅行的思想，因为是不可能。我之急于要见你，亦如你之急于要见我，且我亦急于过安静的生活。我不独晓得打仗，我还晓得其他多数的事情，但是责任为先。我一生牺牲一切，牺牲我的安闲、我的利益、我的幸福与我的命运。

致欧仁王爵书：我恭喜你得一郡主。你的夫人未得子，失望么？请你告诉你的夫人说，凡第一胎生女的，至少也有十二个子女。你的女儿应命名约瑟芬。

29 日

致萨瓦里军长书：你即前赴但泽，你这次的使命有两个目的：第一个目的，是于你详细查考之后，将实在情形报告我；第二个目的，是鼓励那位可怜的勒费弗尔大将，他是很烦恼很激动，丧失理性，但取得的效果不佳。

31 日

致康巴塞雷斯书：朱诺写给我的信，常是用颇厚的丧事用纸，当我读他的信的时候，发生极不好的效果，烦你告诉他，这种办法与礼俗不合。凡是写信给高级官长，向来是不表示自己个人的哀感的。

4月2日

在芬肯斯泰（Finkenstein）。我把大本营移到这里，此地粮草丰富，可以养马队。我住在一所极美的城堡；全数的房间都有烟囱，这是极乐意的事。

4日

我今晚驰赴华沙，明日可到。我到彼逗留两日，接见波斯及土耳其的大使，还要布置行政事宜。

致荷兰王书：凡是当人君的第一年治国就得了慈善的大名，到了第二年，必定为百姓所看不起。人君所吹入百姓心里的爱戴，必要是属于英雄的，既令人畏威，又要令人起敬。国人若说这一位人君是一个好人，他的治法必定是失败。

你与王后争吵，全国皆知。你治国所用的视民如子的湿和性质，不如施诸家庭：你治家所用的严厉手段，不如施诸治国。你以军令治你的年轻之妻，当你之妻如同一营的兵。你何妨任由你妻跳舞，使其如愿以偿，你的妻正在好跳舞的时期。我妻今年四十岁，我就在战场中写信给她，劝她去跳舞，而你反盼望你年轻不过二十岁之妻住在尼姑庵里，如同一个乳母，终日洗孩子！你枉用许多精力于你的家庭，却不用足你的力量于国。我因为你自己的利益起见，故此把这种话告诉你。你只配有一个妻室，如同我所知巴黎人所有的。这种女人，当你掉转脸就欺骗你，还叫你不离她的膝下。这不是我的错，因为我曾经如此告诉她。

论到其余的事，你在你自己的国里，原可以做呆子的事，这是可以的，但是我却不愿意你在我的国里也做这样的事。你滥赏你的画像，是人都赏给一幅：有许多人不配得的，都曾经写信告诉我。你不晓得你不应该侵犯我的权力，我觉得甚是不快。我的意思是，凡是我的子民，都不许披挂你的画像，因为我已决计不挂。你若问我有什么理由，我的答话一定是，你尚未有何种事功，可以配他人挂你的画像在胸前。

6日

致康巴塞雷斯书：我接到3月27日你的来信，知悉你身欠康健，不禁惋惜。你若不乱服药，你当然觉得身体较为安适；但是老不肯娶妻的人，当然有这种牢不可破的老习惯。

12 日

致塔列朗书：加尔达内（Gardanne）军长欲往波斯。马雷宜制备国书及训条如下：

从军事观点研究波斯的多数来源，其尤宜考察者，是多数阻碍之为四万法国军队所要推倒者，此是指四万法军，加以波斯及土耳其之助，前进入印度而言。至以波斯之对待英国而言，要力逼波斯不让英国的公文及消息通过，还要阻碍东方印度公司的商业，无所不用其极。

13 日

开挖壕沟攻但泽。倘若我们的火药足用，我盼望一个月攻克这市镇。

14 日

致约瑟夫书：关于那不勒斯的事，你既问我的意见，我必定告诉你，我不喜欢你关闭寺院的谕旨的开头。凡是关于宗教的事，措语应该用宗教名词，不应用哲学名词。这是政治家的大手笔，非作家所有，此种巧妙，全在乎给每一道敕谕以与该事有相关者之特别执笔人之口气和特性。有如一个有学问之僧侣，是赞成禁闭寺院者，当然不照你的谕旨的状态而发表其自己的意思。倘若不加以侮辱，则人将受不幸之事。

19 日

（法记）法国原有史法家，但我可以实说，这些史法家并无任何事功。然而此种的建设未尝无益，但是宜于避免史法家三个字的名词。学者皆承认一位历史学家原是一位裁判官，是后世之机关，若是有其资源的资格，若是有其完备的优点，也难以令人相信定能成为一个好历史学家。其能定制者，不过是从有受过调整的人才之中，造就成专攻一个题目之历史学家。凡此皆是勤劳研究之结果，搜出种种之可靠文件，附以批判性观察之趋向于澄清我们所对于诸多事件之见解。倘能将如是之研究及文件，以妙于叙事之文构成，则此种著作将能类似于历史，而此种著作，当然不是我们向来所用的意义之历史学家。

致富歇书：你试看到我手中之一千零一种之德·斯塔尔夫人的手笔。你从这附寄信中就可以晓得，这位夫人是怎样的一位法国的爱国者。这位夫人今日谄媚贵族，明日又是一个民族主义者，看见这个人的全数嘴脸，都难以抑制怒气。我不必告诉你，这一个可笑的党派当我死后所行的规划，因为你是警部大臣，自必应该全晓得了。

24 日

致杰罗姆王爵书：打仗要认真。你凌晨 1 点钟必须起床。你的军队 2 点钟就执械以待，你必须在当地上接收放哨回来的报告。你必要等到8点钟才好回去，那时当然没有什么新消息了。我留心看你的动作，得胜也不改变这种办法，我现在还不能看见你在打仗。

今天早上，我们的炮队开始攻但泽。他们离城墙不过八十码。

俄帝已到了他的军队中。

26日

我今日骑马行一百多里。

5月4日

致约瑟夫书：杰罗姆王爵办得很好，我很高兴。除非是我看错了，不然的话，他有头等人才的材料。虽是这样说，你可以放心他并不疑心及此，因为我给他书信都常劝勉他。

我对于路易亦颇满意；但是他太过好慈善，这是与王位的尊严很不相宜的。他不甚听我的教导，但我仍接连教导他。阅时既久，他的阅历就要告诉他，他做了许多错误的事。我身体还好。我们看见夏天的先兆了。

10日

致约瑟芬书：我接到你的来信，你说有许多贵女人与我通信，我却不知你这句话是什么意思。我只爱恋我的小约瑟芬，这个约瑟芬又好，又闷气，又喜怒不定，又能很大方地争吵，她无论做什么事都是很大方的，因为她除了吃醋之外都是很迷人的。当她吃醋的时候，她简直地就变了一个小魔鬼。

21日

在土伦地方原该有较好的快舰。我要这条船作纪念，因为这条船是从埃及送我回国的，我要保存这条船，倘若能够办到，我要保存数百年。假令有什么不幸的事发生于这条船，我当然觉得一种迷信的先兆。

26日

但泽已下，我们的军队是今早进城的。

6月5日

内伊大将送信来说，今早6点钟被攻。这是实在进攻么？再过几个钟头我将晓得实在情形。我已经号令马队集中了。不久我们就要行动。

倘若敌军不烦我找寻他们，我觉得很合意。我原有意10日开始调动。

6 日

军队已经调动。敌军是好像不晓得他们自己要做什么，因为他们既让我们攻克但泽之后，他们此时逼近我们的营垒。

晚上 8 点钟敌军将要做什么？当他们占据利伯斯特（Liebstadt）时，是否一面将接连向阿伦斯坦因前进呢？这种举动可以发生几万件奇怪事，我将于一个钟头内到扎尔斐特。

7 日

在扎尔斐特。我现在仍是猜度敌军究竟是什么意向。我今日在摩兰根（Mohrungen）聚集我的步队、马队后备军；我将要尝试赴敌，打一场仗，结束这件事。

致贝尔纳多特书：你将在但泽见着塔列朗。他很害怕，你可以安他的心。

8 日

在赖绍（Reichau）。我今早 8 点钟诈作攻敌。敌军说出有二十尊炮，一万步兵，七八千马队。

13 日

在埃劳。致班贝格大公书：倘若敌军今日在唐诺（Domnau）出现，你仍然可以推苏尔特大将出动向柯尼斯堡，部署达武大将于唐诺及柯尼斯堡之间，以抗敌军前进。

敌军的举动是很无决断的。

午后 3 点钟。致拉纳大将书：我要你的全部在唐诺列阵以待，前哨向弗利德兰。

晚上 9 点钟。致拉纳大将书：我的参谋官才回来。他并未给我充足消息，可以使我判断在弗利德兰冲出的敌军，是大队抑或不过是一小支队。莫蒂埃正在拨动他的马队来助你，此时正在统领全部出动。凌晨 1 点钟，我将派内伊大将往助你，但是此事却要随我可以得到的消息而变。

14 日

在波斯特涅（Posthenen）附近扎营。3 点钟我们听见炮声，敌军是在弗利德兰桥冲出。

（号令）内伊大将领右军辅助乌迪诺大将。拉纳大将领中军，从亥利多夫（Heinrichsdorf）至波斯特涅对过附近。乌迪诺的榴弹队稍偏向左，引诱敌军。拉纳大将展开他的队伍能愈深愈妙，可以成为两线。莫蒂埃大将领左军。维克托军长及侍卫军做准备军，列阵于波斯特涅之后。我在准备军之中。前进必要右翼向前，应由内伊大将先动；他未动之先，等候我的号令。

一到右军前进的时候，炮队必要沿全线按正当方向加倍发火以保护这一翼。

你记性好么？

（马尔博说：陛下，我的记性还好。）今日是6月14日，是哪一场战争的纪念日？

（马伦戈之战的纪念日。）

是的，是的，是马伦戈之战的纪念日。我要去打倒俄国人，如同我从前之打倒奥国人！

15日

在弗利德兰。致皇后书：因为我劳顿极了，我只能写一行的信。我的孩子们很有价值地庆贺马伦戈之战的周年纪念。弗利德兰之战将使我的军队得同等的名誉及荣耀。俄国是全军溃退，我们获得大炮八十尊，俘虏或杀死敌军三万人，有二十五位俄国军长阵亡或受伤或被俘，俄国的侍卫军都被我们击碎了。这一战可以同马伦戈、奥斯特利茨、耶拿齐名，其余情形见于军事报告。我的损失不多，我出奇制敌。我的好朋友，暂别了，我正要上马。

18日

在斯开吉连（Skaisgirren）。我的大本营在这里。我意在向提尔西特前进，倘若敌军胆敢保持自己的地位，我就同敌军开战。

19日

在提尔西特。我的身体健康，军队是极好。

偶然发生一件事令军人们大笑，这是在提尔西特第一次发现的事，我们遇见一群卡尔马克斯人用弓箭作战。

20日

我控制着涅曼河（Niemen）。大约今晚我可以议定停战条款。

22日

停战条约已经签字。

告大军书：军士们呀！6月5日俄军来攻我们分扎的营房。我们消极不动的理由，敌军却误会了。他们后来才晓得睡着的是狮子，可惜他们晓得太迟了。

在古斯特（Guttstadt）、希尔兹堡及最可纪念的弗利德兰诸战，我军打了十天仗，夺得大炮一百二十尊，旗七面，杀伤俘虏敌人六万人，获得敌人的栈库，行军病院，其他病院，柯尼斯堡炮台，港口的三百条船，皆是满装军需的，还有十六万支枪，是英国送来助我们敌人的。

我们从维斯杜拉河边飞到涅曼河边，与飞鹰同样快。在奥斯特利茨你们庆贺加冕的周年纪念日，今年你们又庆贺马伦戈之战的周年纪念。这马伦戈之战，是使第二次联盟之战告终止的。

法国人呀！你们很对得起你们自己，对得起我。你们回法国的时候，满身都是荣耀，是在得了有荣耀的和平条约可以担保永享太平的之后。我们的目的必定达到，我们的国从此可以享太平日子，免于英国的恶毒潜力。我将颁的赏赐可以证明我感谢你们，亲爱的你们。

24 日

俄帝在数里之内，有人来说俄帝欲同我见面。我不甚愿意同他相见，然而我未推辞不见。现在的情形与从前极不同。

迪罗克下午 3 点钟前去为我致候俄帝。

25 日

我刚才与俄帝相见。在涅曼河上搭了一座木筏，在筏上搭一座极华美的帐篷，我们就在这里相见。我很喜欢他，他是一位好看而极好的年轻皇帝，颇有知性，多过常人所忖度者。俄帝将前来提尔亚特暂住。

30 日

俄帝及普鲁士国王都住在这里，每天与我同食。

7 月 3 日

致富歇书：你宜注意不要再攻击俄国，无论直接与间接。我们的政策是宜于与俄国同其轨道，立于持久的基础之上。

5 日

普鲁士王后断然是有才具，有过好教育，有仪表。近十五余年来，其实是王后主政。当我们会谈的时候，无论我如何用尽力量用尽巧妙，王后仍然节制我们所谈的话，总要绕回去她的话柄，也许是她做得太过火了，然而做得十分正当，其状态并不激动反对。其实在她的方面看来却是要紧的事，时间极短，又是极可宝贵的。

我去拜望王后，但是王后用凄惨的腔调迎接我，好像吉米（Chimène）——陛下，公道！公道！马德堡——王后接连这样说，倒叫我极其难为情；后来我要改换地基，[1]我就请王后坐下——唯有这个法子可以打破凄惨景象，因为坐下之后，惨剧就变喜剧了。王后此时戴了一挂珍珠颈圈，我于是就恭维这挂颈圈——说道，真好看的珠子。

6日

普鲁士国的美貌王后今晚同我晚餐。

致俄帝书：我今把我们的议约大臣的为难作一个节略，送交陛下，附一解决为难之办法，望陛下照准，因为我很喜欢听见今日能签押和约。

7日

致约瑟芬书：普鲁士王后昨天同我晚餐。她替她的丈夫要求我让步，我则设法抵御。我唯有尽力地恭维她，而坚持我的政策。王后的态度是很娴雅的。

王后总拿马德堡来麻烦我，她要我应允，我却很客气地不允。炉台上有一朵玫瑰花，我拿去送给她，她缩手不接，说道：倘若是连带马德堡！我立刻答道：这是我送玫瑰花！在此会谈之后，我领她上马车，她要见迪罗克，因为她喜欢迪罗克。于是王后啼哭，说道：我受欺了！

我刚筹好了和约。有人说是我错了，将来要受骗的；然而打仗也打得太久了，必定要天下人享受太平。

9日

我同俄帝相聚已经有二十日。我们今天分手了。我们彼此都应允此后做最好的朋友。

10日

在柯尼斯堡。我暂住在一所老城堡内，此是普鲁士君主国发祥之地。

18日

在德累斯顿。致约瑟芬书：我是昨日午后5点钟到的德累斯顿。我在马车上坐了一百个钟头之久，中途并未下车，我现时在这里是萨克森王的贵客。我很喜欢他。我现在回家已到半路了，你要小心呀！——有一天晚上我回来如同一个吃醋的丈夫一样！

我费了好几年的光阴，用了好几位有才具的大臣，然后把法国的财政改变过来。我看科学家及聪明人，如同看善于调情的女人一样。这种人是值得看的，值得同他们交谈的，但是有一样，切勿从善于调情的女人之中择妻，切勿从科

① 即改用手段之意。——译者注

学家及聪明人之中选大臣。

19 日

致塔列朗书：我们必定要立刻设备封闭西班牙、葡萄牙两国的港口，不与英国通商。你一到巴黎就要知会葡萄牙公使，定于 9 月 1 日，葡萄牙的港口必定要封闭，不与英国通商。

22 日

致欧仁王爵书：我已经接到你递来的教皇书，你应答复教皇如下："神父！我已经将尊座的信呈与皇帝，皇帝从德累斯顿写了一封长信答我，我今引这封信所说的话转告尊座，以便悟解皇帝的意思，亦不致隐瞒实在情形。——我的儿子，神父的信，必定不是神父自己写的，我见得这封信恐吓我。若是别位教皇，我是绝不能忍受的。庇亚士（亦作庇护）第七对基督教世界指斥我，究竟是想做什么！他要禁止我做皇帝么？他想贬我出教么？难道他想象我的军士们的枪从他们的手中跌下来么？不然，他就是想象把白刃交给我的民众，叫他们行刺我么？许多丧心病狂的教皇们，原是天生他们来害人的，已经宣讲过这种不名誉的学理了。也许将来我听说神父打算拿剪子剪我的头发，把我关在和尚庙里，这是无疑的了！难道是他以为 18 世纪回转到从前无知无识禽兽世界的 9 世纪么？难道他当我是好好先生的路易么？

现在的教皇权太大了；教士们原不是治国的；请他学圣彼得、圣保罗及神圣的使徒们的榜样吧，他们是很值得任何一位教皇（学习）。耶稣曾说过他的国不是这个世界的国。教皇们为什么不把恺撒的还恺撒呢？试问宗教的利益，与罗马朝廷的权利，有任何公共之处么？难道说宗教是以无政府、内乱、叛乱做基础的么？这是演讲耶稣道理的么？教皇拿请断于民众来恐吓我。我说句老实话，罗马的朝廷使我忍受许多呆子的把戏，我起首脸上发红觉得可羞；倘若他们一定要在我的几个国内制造扰乱，我不久就要不承认教皇，只承认他是罗马的主教，与我几个国内的主教相等，处于同列之位。我当然毫不迟疑召集巴尔干、意大利、日耳曼、波兰诸民族的教会，开一议会，不要教主，议定诸事，以便保护我的人民以抵抗罗马的妄自尊大的伪命。我的皇帝之位，是得自上帝的，得自民意的；我只对于上帝、对于人民，负责任。我对待罗马，我是自居于查理大帝的地位，不是居于好好先生路易的地位。神父，这封信原意不是叫你看见的。我恳求你停止此次的争执。皇帝的不满意是有理由的。"

你把这封信送与教皇，阿奎尔（Alquier）递信的时候，你通知我。

29 日

在圣克卢宫。我到了巴黎，我的身体康健。一年之前，我曾经安排杰罗姆王爵娶符腾堡的凯瑟琳（Cathrine）郡主。这个月之后，他们就要行结婚礼。

8 月 2 日

除非英国承受俄国的居间调停，不然丹麦就要同英国宣战，不然我与丹麦宣战。

12 日

致香巴尼书：我要你写一封秘密信与梅特涅（Metternich），措语大约如下：“你们维也纳的人，犯了什么眩晕的病呀？有什么敌人恐吓你们呀？你们唤起全国的人民执械以待；你们的王公等到处征兵；假使你们的邻国也做这种事，你们要说什么呢？你们要激生危机么！我们晓得你们并与俄国联盟，英国的帮助是无益于你们的。皇帝并不能晓得你干些什么；计至这个时候，他并无军事的布置。你能秘密地告诉我，这些举动是什么意思！我们如何能够免得危机发生？”

你这封信要写得好听，措语要斟酌，要有分寸，形式是要秘密；但是要他们晓得，清楚将有什么事发生。

26 日

英国人 16 日在丹麦都城不远处登岸。英兵炮攻丹麦都城。

9 月 7 日

在朗布勒特。致欧仁书：你的副官遗失他的公文，他该受刑罚，先拘管他数日。当旅行的时候，副官丢了裤子是情有可原的，但是丢了公文，或是丢了军刀，是法所不能容的。

16 日

致俄帝亚历山大书：承陛下赐我珍裘，谢谢。我并无如此美物酬谢。我今送上瓷器数事，望陛下赏收。

我并无英国消息，不知英国的政策。我正在召集我的战船及小艇队，我想不久我们就可以驱逐英人出海峡。

28 日

在封腾布罗。致驻俄都之萨瓦里军长书：我接到你 9 日的来信。香巴尼正在详细答复。

你现在很能媚妇女，我从前殊不理会。然而，送给你美貌俄国贵妇的饰品，就要寄去，我愿意自己花钱。当你送给她们的时候，你可以对她们说，你写信要这种东西，这封信却是我拆封的，我一定要自己挑选。你是晓得的，我对于饰品是很有眼力的。塔列朗就要送几位男女演员与他们。

内附致皇后信两封。你先要打听明白她们很有礼貌的收受而且答复，随后你才可以送这两封信。

10月1日

致欧仁王爵书。我的儿子：皇后送一座珍宝花冠与总督夫人。我要你找几位珠宝商人估这座花冠的价值，却不要令王妃晓得。你将估价告诉我，我就晓得珠宝商人向来是如何抢劫我。

12日

致香巴尼书：我当作我们与葡萄牙是处于交战的形势。我盼望我的军队于11月1日可以到布尔格斯（Burgos）。倘若西班牙多要军队，只要他们一请，我将派遣朱诺的所部，必定达到大约二万人。

因为英国人也许派兵到葡萄牙都城，我要晓得西班牙派多少兵。但是你要令他们明白不要同前次的战事一样，我们一定要直攻葡萄牙都城。

30日

我在这六个星期之内常打猎。

11月7日

致萨瓦里书：昨日托尔斯泰呈递国书。我终日披挂圣安德鲁大绶带，我待他的特别情形的效果，就是公使团中有几位已经有了抗议。托尔斯泰关于撤退驻扎普鲁士境内之兵，说了一长篇的话。

8日

致朱诺军长书：你得了我最后的公文，我臆定你已经加快前进了，你原前进得太慢，十日是很宝贵的，全数的英国军队及出征丹国都城的军队都已经回英国了。

13日

令第二军团和第一师团从贝云于11月22日出发赴维多利亚，就在那里作驻防的军团，维持与朱诺的交通。

14 日

我必要挖通几条运河：一条从第戎（Dijon）通巴黎，一条从莱茵河通梭恩(Saone)，一条从莱茵河通索恩河（Soheldt）。我以我的帝位的光荣为孤注，以改变我的帝国的外貌。我举办这几件大工程，为我的人民的发达起见，是必要的，为我自己的满意起见，亦是必要的。

我又以为铲除国中的贫困，亦是最要紧最有光荣的事。人生在世，必要留存多少实据，以使后世为纪念。

15 日

致威斯特伐利亚王杰罗姆·拿破仑书：我的兄弟，我在信内附送你所统辖的国的宪法，我征服现在你所统治的国，原有我的权利，这宪法里头，已经包括我抛弃我的权利的条件，你要谨严地遵守。有人告诉你，你的百姓既习惯于为奴隶，将来享受你的许多好处是要忘恩负义的，你却不要听他们的话。日耳曼的民众所盼望的，不是生而为贵族之人，他们所盼望的，是有才能的人，应该有同等的权利享受你的惠顾，得你任用。举凡各种各式的农奴制，及上至君王下至庶民之间的一切阶级，都应该全数扫除净尽。我定的《拿破仑法典》，审案公开，设立陪审员，皆足以表示你的君主国的特色。

23 日

在米兰。我已在米兰有两日了。

24 日

致约瑟夫书：我在曼图亚见着吕西安有数点钟之久，我同他谈话，他的思维与他的说话情状，同我的相差太远，我几乎不能说他要什么。只要他能够休了他的妻，我就不干预他的好恶或他的爱情。

我所提议的如下：叫他答应我把他的女儿送到巴黎，完全交与我，因为一刻都不能缓的了，事态是发生得极快，我必定要完成我的命运。

12 月 6 日

在威尼斯。致维克托大将书：我接到你的信，报告奥古斯塔王爵在柏林行为很不好。我并不诧异，因为他毫无知识，他终日注意德·斯塔尔夫人，自然只能得着不良的想法。你设法叫他晓得，头一次他乱说话，你就把他拘捕了，送到一座城堡里。你并将德·斯塔尔夫人送去安慰他。最没知识的莫过于这些普鲁士王公的了！

致马雷书：我看你的报告，仍然有人谈及诸多话柄，必然令皇后难过的。此诸多话柄都是很不正当的。

17 日

在米兰。今日宣布英国群岛水陆均被封锁。

23 日

致克拉克军长书：命杜邦军长于 1 月 10 日在法拉多利设立大本营，在这里集中军队，静中留神杜罗（Douro）河上的桥，且要布置一支军队在沙拉曼克(Salamanca)，好像是要向葡萄牙京城前进的样子。

命蒙塞大将部署观察师团（大西洋海岸）立刻入西班牙，以便前锋于 1 月 15 日可以到维多利亚。

1808年

1月4日

在巴黎。致杰罗姆书：我见得你提议给莱卡穆斯（Lecamus）、福尔斯腾斯坦（Fürstenstein）产业，并每年四万法郎。我不能想象比你这个提议更无理的了。自从我登位以来，我还从来不敢有这种任意孤行的举动。救过我的性命的人，何止有十个。我给他们的薪俸，也不过是六百法郎。我有好几位大将替我打过十次大胜仗的，满身都是伤痕，我奖赏他们还不如你拟给莱卡穆斯的多。倘若莱卡穆斯每年得四万法郎，我又将怎么样奖赏贝尔蒂埃、拉纳、贝尔纳多特诸位大将呢？这几位大将不知受了多少伤，才能够赢得你今日所登的大宝。

2月2日

致俄帝书：萨瓦里军长刚到此地，我同他谈了好几个钟头，所谈的都是陛下。

有五万人的军队，是俄国人、法国人，以及不多的奥国人，结合而成的，经由土耳其都城前往印度，等到军队一走到幼发拉底（Euphrates）河的时候，英国就要震动，跪下求大陆了。我在达尔马提亚，全预备好了，陛下在多瑙河上也全预备好了。签押条约之后一个月，我们的军队就可以在博斯普鲁斯（Bosporus）之上，这个震动当然达到印度，英国就被我降伏了。

致科兰古书：信内附致俄帝信一件。托尔斯泰写了许多糊涂话回国，是无可以疑的了。前数日我们出猎，他与内伊大将同车，发生争吵，两人居然彼此挑战。这一次托尔斯泰所说的话，有三个要点，是我们已经注意的：第一，我们不久就有战事；第二，俄帝亚历山大太过懦弱；第三，倘若瓜分欧洲，俄国要大分，右达汉堡，左达威尼斯。你可以想象内伊大将可以回答的话，内伊并不晓得现在进行的情形，并不晓得我的计划！其实是俄国无好代表。

你去告诉罗曼索夫（Romanzoff）及俄帝，我倾向于遣大军赴印度，而且是极容易的事。倘若亚历山大帝能到巴黎，我是十分欢喜。倘若他只能来到半路，放罗盘在地图上，注明圣彼得堡与巴黎之间之中点。

12 日

我的军队已入罗马。

20 日

致班贝格大公书：我已派你为我之副，随赴驻扎西班牙的军队。你到了贝云就写信通知诸位军长，你到了，并把训条给他们。

你同西班牙的统将们必要和气，你据了他们的炮台，你唯一的解说就是必要保护我们军队的后路。倘若那瓦（Navarre）总督不肯交炮台，你能用蒙塞的军队取这炮台。

缪拉是一个英雄，亦是一头驴子！

25 日

致狄约能（de Joumon）书：你用最快的法子前往西班牙都城，将我的信递呈西班牙王。你在那里逗留五六日等候回信。你若写信给我，由博阿尔内的信差送来，你只要说天气状况，并不要说任何事物可以令人疑你晓得我的计划。

3 月 5 日

不到一星期，我或者可以动身赴西班牙，我有八万人，离西班牙都城不过一百里。诸举带有三万人，节制葡萄牙及其都城，然而我尚未从大军团中带回一个来巴黎。我有将近三十万人在波兰及在奥德河（Oder）之上。今年的征兵已经召集，我的费用是非常之大！

16 日

致班贝格大公书：你接连说漂亮话安慰国王、和平王、阿斯图里亚（Asturias）王、王后，最重要的就是要到西班牙都城，休整你的军队，采集军需。你说我不久就到，部署及和解诸事。

25 日

我们的把戏已经到了第五幕，不久就到极高点了。

27 日

致荷兰王路易·拿破仑书：我的兄弟，西班牙王刚才退位了，和平王已经被囚了；西班牙都城发生叛乱。我预料班贝格大公带领四万人入都城。情形既是如此，我曾想过命你为西班牙王。你愿意或不愿意，即行复我。

30 日

致班贝格大公书：我接到你的来信及西班牙王的来信。你从群众中救出和平王，我不要他受任何伤害。国王说他要到你营里来。我等候来信说他是平安无事，我才给你训条。你不承认阿斯图里亚王，是很对的。倘若你能办到，你应该送查理七世入伊士古里（Escurial），待以最高礼貌，你并应宣布他仍然统辖西班牙，等到我承认革命为止。全数你所做的事，我都极以为然。

4月5日

在波尔多。我到了这里是出乎众人意料的。

9 日

致班贝格大公书：自我看来，你向来是过于看重西班牙都城的意思。我之所以集合如是之多的军队于西班牙者，并非是服从他们的狂论也。

我很想阿斯图里亚王来迎接我——他若来接，我将在贝云相候。

12 日

我正在起程赴贝云。我等到时候一到，我就到西班牙都城，如从天而降的。

15 日

在贝云。我在此盼望阿斯图里亚王来，他此时自称斐迪南七世，他现时离边界不远。我也盼望不幸的查理四世同他的王后。

17 日

查理四世是 14 日离开伊士古里，他当于今日或明日到布尔格斯，我希望在那里见他。

致缪拉王爵书：倘若那里有骚动，你可以在报上登明，法国军队入西班牙境原是要向非洲出发，皇帝从西班牙都城调动，和平王以为我要游说国王，对于他有不利，是以恐怖，全数的发难，都是从这件事生出来的。

致贝西埃尔大将书：倘若阿斯图里亚王尝试在布尔格斯折回，你就把他拘管，送他到贝云。

18 日

我在这里有十万人暂时编定的。常时操练，每日皆有进步。他们都是二十岁的精壮孩子，我很喜欢他们。

19日

因为我的这一朝及我的帝国的利益起见，绝不能容波旁族当西班牙王！凡是僧徒治国，这个国是很容易征服的！

这件事可以损失我二十万人！

25日

阿斯图里亚王在这里，我很优待他，我在楼梯口迎接他，并不送他到门口。

王及王后再有两天可以到了。和平王今晚到。这个不幸的人颇可怜。有一个月来无时不蹈危机，无时不间于生死之间，这一个月之内，未曾换过内衣，胡子足有七寸长。

26日

致缪拉书：时候到了，你该发现能力。我预料，西班牙都城的人若有蠢动，你是不饶他们的。一个人统带五万兵，就不应该写一封信给太子，如你所写的，也不应该借助于诡计。对于布尔格斯的事，你晓谕军人们的告示是很不好。天呀！假令我要写满四张纸的话，告诉军人们不让他人来缴械，且因为他们有十五个人开炮攻打一群乱民，就要称他们作英雄，我们还有什么时候办事呢？法国人是眼明的，你这样的宣言，总不免为他们所笑，好在你写这种东西，不是从我的学校学来的。你现在乱说许多话，若是遇着危急的时候，你还有什么好说的呢？一日出三次如你所出的告示，就把军队都弄坏了。

致贝西埃尔大将书：22日在桑坦德（Santander）地方发现反对法国人示威的事。你派一个军官去告诉那里的居民人等，若是有人胆敢触动一个法国人，是要受重惩的。我的意思是，只要一听见有极少的无秩序，就派军队带了大炮去洗村。

5月1日

我刚才与王及后相见。他们很愿意在这里。国王见他的儿子们很不喜欢。全数的西班牙人都已经同老王的手接吻，但这位老王好像很不喜欢他们。

阿斯图里亚王是很愚蠢，很好生气，很与法国为仇，以我所晓得的如何驾驭人的知识而言，他这二十四年的阅历并不产生任何影响。

查理王是个好人。他深入人心的印象却是一位诚实慈祥的老家长，无论这种印象是来自他的地位，或来自他所处的环境。王后的心和王后的历史都摆在他的脸上，这一句话都说完了。全非我们所能想象的。他们两位都同我吃饭。

和平王像一条公牛，他颇像达武。

（他伸手出来，我对查理四世说道）请你扶我的手，我是很有力的。（我对王后说）也许陛下以为我走得太快？（王后说：陛下，是的，你的习惯是如此！）

假令此事要我损失八万人，我是不干的；但是不要一万二千人，这不过是儿戏，我不要害人，但是我的政治大车一旦发动，却不如不走进大车所过的地方为妙。

2日

因为阿斯图里亚王殊不肯迁就，结果一定是危机及调停。致缪拉函：我很喜欢查理王及王后，我将送他们到贡比涅（Compiègne）。我打算立那不勒斯王为西班牙王，我提议立你做那不勒斯王或葡萄牙王，你立刻把你的意思告诉我，因为这全盘的事情必定要一日办完。

5日

致阿斯图里亚王书：在今日夜半之前，你若还未承认你的父亲是你的合法的君主，并通知西班牙都城，我就把你当作一个叛贼。

6日

查理王是一个诚实人，是个好人，他用条约把他的西班牙王的全数权利都移交与我。

这件事的最不好的部分已经办了。

12日

在西班牙都城发生叛乱，有三四万人聚在大街上、房舍里，从窗口放枪。侍卫军两队同四五百马队弹压下来，恢复秩序，乱民死者二千余人。

18日

命班贝格大公调动杜邦军长带领其第一师赴加的斯（Cadiz）。

21日

关于离婚的全数说话，实有大害，这是既不正当又有损害。

28日

致德克雷书：我们若是在地中海有十九条战船，在亚得里亚之安科纳有三条，在弗拉申（Flushing）有二十条，在布勒斯特有二十五条，在波尔多有二条，在加的斯及葡萄牙都城有八条，总共七十七条法国船。加上在荷兰国港口荷兰王的船十条，丹国船一条，在波罗的海俄国船十二条，在土伦及葡萄牙都城俄国船十一条，西班牙船二十条，总共五十四条。两共是一百三十一条船。假使我们除出波罗的海的十二条，尚有一百一十九条船归我直接节制，又有特克塞尔（Texel）七千人做后盾，安特卫普有二万五千人，布伦有八万人，布勒斯特有三万人，罗里昂（Lorient）及罗奇福特（Rochefort）有一万人，斐洛尔有西班牙兵六千人，葡萄牙都城有三万人，迦太基有二万人，土伦有二万五千人，勒佐有一万五千人，塔兰托有一万五千人。自我看来，这件事好像是下棋，不必多有所求于命运之神，亦不必要求我们水兵的异常巧妙，我们应该得着很好的结果。

31 日

这个大问题的根基是，谁将得土耳其都城?

6月3日

我已发令，要在斯坦达尔用强硬手段。这个市镇要个榜样，因为这次叛乱是很严重的，我们必定要多用人。

7 日

杜邦今日应该到了哥尔多华。

9 日

那不勒斯王今日到这里，他已经被承认为西班牙王，将起程赴西班牙都城。此地原有几位西班牙的达官贵人，他已经受过他们效忠于君主的宣誓，也受过卡斯提尔（Castille）议会代表、印度议会代表、宗教法庭代表的宣誓。

萨拉戈切发生叛乱。

13 日

致缪拉书：我派萨瓦里军长来帮你。我很惋惜你有病。

16 日

勒费弗尔军长找着萨拉戈切的叛军所在，为首的是帕拉福克斯（Palafox），聚众在山上。勒费弗尔军长直攻敌人，打击他，杀伤极多。

17 日

致康巴塞雷斯书：我的表兄弟，我听见富歇家里播传许多非常的谣言。自从谣传离婚以来，我听兄说当他请客的时候常时拿离婚做话柄，我虽已经对他发表我的意见何止十次，他们仍然拿来做话柄。请你告诉富歇，到了这时候，众人应该停止谈论这件事了，这是坏人名誉的事。

30 日

在马拉克（Marracq）。我愿意萨拉戈切赶快投降，这样似乎有大潜力及于西班牙之归顺。

7 月 1 日

有军队从直布罗陀营房向哥尔多华进发，是实有其事，也许是华特尔军长的兵力不够解放杜邦军长。

9 日

致约瑟夫书：你只管欢乐热闹，绝不要疑你为何完全得手。

国王是今早起程的，我护送他到边界。全体的政事会议都跟随他，他们坐了大约一百辆的马车，都是临时预备的。

13 日

杜邦有许多军队，过于其所需。即使他打败仗，损失当不至甚重。

17 日

皇帝想办一个行营的书库，要有一千本书。皇帝又想巴俾亚（Barbier）着手办下列的事：从古时克拉苏至 18 世纪，将有所曾经在幼发拉底河流区域打过的仗编辑起来，在合用的地图上，将每支军队所走的路，将古今的地名、重要市镇的名标示图上，还要从原始来源编辑每次用兵的地理及历史详细情形。

致约阿希姆 · 缪拉书（时为西西里王）：我的兄弟，我接着你的信。我很喜欢矿泉有益于你的身体。

我有好消息告诉你。

18 日

我军与古伊斯特（Cuesta）军长，带领三万五千人相遇。早上 6 点钟贝西埃尔大将以一万五千人攻败之。据有其地，俘数千人，杀敌五六千人，夺其全数军火，攻溃敌军。我们军队冲锋时大喊：“皇帝万岁，不留波旁在欧洲。”

19 日

在贝云。致西班牙王约瑟夫 · 波拿巴书：我的兄弟，我们要征服你的国，你听了不必诧异，菲利普五世、查理四世都要征服他们的国，你要振奋精神，不必颓丧，且绝不要片刻疑惑这件事结束得很快，结束得好，有出乎你想象之外者。

25 日

在土鲁斯。奥地利是整军以待，却不肯承认，是以奥国尝试用假面目，蒙他们的不犯而攻，与无希望之攻作为正当之自卫。奥国既然备战，我们也必要备战，是以我发号令加添大军的军额。我要求军队在斯特拉斯堡、美因兹、威塞尔集中。

31 日

在波尔多。致约瑟夫书：我不喜欢你 24 日来信的腔调。这件事并无死的问题，只有打仗及打胜仗的问题。我在西班牙将看见大力神的柱，并非看不见我的权力的界限。我一生打仗，并未看见过怯懦有如西班牙兵的。

你必要帮助杜邦。你对于这次事情的结果尽可放心。

8 月 1 日

我从军官的报告就能看出，杜邦的军队将要后退。这件事情是不可思议的。

2 日

禽兽！呆子！懦夫！杜邦因为要保全他的辎重，就把西班牙失丢了！

这是我的军服上一个污点！

3 日

致克拉克军长书：内附公文数件是只给你看的；你读公文的时候要看地图，你就可以决断自天地开辟以来是否有过这样无知识、这样愚蠢、这样怯懦的事！这才见得麦克们（Macks）及霍恩洛厄们（Hohenluhes）有理！从杜邦自己的报告看来，凡人都显然能够看得出，这场大事都是他的不可思议的错误的结果。损失了二万精兵，连同这件事不得不发生的影响，致使国王折回法国。这件事影响大局，使我不能亲临西班牙；我派内伊大将去。

致约瑟夫书：你所处之境是出乎你的阅历及出乎你的性格，我闻之甚忧。我的诚实的朋友，杜邦玷污了我们的军旗。这样一件事必定要我到巴黎。我一想到我此时不能在你左右，不能在我的军队之中，实在令我心痛。你须令我晓得你仍然提高你的精神，你的体气还好，习惯于军事——这是一个极好的机会研究军事。

5 日

在罗奇福特。我已命大军的第一团、第六团的骑兵回美因兹。

6 日

有英国的远征军及叛乱，恐吓葡萄牙都城。西班牙军队有一部分已投于英国。情形很吃紧。

16 日

在圣克卢宫。在西班牙现在发生的情形，实是可叹。我的军队不是打过仗的军长们带的，是邮政局的检察员带的。

21 日

朱诺在维米耶罗（Vimiero）战败。

22 日

致波利娜书：可爱的王妃呀！你觉得怎么样，你觉得疲乏么？今天做什么？

致达武大将书：因为英国已派重兵在西班牙登岸，我将大军的第一团、第六团及第三师骑兵调回，以便今冬完全征服该国。杜邦玷辱了我们的军队；他的愚蠢，唯有他的怯懦能相等。你若得着详细情形时，你的头发都要竖起来。我将要好好地公道待他们，倘若他们已经污辱我们的军服，他们要替我们洗干净。

29 日

俄奥两国已经承认西班牙王。10 月间将无事发生，这是显然易见的事。至于今年冬天酝酿什么事，等到明春始炸，这又是另一件事——世事就是如此，成与毁而已。

30 日

（论西班牙战事）作战的原理要久于阅历，乃有所得；当大将的必须指挥过许多攻敌的行动，乃能体会极小的事如何能鼓励军心，或令军人胆寒，得这样效果或得那样效果。当作战的时候，人数多算不了什么，而什么都只靠一个人。

9 月 3 日

致克利特（Cretet）书：晓示梅斯市，当军队经过时犒军。因为这市镇花不起这许多钱，我发给每人三法郎，但要仍以本市名义。我要你训谕军队经过的路线的地方官们优待军队，竭他们的能力维持军人们的忠诚，维持他们的荣耀。我盼望我的国民对军队演说、唱歌、演戏，任由军人入座听戏。

14 日

俄帝与我相会于耶尔福，会商欧洲大事，商讨停止世界的不安，恢复普通的太平。

17 日

致克利特书：请在巴黎编制歌曲送往各重要市镇；这些歌曲是要宣布我们军队打过胜仗的荣耀，将来仍须要得的荣耀，及将来战胜所得的海面自由。当宴请军队时，要唱新编的歌曲。你须编制三套歌曲，以免军人们常听重复的。

18 日

（布告）军人们，当你们已经在多瑙河及维斯杜拉河的两岸大获胜仗之后，你们疾驰走过德意志。我今命你们穿过法国，不让他们有片刻的歇息。

军人们呀，我要你们出力。利奥波德的丑恶鬼影污了西班牙及葡萄牙的大陆，我必定要他一见你们就要逃走。我们将把我们得胜的鹰旗插在赫拉克勒斯（Hercules）（亦称大力神）柱之上，我们在这里还要洗刷我们的耻辱。

军人们，你们曾经得过当代军队的所有荣誉了，但是你们曾否与罗马军队的盛名相等？罗马军队第一次的出征，就在莱茵河、幼发拉底河、伊利里亚（Illyria）、塔古斯河（Tagus）都大获胜仗。

27 日

在耶尔福。我今早 9 点钟到此。

29 日

你们的俄帝亚历山大执拗如同一个蛔子一样的！——这次西班牙的事件很费我的力，使我损失甚大！

10 月 1 日

致俄帝书：你提议我所应做的事，其实表现一种让与的政策；假使我照行，欧洲将当我是个小孩子。你提议我该抛弃我的唯一地位，倘若奥国当我的军队在欧洲南部之时攻我，我从此地可以旁抄恐吓奥国，这是一位朋友、一位联盟的所为么？你若绝对逼我撤退法国驻防普鲁士的军队，我将应允，但我若应允，我就不入西班牙，我先要解决奥国的事。

3 日

耶尔福很热闹。

5 日

致皇后书：会谈终日与我的伤风并无好处。虽是这样说，诸事却很顺手。我喜欢亚历山大，他也应该喜欢我。假令他是个女人，我想我能够使他跪在我脚下。我不久就回来，你要保重你自己，我将盼望你发胖且有好丰采。

9 日

我在耶拿战场打猎刚回来。我们就在我露宿的所在的地方用早膳。

我赴魏玛的舞会。俄帝亚历山大曾跳舞，我却未跳。四十岁年纪就是四十岁!

12 日

(联盟条约) 法国皇帝陛下暨意大利王陛下，全俄罗斯沙皇陛下，欲更为亲密地、更为牢固地联盟，今证实及重订在提尔西特所订的联盟条约。

13 日

致约瑟夫书：这件事你需要我在那里。

19 日

在圣克卢宫。致朱诺军长书：陆军部大臣曾把你的报告呈我阅过，尤其注意的是你 10 月 15 日的信。你并无做过什么不名誉的事。你曾把我的军人、我的军旗、我的大炮，送回我。虽是这样说，我曾经盼望你办得更好。你虽得了条款，却并不是由于你有先见得来，是由于勇气得来，毋怪英国人委派过来签字的军长，我今已公布我以你的举动为然：我今所写者是秘密告诉你一个人。在年终以前，我有意仍派你驻葡萄牙都城。

21 日

贝尔蒂埃今日已起程赴贝云，我数日之内，也要到那里。

22 日

《民法法典》及《商法法典》，及《诉讼法典》都曾著成效。《刑法法典》将于此次开会交立法院。《民法法典》是这一世纪的法典：其中的条文不独主持兼容主义，而且组织它——兼容主义是人的最重要的权利。

自由不过是少数阶级之所需，如是者则有较高等之天赋能力过于众人者。平等则不然，是众人最所乐闻者。

11 月 3 日

在贝云。我刚到此地。我经过某处时是疾驰而过的，我觉得有点疲倦了。

4 日

在托洛萨 (Tolosa)。我将于明日 5 点钟起程，晚上可以到维多利亚。我不肯骑同一匹马走过多于十四五里。我意欲微服入维多利亚，是以将于晚上到那里。我到的消息迟至早上才发布。9 点钟时候可以放六十响贺炮。

7 日

在维多利亚。每日都有军队进来。侍卫军今天到了，我忙得很。

10 日

在古布（Cubo）。晚上 8 点钟致西班牙王约瑟夫 · 波拿巴书：我的兄弟！我将于凌晨 1 点钟起程以便破晓前到布尔格斯；我将在那里布置当天的事，因为一个胜仗算不了什么，最要紧的是利用胜仗。

我虽以为不必对于我有什么庆贺，我却以为对于你必定要有庆贺。以我而论，庆贺原与我办军务的人不相配合。无论怎样，我是不要的。我看似乎应该有布尔格斯的代表恭候你，欢迎你。

16 日

在布尔格斯。内伊大将今日攻阿兰达（Aranda），贝西埃尔大将正在向该处前进，将立刻用骑兵满占平原及到西班牙都城的大山为止。

布莱克（Blake）所部的四万五千在伊斯品诺莎（Espinosa）及雷诺莎（Reinosa）两处大败。

18 日

致香巴尼书：我阅过帕特森（Patterson）[①] 小姐的信，她若是把她的孩子送来法国，我喜欢见这孩子，我还可以照应他；至于这位小姐，她要什么都可以。当日我之所以不肯承认她，原是我为政治上的考虑所影响；除此之外我愿意供给她孩子的费用使她满意。其他诸事，由你秘密及用手段办理。

23 日

在阿兰达。我 4 点钟到这里，表面上西班牙都城有严重的骚动。

26 日

杜狄拉（Tudela）之战，完成伊斯品诺莎之战。卡斯坦纳斯所说的安达卢西亚（Andalusia）的军队，帕拉福克斯所统的阿拉贡（Aragon）军队，瓦伦西亚（Valencia）及新卡斯提尔军队皆已被击破，皆已溃散。我军夺得大炮多尊，及多数的俘虏及辎重。

27 日

我六天之内到西班牙都城。

---

① 帕特森小姐即是拿破仑之弟杰罗姆的妍妇。——译者注

30 日

在索莫山脉（Somosierra）山下。（营长皮列说：陛下，不能办。）我不晓得这个字！

（对波兰长矛队说）快跑。夺那地方！

（科兹塔尔斯基说：前进！快跑！皇帝万岁！）

在苏木西拉山顶。

（最后一位濒死的波兰军官，对贝尔蒂埃说：我快死了，那里有许多大炮，你告诉皇帝！你们真配当我的老侍卫军队的军人！我宣布众人，你们是我的最有勇的骑兵！）

（波兰长矛队说：恺撒万岁！）

在布伊时拉戈（Buitrago）。致约瑟夫书：我们见过一仗。有一队九千人在苏木西拉山列陈，又有四千人在塞普尔维达（Sepulveda）。我们击败苏木西拉山上军，夺他们的大炮、五十辆运输车及许多俘虏。

12 月 4 日

在西班牙都城。西班牙都城定约投降，我军正午占据该城。

从此谕旨公布之日起，在西班牙之封建制的税项停止，宗教法庭撤销，这种建设既侵犯君主之权，而且侵犯民治法权。从此后之 1 月 1 日起，两省之间之关税一律撤销，移至边界。

11 日

在查马丁（Chamartin）。致纳夏泰尔王亚历山大书：我的表兄弟！派一位参谋官住塔拉韦拉（Talavera），打听英国人所作所为的消息。

22 日

在西班牙都城。我正在立刻起程调动军队攻打英军，英军似已得有援兵，颇露大胆。

英军的举动，实是异常。我显然见得他们已离开沙拉曼克，也许他们已经送运船于斐洛尔，其意以为退向葡萄牙都城是一件危险的事。

侍卫全军进行。大约 24 日或 25 日可以到法拉多利。

下午在戈德拉马（Guadrrama）山隘。（当大风雪之中，拿破仑跨坐在大炮上过山。军人们说：做苦工的囚犯所受的苦还不如我们所受的，枪毙他，天罚他！）

晚上在伊斯品诺莎。我当天气颇不好的时候，带了一部分的卫军过戈德拉马山。

23 日

在维拉卡斯廷（Villacastin）。致约瑟夫书：英国军队似乎是在法拉多利。你宜在西班牙都城登报说，有二万英军被围，全失败了。

26 日

在杜罗附近。大水泥泞，下雨。倘若今日英军仍在其所列阵之地，是完全无救的了。

（穆尔爵士说：[是时在法拉多列附近] 我在一个马蜂窝里，上帝知道我如何脱险。）

31 日

在贝拉文特（Benavente）。我的前锋在阿斯托加附近。英国军飞跑而退，抛弃军粮及辎重。

1809年

1月1日

在阿斯托加附近，从巴黎来之信差今日到此。

2日

在阿斯托加。我们在路上看见有八百匹死马及许多行李，带有军粮。侍卫军回去贝纳文特，我返回较为接近于我的军队的中心点。

6日

在贝纳文特。致约瑟夫书：我谢你与我贺新年。对于欧洲今年可否和平，我尚无希望。我因为殊无希望，故此我昨日签押一通谕旨，加添十万兵。

幸福么？呀！自然是！今日世界，极少有幸福的问题！

7日

在法拉多利。我交三万人与达尔马提亚公爵去追逐英军。

8日

早操。

呀，是的。我晓得，你们都要回去巴黎，恢复你们的恶习气，回去寻找你们姘妇！好吗，我的意思是要留你们在军中等到你们八十岁！

9日

致约瑟芬书：穆斯塔切（Moustache）送来你12月31日给我的信。我的好朋友，我晓得你愁闷，你着急，奥国将不与我打仗。倘若奥国要同我打，我有十五万人在德国，十五万人在莱茵河，有四十万德国人要对付。俄国将不离我的左右。巴黎的群众是疯了。诸事顺手。

我以为必要时我即到巴黎。我警告你，你要留心鬼。终有一天。凌晨2点钟——暂别了。

11 日

我只好暂住法拉多利，巴黎的公文五天可以到这里。此时有土耳其都城的事，有欧洲现时的情形，有意大利、土耳其、莱茵河新编陆军，都阻止我不能离开这里。我回去阿斯托加是很不愿意的。

在操场，（对杜邦的总参谋勒戎德尔军长说）你居然胆敢见我么！你的丧失名誉，写在每个勇敢的军人脸上。在俄罗斯极远的地方，有许多人都替你害羞。你晓得吗？军人在战场只有打仗，是不投降的，若是投降，就该受枪毙。凡是一个军人，都应该晓得如何死法，你投降就是一条大罪！

15 日

致约瑟夫书：欧洲情形强迫我回巴黎三星期。我盼望 1 月 21 日到巴黎。我大约总是骑马快跑。倘若你以为宜于守秘密，你可以守秘密两个星期，就说我到了萨拉戈切。

24 日

在巴黎。我是 23 日早上 8 点钟到巴黎，我身体康健。

28 日

（对塔列朗说）你是个小贼，你是个懦夫，你是个不顾名誉的人，你不相信上帝，[①] 你无人不出卖，你心中没有神圣不可侵犯的事，你连你自己的父亲都可以出卖的！你无韵调或理由，忖度我的西班牙事体是闹糟了。你只配我把你打得粉碎，如同我打碎一块玻璃一样。我实在是很看不起你，不去费事打碎你！

（塔列朗答：很可惜这样一位伟大人物，是这样的无礼！）

29 日

（对梅特涅说）好吗！在维也纳这是一件新鲜事！这是怎么讲！有一个蜘蛛叮了你么？是谁恐吓你？你的目的在什么人？难道你再要放一把火焚烧世界么？

梅特涅已经几乎变作一位政治家了，他说谎说得很好。

（奥地利）要挨打，他将受打，两边脸都要受打。倘若奥帝法兰西斯尝试任何仇视的举动，他不久就要停止当皇帝了，这是显明的事。再过十年，我的帝位将来算是欧洲最古老的朝代了。

---

① 塔列朗原是一位主教。——译者注

2月11日

我的记性装不住一句诗，但是绝不会忘记军队报告的每一个字。我时常知道我的军队在什么地方。我喜观悲剧；但是假令在我之左是世界的全数悲剧，在我之右是军队的报告，我是绝不愿意看悲剧一眼的。我用全副精神读军队的报告，是一字不漏的。

3月9日

我将最好的军队交与约瑟夫，我正在独自起程赴维也纳，随带少量新兵，我的名姓和我的长靴。

14日

在朗布勒特。致巴伐利亚国王约瑟夫书：我的兄弟！倘若果有战事发生，你必定提起精神用你的军队。太子虽有自然的禀赋，表现出与常人不同，向未带兵临阵，是以不宜统领军队。假使我无一位稳定有才的统领在这四万人之上，我就是令我自己失去你这四万人了。我已经挑选一位老将，但泽公爵，统领这四万人。此时巴伐利亚的陆军太多，环境又是太严峻。我不能不对陛下开诚布公地说，当太子经过六七战得了升擢之后，将可以配当统领了。

23日

在巴黎。有一位法国军官在布罗诺地方被拘留，他所带的公文，虽然有法国的封印，被奥国人用强力夺去。

24日

侍卫军全数的步队坐车从西班牙回来巴黎。

30日

我意欲迁大本营于雷根斯堡，在此集中全军。

4月10日

致梅特涅的公文被我们截住。梅特涅又要求护照，这两件事显然表示奥国是将要开战；倘若奥国不是已经开战，倘若奥国在15日之前进攻，诸事都要折回莱希（Lech）。

12日

致纳夏泰尔王书：晚上8点钟，旗语告我以你的公文的前半段，从此看来，按照奥托（Otto）的信，奥国军队是已经渡了因（Inn）河宣战了，我两个钟头内出发。

15 日

在斯特拉斯堡。一个钟头之内，我将渡莱茵河。

16 日

在路易堡。致纳夏泰尔王亚历山大书：我接到你的公文说你调动乌迪诺的军队赴雷根斯堡。你这样地分散我的兵力，使我的兵力薄弱，你却并未说明你的理由。

17 日

在多瑙维茨。凌晨 4 点钟我关于奥尔施泰特公爵此时在什么地方，绝对毫无所知。

据事情看来，但泽公爵是向艾森菲尔德（Eisenfeld）退兵。

早上 8 点钟致但泽公书：你告诉我你的私见，敌军大队在什么地方？

早上 10 点钟致奥尔施泰特公书：我刚到多瑙维茨。我听说你在雷根斯堡。我的用意常是集中军队于莱希之后。你领所部靠因戈斯塔特列阵。

致里沃利公爵书：你将于晚上奉命统领全部及乌迪诺之军于凌晨 2 点钟拔队前进。你此番前进的目的是要与其余军队相接，乘敌军举动一有错误，则攻破之。

傍晚 6 点钟致达武书：我自从今早到此之后，我已派萨瓦里军长、我的副官温斯、一位炮队军官、一位巴伐利亚军官到你那里，又曾命符雷德（Wrede）军长、但泽公爵，我亦曾送公文于此两人，将我的见解送与你。此时是傍晚 6 点钟，我差你的副官回去，抄了我的号令带去，这位副官曾答应我早上 6 点钟就可以见你。我们听见炮声从普法芬与弗赖辛（Freising）之间而来。我们现在是彼此相走近。

18 日

凌晨 4 点钟。查理大公似乎是在兰茨胡特（Landshut）- 雷根斯堡防线上走动。

致马塞纳书：我说一句话你就明白全局。查理大公昨日从兰茨胡特带领全军冲向雷根斯堡，他统领三师团，估计有八万人。你就晓得这一掷是很要用气力，很要迅速。

快！活动！活动！全局都靠你！

20日

在和堡（Vohburg）。我骑马赴前哨，自己视察。倘若敌军仍坚守其地位，我将攻之，倘若敌军退后，我则迅速逐之。

21日

在鲁尔（Rohr）。昨日同前日是第二个耶拿。马塞纳下午3点钟应该已经到了兰茨胡特。

22日

在兰茨胡特。中午之前我将到伊拉纳巴（Ergoltsbach）。倘若我听见炮声，这就是一个记号，足以使我进攻。我立意若不是今天，至迟是明天，攻破查理大公的军队。

（号令）里沃利公爵[①]特向埃克米尔（Eokmühl）而进，带领三个师截断敌军。皇帝将与里沃利公爵相会。

24日

皇帝大本营在雷根斯堡。军人们，你们所做的事，没有辜负我的期望！你们以勇气补你们人数的不足。你们很有荣誉感，表现出了恺撒的军人与薛西斯（Xerxes）乌合之众的不同之处。

不过数日之间，我们在坦恩（Thann）、阿本斯堡（Abensberg）、埃克米尔三处血战，及在弗赖辛、兰茨胡特、雷根斯堡等处之战皆大获胜仗。再等不到一个月，我们就到维也纳。

27日

在穆尔多夫（Mühldorf）。我们已经在奥地利。军队每日走长路程。

30日

在布格豪森（Burghausen）。致统领意大利军之欧仁王爵：我对你放弃皮亚韦（Piave）线一事表示可惜。两军对敌，只看见自己的短绌，而不看见敌人的短绌。你应该固守你的防线，等到敌军实行尝试夺皮亚韦的路。

打仗是一件极其严重的事，以自己的名誉及国家的名誉去冒险：有道理的人应该考察自己以断定自己是否合宜。我晓得在意大利你很看不起马塞纳。设使我派他在意大利，当然不能有现今这样的事情发生。马塞纳原是个将才，是我们所佩服的；我们要忘记了他的弱点。凡人都有弱点，我派你统领军队是我

---

① 即马塞纳。——译者注

的错，我原该派你去马塞纳之下带领骑兵。许多法国的国王，还有许多在位的皇帝，往往带一团或一师，受命于一位年老大将之下。我想看，倘若你为敌所穷逼，你应该写信请那不勒斯王来营，他可以把国事交与王后，你就把统领兵权交与那不勒斯王，自己受他的节制：这是一件极正当的事，于军事有益。他曾经打过十六年的仗，军事知识自然比你好，这是显而易见的。你有许多错误，我原不介怀，我之所以不满意者，是你不写信告诉我实在情形。你若写信，我能教导你，在这里指挥你的军事。设使你知道历史，你就晓得讥刺是无用的，往往重大战事，都因为听各军的见解而失败的。

5月4日

在恩斯（Enns）。我昨日渡特劳恩（Traun）河，前此曾打过一仗，我军俘获六千人。

6日

致约瑟芬书：我的宝贝朋友！我接着你的信，子弹虽然打着我，我却并未受伤；子弹从脚筋溜过。我的身体极佳，不必挂怀，我的事情都顺手。

9日

在圣蒲尔登（St. Poelten）。我明天中午将望见维也纳，居民是执戈以待，似乎是要自卫的，我们将可以看见是否再有西班牙都城的事情发生。

12日

在美泉宫。10日我们克城外，今日用炮攻城之后，我们入城。

（谕旨）法国皇帝意大利王，莱茵河联邦会的保护人，拿破仑诏曰：因为法国皇帝大查理，我们有光荣的先帝当其颁给土地与罗马诸主教的时候，原是作为采地以利于其国。罗马因其所得的赏赐，仍然不失其为帝国的一部分。又因朕为和解朕的军队的平安起见，为朕的人民平安及发达起见，为调停朕的帝国的尊崇与教皇所要求的政治权利起见，前此所颁的办法并无效果，朕是以颁谕如下：教皇所辖的诸邦，收入于法兰西帝国版图之内。

17日

架桥以渡多瑙河，需用极多物料，现在已经齐集了。我希望于18、19日渡河，在多瑙及摩拉维亚之间分布军队。

19日

在埃伯斯多夫。皇帝希望明日午后大桥可以架好，当日全军可以抵左岸。

20 日

在洛博岛露宿。近处有几个村庄，敌军在其前，又深知地利，又得居民的同情，我们要渡河，原是极其为难之事。

早上 7 点钟。一位参谋官来告诉皇帝，因为多瑙河水大涨，冲没树木及木筏，右岸与洛博岛之间数座桥皆为大水所冲，奥军算是完了。因为此件可悲的事，皇帝是以停止进兵。

敌军有二百尊大炮作后盾，拼死驱逐法国军队。他们的努力终于是徒劳的。他们攻村庄三次，三次皆令村庄死尸堆积。将近傍晚 6 点钟时，蒙蒂贝洛公爵被炮击断一腿，当下我们以为他死了。

23 日

在埃伯斯多夫。致达律伯爵书：今晚大部分的军队将在岛上，我们要军粮。处于现在的情形，最要紧的是军粮。

28 日

自 26 日晚上到 27 日晚上，我们所架的军桥被大水及磨轮（是抛入河内顺流冲下的）所冲去。今日有一座桥已经修好。

31 日

致皇后约瑟芬书：蒙蒂贝洛公爵今早死了。我损失一个大将，是极其惋惜。无事不有尽头，都是如此！我的宝贝朋友，暂别了，你务必尽你的能力安慰这位大将的寡妇。

有许多重伤员是极其痛苦，倒不如死了为妙。凡人当将死的时候，最舍不得死，极力要求活。拉纳是最勇敢的人；拉纳失去两条腿之后，还是舍不得死，还告诉我那两位外科医生，如此之野蛮对待一位大将，且如是之无礼，是应该受绞刑的。他只要一息尚存，还是依恋我；他只要我，只想及我，这是一种本能！他其实是很爱恋他的年少夫人和他的儿女，过于爱我，但是绝不说及他的妻子。这是因为他不盼望他们相助。但我是他的保护人，我之于他是某种空气及在上位的权力。我是他的神，他正在哀求……

致蒙蒂贝洛公爵夫人（即拉纳夫人）书：我的表亲！拉纳大将在战场受伤，今早身死，我的愁苦，与你的愁苦同深。我损失了我军中最优秀的将官，我损失了一位十六年之久的同袍，我向来当他是我最好的朋友，他的家室及他儿女，永远有我的保护。我因为要你放心，故此写这封信给你，因为我深信唯有这样，能够减轻你所必定觉得的愁苦。

6月5日

在美泉宫。我在这里阅侍卫军操。此军是极好，有六十尊大炮，四千利刃，有一万二千步兵，是全欧洲最精锐的步队。

9日

致杰罗姆·拿破仑，威斯特伐利亚王书：阅历就可以告诉你敌人所播散的谣言与实在的分别，我自用兵十六年以来，向未曾发给相反的号令与军队，因为我总是等候到时机成熟及我悟解了之后，我才起首动作。你不必害怕，并无值得恐怖的事，一切都是徒劳无功的喊叫罢了。

11日

致克拉克军长书：自我看来，我军在西班牙用兵，似乎办理得不好，办理到这样坏，我预料有大失败，除非分给些精神与军队的行动。我们令英军休养太久了，他们有足够时间在葡萄牙成立又一支军队。我们所惧者唯有英军，只有英军将能在数月之后令我们大败，除非我们整顿或可以避免。

12日

我想美泉宫，德文解作美好的泉水。这御苑内的泉射出极适口的清水，我每早必饮，你也喜欢饮清水么?

(营长圣克拉答：陛下，我说实话，我更喜欢饮一杯葡萄酒或香槟酒。)

送营长一百瓶葡萄酒、一百瓶香槟酒。

14日

致富歇伯爵书：我接着这个光棍帕拉福克斯的笔迹模糊的信。我很不喜欢你居然收受这封信。翻译出来，令人知道他在文森兹，你原该不公布的，这个光棍在萨拉戈切用野蛮手段惨杀四千法国人。你随他留住在文森兹，忘记了他，不给他纸笔，使他不能得着法兰西的最可恨的仇人居间替他求情。

16日

致约瑟芬书：14日是马伦戈之捷的纪念日，欧仁在匈牙利与约翰大公对敌，获一胜仗。掳三千人，几尊大炮，四面军旗，追敌军至往巴登大路。

17日

致约阿希姆·缪拉书：我接到陛下6月8日来书，我很想你来这里。但论现在情形，你不如仍然在那里，不要离那不勒斯太远。再过一场战事之后，那时候在你那一方向的大局就可以安定，就可以叫你入军队。

20 日

致欧仁书：讯问俘虏的妙术，原是从阅历及习于作战得来。俘虏说的话，从你看来，是毫无意味的；假使是我研讯，我当然可以得到敌人的许多消息。

我的号令一到，你就要起程，参加此次的大战事。

30 日

致富歇书：你要打听究竟是谁指使普鲁士的驻使。他报告他的本国是愚蠢而又无名誉，简直是不可思议的。他是个呆子，抑或是个心怀恶毒的人，抑或是上了巴黎的阴谋家的当！他报告他的政府说，我的位置很危险，法国人不满意于我到了极点，结果就是普鲁士不应再给款。这个人必定是很愚蠢，不然就是居心很不良。

7 月 2 日

在洛博岛。查理大公的军队在对岸列阵以待。我将于 4 日晚渡河。

4 日

查理大公虽挖壕筑垒，我希望上帝助我大败敌军。

晚上 9 点钟。我很喜欢这一场大风。今晚大有利于我军，奥军不能见我们的准备。

6 日

瓦格拉姆（Wagram）之战。致贝尔纳多特书：你如此之不善指挥你的所部，我撤了你的差！

7 日

在埃伯斯多夫。致皇后约瑟芬书：我打发一个近侍送你好消息，就是我于 7 月 5、6 两日有恩格斯多夫（Enzersdorf）及瓦格拉姆之捷。敌军现时正在无秩序地乱退，我们诸事顺手。我的损失颇重，但是胜仗是完全的，又是解决大局的胜仗。我军获得一百尊大炮，十二面军旗，许多俘虏。

我满脸都是风尘之色。暂别了，我的宝贝朋友。我拥抱你，与奥坦斯致意。

8 日

在沃克斯多夫（Wolkersdorf）。我的大本营就在弗朗西斯一世所住的房子，他离战场十二里远的一个望台上观战，他自己就满意了。

我估计敌军用七八百尊大炮攻我们，我有五十五尊，放了十万发的实弹及葡萄弹。

13 日

在茨奈姆（Znaym）。法国皇帝、意大利国王将与奥地利帝立停战条约。

15 日

在美泉宫。贬逐出教的教皇谕旨实在是一件好笑的公文，不值得一阅。

17 日

致杰罗姆书：我看见有一条军令是你签字的，令德国、奥国、法国耻笑你，你做了他们的笑柄，难道说你没得一个朋友告说你实情的么？你是一国之王，又是皇帝的兄弟！在打仗的时候，这种头衔，岂不是一句笑话！你必定要做一个军人，再做也是军人，永远都是一个军人！你必定要同前哨的人露宿，日夜都要在马上，与前锋同前进，打听军情；不然你倒不如仍埋头于你的安乐窝。你打仗如同一位东方的达官贵人，天呀！这些举动，难道是你跟我学的么？——从我学来的么？我带了二十万人，同我的勤务兵同住。

你颇有大志，也有多少悟性，也有几样好处——都为呆气所害，为过于自以为是所害，你无实在知识，你保留多少知识在你身边，以便说几句正当话，写几行正当信。

18 日

此间诸事解决之后，我希望西班牙将不持久，唯恐英军将尝试做多少事，我只能看见那里有极少的有头脑可以维持大局的人。

8 月 3 日

（对波兰代表说）我尽我的能力去做，对于波兰问题我与俄国全数的商议都归无效。俄国晓得很清楚，唯有经由波兰可以攻他的弱点。设使我是俄帝，我绝不答应增加华沙公爵的一寸之地。亦如我之拼命，有十个军团在我之后，以保护比利时。不独如此，我还要招募妇孺编成第十一军团，前去攻敌，以保护法国利益。

我晓得，重建波兰国当可以平均欧洲之势，但是你们要晓得，除非是俄国军队完全歼尽了，不然，俄国是绝不能答应再造波兰国的。此时重建波兰，是我法国做不到的事。我不愿与俄国宣战。

15 日

（谕元老院）诸位元老，朕以为宜正当承认此次战事诸位表兄弟如纳夏泰尔王爵、奥尔施泰特公爵、里沃利公爵的战功。朕今擢升香巴德（Chambord）

为国，称瓦格拉姆国，永远为纳夏泰尔王爵及其子孙所有。擢升布鲁尔堡（Brühl）为国，称为埃克米尔国，永为奥尔施泰特公爵及其子孙所有。擢升图亚尔（Thouars）为国，称为埃斯林（Essling）国，永为里沃利公爵及其子孙所有。

致克拉克军长书：我接到你8日的信，我不确切晓得在西班牙之事，亦不晓得有何举动。国王说有一个月来，他已调动四万人，以抗十万人。你写信告诉他，这原是他自己之错，他们不晓得战术。

27日

阿尔登堡（Altenburg）会议仍然接连进行，但是英人骤攻西兰岛（Zeeland），已经给奥国议约者以新希望，不然也使他们延缓。

9月6日

致富歇书：马雷将所得的全数钞票送与你，你将看见已附有关于此书的谕旨一道，我要你动手制造全份款目的钞票，总数不得超过一亿。奥国前次之所以与我国宣战者，全靠这种纸币。奥国又可以用相同的方法，重新与我开战。既然是这样，我的政策，无论在太平时期，还是在作战时期，我要破坏这种纸币，强逼奥国折回用现金，这就当能自然而然强迫奥国减少兵额，及减轻其疯狂的浪费。奥国原是用这种方法恐吓我疆土的太平。我要你极其秘密地办理这件事。但是我的目的，并不在乎投机或牟利，而在乎政策。只要奥国能够以纸币的信用供给三万万或四万万的军费，欧洲将永无太平之日矣。

10日

在美泉宫。致香巴尼书：我附寄奥帝写给我的信，我不甚明白他这一举的目的，除非是当这一封信是一张护照，以便他的副官到维也纳与我会谈。

副官说，奥帝已宣言他赞成所提议的草约，倾向于牺牲。我答称，奥帝唯最后之人之言是从，再过五六日他又要打仗，又为英国所利用。后来这位副官说及奥国人的演说，且说及联盟的话。我告诉他，奥国常是不肯联盟；我们两国是两条公牛，争得意大利及德国的喜欢；只要奥国的情感仍然是不改，我们两国是不能有和解的一日。

23日

致马雷书：我并不打算以使徒头衔给奥帝，你要使他相信，你晓得，这个头衔是属于德国皇帝的；他既然不是德国皇帝，他就不是使徒，亦如我之不是使徒也；我也是一个基督教人，同他一样的。

30 日

致约阿希姆·缪拉书：我看你不应赏给什么与外交员沙利西提，因为他替你办事的日子未久，你可以作为一条例，凡替你办事未到十年的人都不必颁赏。你所定的规则，外交团的人员不能见你，也不能见王后，却是定得很好。他们都不过是奸细，贪得无厌的，你待他们愈好，他们愈要作践你。俄帝虽然每两星期请科兰古吃饭，成为习惯，我却从来不请库尔拉金（Kourakine）吃饭。你可以定一个宗旨，愈少见外交团愈妙。

10 月 3 日

（注记）学会提议用奥古斯都（Augustus）及格尔马尼库斯（Germanicus）徽号加于皇帝之上。奥古斯都曾打过大胜仗。格尔马尼库斯因为遭逢不幸，颇得罗马人的怜悯，但是他一生的事，也不过尔尔。追忆诸位罗马皇帝的往事，并不能感动钦羡。只有一个人，其性质既与人异，又曾立过有光耀的事功，却不是皇帝，此人即是恺撒。倘若皇帝能想得一个徽号，自为以恺撒为宜。但是从前已经有许多薄弱无能之王，已经糟蹋够这个徽号了——假使有糟蹋之可能——这个徽号，也不能够令人发生追忆。这一位伟大的恺撒，只能令人追忆一群不相干的日耳曼君主，既薄弱无能，又毫无知识，其中并无一个曾留令名于后世者。

皇帝的徽号就是“法兰西人的皇帝”。

10 日

打仗的时候即使是最有本能的军人，也觉得难以估计敌军的人数。大概而言，居多都是易于由本能而张大数目。但若一个军人如此夸张，有如承认虚张的数目作为真数目，则每一位马队营长当其测量敌情时，所见的都是一支全军，每一个轻装步兵的队长，所见的都是大队。我又要申明，当打仗的时候，军心及见解就等于半个胜仗。大将的妙术就在乎摆布他的军队，使敌人望见以为我们的人甚多，敌军的人甚少。是故以今日而论，我军虽然已经在德国甚久，而德人并不知我军的实在数目，我们常常设法张大我军的数目。当我在瓦格拉姆的时候，我并不承认我只有十万人，我常常说我有二十二万人。当我在意大利用兵的时候，我只有不多的人，我却常常地张大我军的数目，却能达我的目的，也未曾减少我的光荣。我的部将及我饱经军事阅历的军人们，当战事过去之后，常能看得出指挥的本事，并能看出我张大我军数目的本能。

12日

今日阅操，有一个十七岁的少年，是耶尔福路德派教士的儿子，要走近我身边。有几位军官拦阻他，当那少年出现慌乱，军官们就犯疑，搜查着他，搜出一把小刀。我命人把他带来见我。

我问他：你要见我做什么？

他答：我要杀你。

我做过什么事加害于你么？谁派你当我的裁判官？

他答：我要停止战事。

你为什么不去见法兰西斯皇帝？

他答：去见他么？为什么去见他？他算不了什么。设使他死了，又有一个继他的位；但是你死之后，就没得法国兵在德国了。

你后悔么？

他答：我不后悔。

你还要做这件事么？

他答：我还要做。

什么？即使我放了你，你还要做么？

致富歇书：这个可怜的孩子，似乎是曾经受过好教育的，他告诉我他要行刺我，就可以免得奥国境内有法国人。我看这个少年心理既无宗教的亦无政治的狂信，他似乎并无显明观念，晓得布鲁特斯（Brutus）① 是什么人。因为他受了扰动，令我不能审问出许多情形，等他安静及挨饿之后，再问他，也许算不了什么大事。

我把这件事的消息送给你，免得外面有人夸大其词。我希望无人谈论这件事；倘若有人谈论，你就传播说这个人是疯子。在操场的时候并无扰乱，我自己还不晓得有什么事情发生。

14日

凌晨2点钟，由香巴尼及列支敦士登（Liechtenstein）签署和约。

15日

在操场拿获身边带有利刃的少年，将受军事法庭审判。

---

① 布鲁特斯，行刺恺撒者。——译者注

21 日

在慕尼黑。致皇后书：我昨日到此，身体康健，我将在斯图加特住一天。当我到封腾布罗时，于二十四个钟头前通知你，我很着急地要见你。

22 日

致皇后书：我的宝贝朋友！我于一个钟头内起程，我将于 26 日或 27 日到封腾布罗。你可以带同几位夫人到那里。

26 日

在封腾布罗。我到了，是上午 10 点钟，天气极好。

11 月 23 日

在巴黎。致克拉克军长书：召集侍卫军开会议，审查账目，将西班牙军务的账目都预备好了。我打算带大约二万五千人随我到西班牙。我要侍卫军预备好，大约 1 月 15 日拔队。

30 日

离婚问题。致约瑟芬书：还是由你本人自由意志办这件事，或是你不愿意这样办？我的主意是打定了！

12 月 1 日

约瑟芬送信给我，说她答应了。当我们正在坐下吃饭的时候，约瑟芬忽大喊，晕过去了。

3 日

我取了托斯卡纳，加入帝国版图。托斯卡纳人民值得变为帝国人，因为他们品性好，因为他们祖宗对于我们常表示亲爱，并且他们很有大功于欧洲的文化。

致皇后书：我的宝贝朋友，我要赴巴黎。我要听见你欢乐。这个星期内我将要见你。我接着你几封信，我将在马车上读你的信。

15 日

致康巴塞雷斯王爵书：我的表兄弟，朕曾命今晚 9 点钟在杜伊勒里宫开一枢密会议。

朕以为在此会议，朕不必亲临相助，是以写这封信告诉你，由你将下列之提议条文交议。

按照首相本月15日所拟定之谕旨，元老院令发谕如下：

拿破仑皇帝与约瑟芬皇后缔结之婚约取消。

离婚礼节，在杜伊勒里宫之政事堂举行，颇能感动人。凡是在场的人无不下泪。

天既命我登法国皇帝的大宝，我的帝国的政策、利益、人民的需要，凡此都是指导我的动作的，都要我传位于我的子女。虽是这样说，我近数年来，失了希望，晓得我深为爱恋的妻约瑟芬皇后，不能有子女。因为这一件事，使我考虑国家的利益，牺牲我的最可宝贵的爱情，取消婚约。我今年四十岁，我还可以希望多活若干年，足以使我以我之思想教育上帝欢喜给我的子女。我此次的牺牲，上帝知之，唯是只要为法国的利益而牺牲，则无论如何牺牲，皆是我的勇气所能做到的。

17日

在特里亚农宫（Trianon）离宫。致皇后约瑟芬书：我的宝贝朋友！你今日不应这样地更为衰弱。你曾经表现过勇气，你必要支持你的勇气：你切勿入于一种危险的愁闷；你必要欢乐，留意于身体健康，对于你的身体健康我是很重视的。倘若你是亲附我，爱恋我，你一定要表示力量。你不能疑我的有恒的及恋爱的交情，设使想象你不欢乐而我却能够欢乐，你就不知我之为人了。暂别了，宝贝朋友，希望你安睡——你要记得我要你安睡。

18日

我的费用是非常之大，我其实必要考虑改良。拿现在的根基来算，我的军队要消耗三倍于法国实现的国帑。

19日

致皇后书：我刚接到你的信。萨瓦里告诉我说你终日只是啼哭。这就是你的错。我希望你今日能出来。我送你我所猎得的野味。等到你让我晓得你较为讲理、你的勇气复原的时候，我就来看你。暂别了，宝贝朋友，我今日也是忧愁不乐，我要听见你心满意足，你已经安定如常。望你安睡。

致奥热罗大将书：我接到的12月11日来信，并赫罗纳（Gerona）有约的降款，这是你的副官交与我的。你的新闻给我两层的欢乐，因为这座炮台的重要，又因为是你夺得的。

22日

致皇后约瑟芬书：我原拟今日来看你的，适因巴伐利亚王刚好到巴黎，我不能不去拜他。我希望明日看你。

27 日

致约瑟芬书：欧仁告诉我你昨天很不快乐。宝贝朋友，这是你错了，与你所答应的话正相反。我再见杜伊勒里宫觉得不耐烦，这一座大宫殿，似是空虚无人，我觉得孤零。

31 日

今日大操，我将见全数我的老侍卫，带着六十列大炮。

致俄帝亚历山大一世书：我的兄弟，我收到你的大臣罗曼索夫第二次的信，很令我不快。这些事情从前已经由我从维也纳所发的信解决过了，何以又折回于这些事情？此后我不知人家要什么，我不能破坏幻想的事，亦不能枪挑天上的云。我让陛下判断，究竟是谁更愿意维持联盟及友谊的话语。一开始疑心，即是已经忘记了耶尔福及提尔西特了。

1810年

1月1日

在巴黎。从此以后教皇必须宣誓效忠于我，一如从前教皇之对查理大帝及对在其前之皇帝宣誓。他们若不先求得允准是不能登位的，因为从前是要皇帝证实的。但对于现时在位之教皇，我无所要求，我也不要他宣誓，连承认将罗马归入法兰西版图我也不要，我用不着。

17 日

在特里亚农宫。致约瑟芬书：我今早打发某君去见你，他对我说自从你到了马尔梅松之后，你是全无勇气了。然而那地方都充满了你我的爱情，这爱情已绝不能改变的，在我的一方面的确是如此，我很想见你；但是我要晓得实在你是很有力量，不薄弱；我自己也有一点相同的感觉，使我很苦恼。暂别了，约瑟芬，望你安睡；你若是疑我，你就是负义。

2月6日

在巴黎。前数日开会发表见解，关于俄国公主及奥国公主。

致香巴尼书：我要你于未睡觉之前按照我的训谕打发专差赴俄罗斯。不要说今晚的会议。明天晚上，当你与施瓦岑贝格（Schwarzenberg）王爵谈判之后你打发第二专差起程，宣布我已决定迎娶奥地利公主。你赴我明天的庆贺仪式，将路易十六的婚约及各文件带来。

7 日

我将要纳后，民众听了喜欢么?

德克雷答：陛下，民众听了很喜欢。

我明白了！——他们以为这只狮子要酣睡了。好吗，他们猜错了。他享受酣睡，与他人相同。但是你看不出来么，虽然我似是时常进攻的，然而我现时所做的事都是自守？

致香巴尼书：请你交付下列的训谕与奥托。因为带婚约的专差于13日可以到维也纳，他可以于14日打发一个专差回头证实是否获批；我们在巴黎，31日就可以收到。纳夏泰尔王爵已经奉派为大使，做求婚的大使，就可以于22日起程；他可以于28日或29日到维也纳，翌日就可以递求婚的书。在他未到之先，奥托当可以解决举行结婚礼的礼节诸问题。结婚日期可以定于3月2日。公主就可在维也纳办完宗教的大庆节，（圣灰节）星期三日就可以动身。

23日

在朗布勒特。我与奥国公主玛丽·路易丝（Maria Louisa）结婚的条约，是16日在维也纳批准的。

致奥国公主玛丽·路易丝书：我的表亲，你高贵的德性，使我愿意服侍你，恭敬你，你可以令我希望，你将以好感对待我此番的举动，求你的父皇将你的一生的欢乐交付与我么？你可以令我自鸣得意，你之所以应允者，并不是完全取决于你遵奉父母之命，及为女的天职么？只要公主愿意表现出偏爱我，我则决定以努力时常令你无事不欢喜，以使我自己迟早能合于你的意思；这就是我的目的，我求公主以好感相待。

3月4日

（对元老院代表说）元老诸君，我很为你们所发表的美意所感动。玛丽·路易丝皇后，将为法国民族的慈母，如是我便欢乐。天命我治理这个亲爱而有感必应的民族，我极其欢乐，我见得我一生所做的事，都有这民族效忠于我，且善待我。

11日

致富歇书：我曾告诉你，禁止报馆对约瑟芬皇后发议论，然而他们只是议论约瑟芬皇后。今日的公报满纸都是这种议论，你须设法使明天的报纸不再登公报的议论。

16日

致香巴尼书：你把赴俄罗斯专差的包封都预备好了，你告诉维琴察公爵，俄国的诸多不满意之词似乎很可笑。告诉他与俄帝直说，俄帝相信其中有同两方面议条款的事，就是对不起我。我晓得的事太多了。绝不做这样的事，只因我显然见得俄帝在自己家庭之中不能做主，且不能按照耶尔福的条约办理，我们才同奥国开始谈判。这次谈判自始至终，不过二十四个钟头就办结了，因为奥国派的大使有全权办理这件事。

20 日

我正在起程赴贡比涅。

28 日

在贡比涅。致奥帝弗朗西斯一世：我的兄弟，我的好父亲，[①] 陛下的令爱是两日之前到此的。公主完全如我所望。当这两天之内，我之所施及所受于她的，全是缔结我们的柔情的凭据。我们彼此都是十分地相投契。我要使她欢乐，我所得的欢乐，皆要感谢陛下。

明日我们起程赴圣克卢宫，4 月 2 日，将在杜伊勒里宫举行结婚大典。

致查理大公书：我的表兄弟，我很要感谢殿下答应在我与玛丽 · 路易丝公主行结婚礼的时候做我的代表。公主是前两日到的。你用我的名义答应公主的事，我已经竭诚重新表示矣。

殿下晓得的，我之钦佩你，是发生于多年之前，原以你的高贵美德及举动作基础的，我要用点纪念以表示我的钦佩，是以请你收受大鹰勋章。我又请你收受奖功的军功勋章，这是我自己戴的，还有二万战功卓著的军人都挂的。大鹰勋章是表示钦佩你是一位能将，军功勋章是表示你是一位有勇的军人。

4 月 21 日

在贡比涅。致皇后约瑟芬书：宝贝朋友，我收到你 4 月 19 日的信。这封信写得欠大雅，我永远都是我，我这样的人是绝不改变的。我听说你打算往马尔梅松。你是欢乐的，我很喜欢；我得你的回信我当能欢乐。我让你判断是你或是我较为讲交情。暂别了，宝贝朋友，你要保重，对待你自己及对待我都要公道。

28 日

致皇后约瑟芬书：切勿听巴黎人的闲话，他们都全是不相干的人，全不晓得实在情形。我对于你的感情，是不能变的，我急于要晓得你心是欢乐的。

---

① 以两国皇帝比肩而言，是兄弟；以与其公主结婚而言，是翁婿。故有此称呼。——译者注

5月20日

在布鲁日。致约瑟芬书：我要看你，倘若你本月底在马尔梅松，我将要来看你，我盼望30日到圣克卢宫。我身体很康健，我所要的就是要你欢乐，要你康健。

23日

在里尔。致荷兰王路易：到了这个时候，我应该晓得你是否实在要成为荷兰国的祸根，是否以你的谬误毁坏荷兰国。我不许你派一位驻使于奥国。我不许你撤退替你办事的法国人。我将不派大使驻荷兰，我只留一位代办。你不必再写语言无味的信给我，我已经听过这种无味的话有三年了。终我之世，这是我末一次写给你的信了。

7月1日

在巴黎。俄罗斯要什么？要打仗么？为什么接连有这许多不满意的话？为什么有这许多侮慢的怀疑？假令我想重建或恢复波兰，我当然就会说，我当然不从德国调回我的军队。俄罗斯要我预备他的倒戈么？俄罗斯哪一天同英国讲和，我就哪一天就对俄罗斯开战。

我不愿恢复波兰，我不愿在河中或沙漠中完结我的命运。我却不宣布波兰国将绝无重建之一日，以免玷污我自己。我不能攻打那些时常表达他们的善意及他们对我不变的爱戴的民众。我不能做这样的事。为波兰人起见，为俄罗斯起见，我苦劝他们安静忍受，但是我不能宣布我是他们的仇敌，且我不能对法国人说，你们要流血，以便将波兰置于俄罗斯的钳制之下。

9月6日

在圣克卢宫。致瑞典王查理十三书：我的兄弟，洛森伯爵交来你8月21日的信，陛下告诉我议院已经选定蓬特-科沃王爵为瑞典储君，今请我允准他承受此位。我对于听到这种消息没有做任何准备。然而我却看重瑞典人民给予我的人民及我的军队的敬重之情。我允准蓬特-科沃王爵承受陛下及瑞典人民请其承受的大宝。

10月4日

在封腾布罗。陈列于莱比锡（Leipzig）赛会场的殖民地出产，是用七百辆车经过俄罗斯而来的。这就是说，今日的殖民地出产的全数贸易，皆是经过俄罗斯的，而且那一千二百余条商船挂着瑞典、葡萄牙、西班牙及美国国旗的，及二十条英国兵船所保护的，有些是在俄国卸货的。

---

23 日

在巴黎。致萨瓦里军长书：今日的《帝国报》说我在维也纳定制奥帝的石像，将来无疑是安置在巴黎人众的大街上。你切勿忘了告诉亚田（Étienne），此后他若再让这种东西登在报上，我就革了他的该报主任之职。

德国人向来是有名的呆子，亚田是应该晓得的。为什么上了德国人的当？这却是一件怪事。他为什么不根据德国人的话说我同路易丝公主的花鞋接吻，这位公主是我向来所不认得的。因为这是极其无理的一件事，是以就有人喜欢登报。我做什么事原是巴黎的报章该登的，不是维也纳的官报该登的。

12 月 5 日

俄国人在德维纳（Dwina）河及德涅斯特（Dniester）河岸筑许多土垒。

致香巴尼书：你于 12 月 15 日送一报告来，叙明莱茵河同盟的兵力，包括华沙邦在内；另一份报告俄罗斯兵力；另又一份报告奥国兵力。

26 日

我们有伦敦的消息至 22 日为止，证明马塞纳仍据守圣塔伦（Santarem），见过几次小仗，英军被击退，威灵顿勋爵退回葡萄牙都城。

1811年

1月5日

皇帝命巴俾亚将他所研究的结果从速送阅，陈明从前的皇帝会否有过停止教皇行使职权或废教皇的事。

昨日举行国务会议的时候，我乘机问波塔利斯伯爵，他曾否看见教皇所造的谣言，在此播散鼓动反叛。这个会议迟疑了一会子之后，承认伯爵曾经见过，于是我免了伯爵的职，不许入会，贬逐他于离巴黎一百余里之外。

2月28日

致俄帝亚历山大书：我派车尔尼雪夫（Tscbernitchef）王爵与陛下请安。我虽晓得陛下不是我的朋友，而我的感情却并未改变；从英国人和欧洲人看来，我们两国联盟是破坏了；即使陛下心里，如同我的心里，仍然有联盟之意，这种远播的见解，是很有大害的。我仍然维持我原来的立场，但是我不能不为这些显现的事实及一宗见解所动。这宗见解即是，只要一旦有机会，陛下就与英国有了谅解，既然，即是等于我们两个帝国开战。

3月9日

致纳夏泰尔王爵书：请你亲笔写一封信与絮歇军长，声明我对于他近来所指挥的战事颇能满意，并应说明我很盼望他迅速攻塔拉哥纳（Tarragona）。他若要得法国大将之职，即在此塔拉哥纳一役矣。

19日

晚上7点钟，皇后请我去。我见她躺在榻上，觉得第一次腹痛。皇后8点钟睡觉，此后觉得腹中甚痛，但是并未到产期。医生们说还要等二十四个钟头，我于是遣散庭臣，并通知诸元老、市政局，及巴黎大牧师。他们原是聚集在这里的，他们也可以散了。

20 日

今早 8 点钟，杜波跑进来，脸无人色，浑身发抖。我对他喊道："她死了么？倘若是死了，我们只好办丧事！"——因为我已经习惯处理重大事情，并不是与大事面面相觑时我受影响，而是事过之后，我受影响。无论我得了什么消息，我都不应该表露在面上。唯是一个钟头之后，我才感受不良的效果。

杜波答称：不是的，但是孩子是横产，不是正产，这是一件极不幸的事，因为妇人生产，只有二千中之一是横产的。我立即跑入皇后内室。皇后叫喊得很可怕。我本来不是心软的人，但是看见皇后受痛苦，我心不能不为之动。杜波这时候是糊涂了，决计要等候科维萨（Corvisart）。此人能壮杜波的胆。蒙蒂贝洛公爵夫人站在旁边如同一个呆子。伊凡（Ivan）及科维萨扶住皇后……

罗马王[①]生下地之后，至少有一分钟才出声的。当我进来的时候，这婴孩睡在地毯上，好像是死的。蒙蒂贝洛公爵夫人要谨守礼节，科维萨把她支出去，其后，搓摩许久之后，这婴孩醒过来，只是他的头已为铁器所碰。皇后自以为必死，皇后深信自己将被牺牲，以保全婴孩。但是我先已说过，宁牺牲孩子，以保全其母。

21 日

孩子很好，皇后亦好，我所能盼望者亦不过如此。皇后稍能安睡，稍能进食。

22 日

蒙日、柏托雷、拉普拉斯三位大科学家，都是彻底地不信上帝的。我相信人从地上出来，受太阳的热气与电流质相合而成。

4 月 2 日

俄帝亚历山大已经与提尔西特的意思相去甚远，[②]每次发动战事，都是发生于俄罗斯。除非俄帝迅速挽回潮流，不然，明年他将为潮流所卷，他自己亦无可奈何，法兰西、俄罗斯两国的利益，亦无可奈何。我屡屡观察事件之进

---

① 此是拿破仑皇帝之太子，生而封罗马王。——译者注

② 指其违背联盟之约。——译者注

行，我就得了阅历，从已往之事推测将来。这件事如同剧院的后台，英国人在里面牵线。

13 日

我已指定 6 月 2 日为罗马王行洗礼。行礼在巴黎圣母院，我与皇后驾临大教堂感谢上帝，行过礼之后，我在巴黎市大楼大宴观灯。此日帝国各处皆唱颂上帝歌。

5 月 27 日

在卡昂（Caen）。我有许多军队在西班牙，我不能派一位全军的总指挥，因为我不能找得着一个人可以当此重任的。

6 月 23 日

在圣克卢宫。送了许多马匹赴西班牙及军队之用，法国的马都用完了。

7 月 5 日

致达武大将书：凡是从瑞典及普鲁士来的殖民地出产必要全数充公，因为都是从英国来的；全数的殖民地出产必要充公，无论是哪里来的，因为全都是从英国来的。你要发号令全数的殖民地出产皆充公，无论是从什么地方来的。

15 日

在特里亚农宫。致马雷书：并无美国船只，全数号称美国船都是英国船，不然亦是替英国租用的；倘若美国公使说不是的，他不晓得他自己说的什么。

8 月 18 日

在巴黎。立贝（Lippe）省诸位代表，蒙斯特（Munster）市是属于一位教会王公的，这是无知无识及迷信的可悯的结果！你们无祖国，上天既使我恢复查理大帝的宝位，上天用自然的行进把你们及荷兰及汉莎同盟诸城市（Hanseatic cities），送回于帝国藩篱之内。自从你们变作法国人之日起，我心里对你们是一视同仁的，对待你们同对待我版图内的其他部分的人并无差别，只要为环境所许，我将极其满意地亲临你们的地方。

9月25日

在查理大帝号船上。船泊弗拉申海，只因为刮大风，我们有三十六个钟头不能与岸上联系，我却如常地食睡。波浪甚大，但下锚的地方甚好。因为风浪较为平静，明日海军大操。

30日

在安特卫普。我凌晨1点钟到此，我很喜欢我的海军的外观、军心及布阵的能力。

11月1日

在威塞尔。玛丽·路易丝皇后只有五十万法郎。皇后是每一星期结账，不要衣服，受种种缺乏，以免欠债。

3日

在杜塞尔多夫。我明日将阅几大队的重骑兵，此后我径直回巴黎。

6日

在科伦。倘若俄罗斯愿意撤兵，我也极愿意撤兵，这就可以安定普鲁士及天下；但俄国必不会表示不悦。两国之间一表示不悦，往往意含开仗。

12月2日

在巴黎。致达武书：我已答复你最后几封信中的一封，德国人诉说你在罗斯托克宣言说过你晓得如何可以阻止德国变作第二个西班牙；又说只要你统军一日，无人敢妄动。西班牙与德国诸省，其间并无相比之处，假令西班牙无六万英兵，无三千余里的海岸，无借自美国的一亿款项，我们早已征服西班牙的了。但在德国则无美国，无海，无多数的炮台，无六万英兵，有何畏惧呢？

我不晓得拉普为什么干预与其无关的事，他为什么要谈论现时在匈牙利发生的事，为什么要谈论莱茵河同盟的见解情状，这时候他与这些地方相离还很远？请他管他自己的事，只要他专注于但泽及其附近地方的报告。我请你再不要送许多狂歌给我看，我的时光是很值钱的，不能看这种废物。难道你打算用从但泽得来的报告，告诉我匈牙利及奥地利的情形么？况且这种报告是得自拉普的，他又是一个浅薄之辈，我看他并不是什么人才，唯在战场时则当别论。其结果就是糟蹋了我许多的时间，用无理的绘图及猜度，扰乱我的想象。

13 日

致德克雷伯爵书：我收到你的信，我不以你的见解为然，我太看重你的功业，不能准你所求，上天及我的意志所为你安排的地位，你不如仍旧不动。你的身体是强健的，足以再帮我十年的忙。

16 日

必须通知莱茵河同盟诸王公，必须再装配他们的马队及准备军员。

侍卫军必须准备出征。

17 日

致萨瓦里军长书：托斯卡纳的报章详载大公爵夫人的所作所为。自然而然巴黎报章常常转载。有一篇曾说法国水军喊道："埃利莎（Eliza）万岁！皇帝万岁！"这件事太令人好笑了！

19 日

皇帝要一篇法文的最详细记载，关于查理十二在波兰及在俄罗斯的战绩。

1812年

1月16日

在巴黎。致纳夏泰尔及瓦格拉姆王爵书：我的表兄弟，凡是属于你部下的军官及属于大本营的，必须在2月15日及3月1日之间，齐集于美因兹。

24日

我打算搜集两千零一十六辆车，四队共成两千四百二十四辆车，四队牛车共成一千二百二十四辆，一队牛车（是为意大利备办的）连三百零六辆，总共十七队，约有六千辆车，载重五千五百吨至六千吨，等于一百万分军面，或足以供给二十万兵两个月的粮食。

2月18日

致马尔蒙大将书：你的兵力多过敌军，何以不攻而反守？你过于调动你的军队，致令他们疲顿，这不是战术。罗德里戈（Ciudad Rodrigo）城被克，将阻止你前进。

19日

致贝西埃尔大将书：令侍卫军第三榴弹队明日出发赴梅斯，不必经过巴黎。这一队要带大炮及车辆。命波兰轻骑明日赴贡比涅。你要守秘密，不要令波兰人晓得是往哪里去。你要留神在晚上拔队，不令军队晓得往哪里去。

21日

命埃克米尔王爵立刻开始行动。

24日

致俄帝亚历山大书：当洛里斯托纳伯爵于本月16日打发信差去后，我决计要同车尔尼雪夫将军谈一谈这最后十五个月诸多不幸的事。每事都应该完全是陛下宜解决的事，我希望陛下永不疑心我急于表示我对于陛下的最高敬礼。

3月28日

致欧仁王爵书（时为意大利总督）：预备一切以便起程，因为三四日之内我将传你来巴黎，且许要你从巴黎直赴格洛高（Glogau），从格洛高到你的所部军队。我必要令你晓得，我于数个月前曾与奥国缔结联盟。奥国与我同宗旨，供给我四万人。

4月23日

致纳夏泰尔王爵书：我们愈趋近于战事了，我们必要增加我们的强固及警觉。我的训谕如下：按照条约的精神，不许普鲁士军长或军官在柏林带兵，城内不许有普鲁士军队，必要为一位法国军长所节制。保固普鲁士的太平，最妙无过于使普鲁士不能有一举动。

贝卢诺（Belluno）公爵对于普鲁士王及其政府，表示最高的敬礼。每逢有大典礼的时候，你可以表示尊敬，至于伪饰之点。

5月4日

致贝尔蒂埃书：星期二你可以将全数关于西班牙的军队诸事交与陆军大臣，以便你可以于星期二晚或星期三起程。

21日

在德累斯顿。我与皇后是前日到这里，奥国皇帝皇后也到了。我盼望在此住几日。我的全军在维斯杜拉。此时并无新发展，两军并未开战。

26日

我或者可以在6月6日开始军事动作，而并不打仗，因为我在普鲁士及大公领地内，尚有6日或8日的进程。

6月5日

在托伦。致克拉克军长书：巴黎的人似乎把军队看作是全部事体的尽头，尝试找出许多借口的话避免从征。召回全数在假的军官，派他们都到前敌来。

托伦炮台似是大乱。

侍卫军集中于此，我盼望明天阅操，以解决几条需办理的问题，前进至马林堡（Marienberg）及但泽。

6 日

致杰罗姆书：我相信我已经告诉你最好如何开战。第一，装作要入沃尔尼亚（Volhynia），在那里尽可能地抗住敌军，当下我在敌军之极右抢出其前。在向圣彼得堡路上赢得十二日至十五日的行程。此次战事的第一目的是在乎渡涅曼河以取维尔纳，我将办到。

等到我们的调动布置揭开了面具之后，敌军将决定下列两办法之一：敌军不是退回内地集中备战，就是进攻。

8 日

在但泽。致约瑟芬书：宝贝朋友，我常是喜欢接你的信。我希望矿泉有益于你，等你回来的时候我很喜欢看你。我将留意于你所说的全数事情。

10 日

在但泽。明日我起程赴柯尼斯堡，12 日凌晨 2 点钟可以到。

13 日

在柯尼斯堡。致贝尔蒂埃书：今日道森军需官有一封信，我转寄与你。这封信发现第二师团缺乏供给的情形，这完全是勒佐公爵及军需处之错。你告诉大将，最要紧的是要能确实担保他的供给。

15 日

我想 22 日或 23 日将放第一响的炮。明日我将迁大本营于威劳（Wehlau）。

16 日

致贝尔蒂埃书：你写信告诉埃尔欣根（Elchingen）公爵，他的师团不应该离开所指定的路行走。他的军队所过的地方，大遭蹂躏。

17 日

在英斯特堡。致欧仁书：你停止前进，听候号令，因为最要紧的事是必定有供给。你告诉我 19 日晚上你有多少面包，我将能够决定号令你前进与否。在这个地方，最要紧的是面包。

致达武书：我预料你有二十五日的军粮。

22 日

皇帝大本营在维古斯基（Wilkowyski）。（谕大军告示）军人们呀！第二次波兰战事开始了！第一次战事，是以弗利德兰及提尔西特为结果。在提尔西特，俄罗斯应允与法兰西永远联盟同攻英国！今日俄罗斯违背条约。俄罗斯始终不肯解说他的怪异行为，非要等到法国的大鹰飞渡莱茵河不可。命运牵掣俄罗斯前进，他的命运必须终结！俄罗斯以为我们退化了么？我们不是从前奥斯特利茨之役的法国兵么？俄罗斯置我们于丧失名誉与开仗之间，我们能犹豫我们选择哪一件么？军士们，前进呀！渡涅曼河，我们入俄罗斯作战！

皇帝号令诸位大将、军长、师长、旅长，及营长们，令军人们维持军纪，阻止蹂躏地方的无秩序行为。

24 日

在科布诺。致纳夏泰尔王爵书：你告诉那不勒斯王，未到沙漠时，不可多带骑兵，又要少用披甲队。他只要驱逐敌军的轻骑兵走开，尝试在维尔纳方向等候消息。

29 日

在维尔纳。我们昨天入维尔纳，敌军于焚烧许多军用品及焚桥之后，弃城而逃。

30 日

我们仍然是很着急地等候我们的运输从提尔西特来。

致达武大将书：这是波迪索尔（Bordesoulle）军长的一张报告，说明多克顿洛夫（Doktonrof）所部师团在奥克米亚纳（Ochmiana）的举动，你试探出俄军的行动方向。

7 月 1 日

致俄帝亚历山大书：陛下在十八个月之内永不肯给我解说，最后则由你的使臣交一公文与我，要我退出普鲁士，作为一种悟解的初步。再过数日这位使臣请我发给护照，凡三次催发护照。从这个时候起，我与陛下处于有战事的情势上。由此一举，陛下就夺去普鲁士的独立，这原是当陛下对我指出科丁山路（Caudine Forks）的时候，陛下愿意保全的。我可怜其贡献如是之条陈于陛下者之罪恶。虽是这样说，我终不许俄罗斯对法兰西用这样的语言。叶卡捷琳娜（Catherine）皇后对波兰末一代的王说这种话，或者可以承受。

是以我们的战事开始，既已有这种深的隔阂，虽上帝亦不能解开；但我却常预备听你提和议，等到陛下脱离你家庭你自己的光荣，及你国的光荣和仇人的影响时，你将见得我与你同心，我与你做平等的朋友。

3 日

侍卫全军在维尔纳，总督的师团在这里。

4 日

致贝尔蒂埃书：写信给埃尔欣根公爵说，他的师团的情形是令人恐怖，告诉他派骑兵小队四出，有参谋官带领，催落后的队伍赶上前。有许多落后的沿途犯事，其结果是将为哥萨克所捕。

7 日

侍卫军必须前进，但是我要等到侍卫军及大本营有了二十日军粮，我才可以放心，因为他们是最后到的，必要做一个严守纪律的榜样。

8 日

我们在这里损失马匹极多，集法国、德国之力，亦不能补足马队的额。

10 日

致贝尔蒂埃书：派一队宪兵往沃罗诺沃（Voronovo），他们去拘捕第三十三队掳掠居民的军人，你们沿途蹂躏得很可怕。

14 日

波兰同盟代表诸君，我很注意听诸君的演说词。文明人以爱国为最高之德，我所处的地位，要调和多数利益，实行许多职责。假令我生于第一、第二、第三次瓜分波兰的时代，我当然令我全国的人民执械以助诸位。我对于贵民族颇有爱感。当十六年之间，在意大利及西班牙战场，都有波兰人在我的身边打仗。

倘若你们能团结一致，你们可以强迫你们的仇敌承认你们的权利。

15 日

敌军攻塞巴斯蒂亚尼的马队，那不勒斯王统领第一师团的一部分及第二和第三军团，及全数马队，在伊卡斯尼（Ikazni）列阵。

15 日

在格鲁布科伊（Glubokoie）。我刚才得到来自特里萨（Drissa）河的消息，敌军已抛弃其所筑垒以守的营盘，他们的举动好像是颇不确定。

22 日

那不勒斯王正向波洛茨克（Polotsk）前进，以其所带的马队蹂躏德维纳河右岸的全境。

致纳夏泰尔王爵书：你答复米尼说，我们每日有二十五吨的面，还说无面包，未免太不在理了。叫他不要诉苦，请他每天早上 4 点钟起床，亲自跑到磨坊，跑到烤面包的大炉去看，每日要够三万人吃的面包。倘若他只管睡，只管乱喊，是得不着面包的。

我们不久有一场大战，要把非常之多的火药及军需都消耗了，我们如何能再供给呢？难道我们必要打发空车回去维尔纳么？这样办，至少也要一个月或六个星期，这些车辆才能够再到前线。

24 日

在卡门。敌军似在维切布斯克（Vitebsk），我军向那里行进。

25 日

在比琴科维奇（Biechenkovitohi）。埃克米尔王爵于 23 日见仗，我未得详细报告。巴格拉季昂尝试夺路冲过，被冲退回。

26 日

我立刻要起程，倘若敌军仍保守其地位，后日将有一战。

29 日

在维切布斯克。敌军四面八方退却，我军追赶不及。

8 月 1 日

盖扬（Guyon）军长的轻骑队已经赶到内维尔（Nevel），不见敌军，总督亦已有散队出来。

2 日

无消息。

6 日

我打算前进，直赴敌军，大约沿聂伯河左岸而进克斯摩棱斯克（Smolensk）。若敌军仍维持其地位，我则逼令开战。

7 日

致巴俾亚书：皇帝想读几本有意味的书，倘有好的新小说，或未读过的旧小说，或有意味的纪传，你可以送来，因为空闲的时候颇多，难以消遣。

10 日

我所得的消息，说敌军全体退去。我们打发散队远出十余里之外，不见敌军。

15 日

在波亚林索瓦（Boyarintsova）露宿。我正在向斯摩棱斯克前进。我们明天可以有一场大战。前锋昨天见仗，击破俄罗斯第二十七师。

18 日

在斯摩棱斯克。我才进来，热气甚盛，尘土又大，令人疲倦。敌人全军都在那里，原奉令打仗的，而不敢战，我们要夺路入斯摩棱斯克。

俄军本来是很怯很不满意的，现时正在向莫斯科而退。

23 日

致蒙特斯古（Montesquiou）伯爵夫人书：我收到罗马王的画像，我看是一幅好画像，我趁这个机会谢你照应他，我表示满意。

致达武大将书：我今晚一接你的信，即令侍卫军前进，若敌军等候我们，我们可以同他们打仗。

26 日

在多洛哥布斯（Dorog bouje）。敌军费了许多事筑土堆及炮台，于表示其要保守该项工作的意向之后，同向来一样，见敌而退。我们到了这市镇，是个颇大的地方，有八间至十间教堂。地方是好的，有人说从此到莫斯科，一路都是肥美之地。天气是极好，不过太热。报告说敌军决计在维亚兹马（Viazma）固守。

29 日

在维亚兹马。我们已经到了维亚兹马。敌军接连退向莫斯科。

9 月 1 日

在维列切沃（Velitchevo）。敌军在那不勒斯王及侍卫军之前之大路上。

2 日

在吉亚茨克（Ghjiatsk）。致纳夏泰尔王爵书：我的表兄弟，令那不勒斯王、埃克米尔王、意大利总督、波尼亚托夫斯基、埃尔欣根公爵，休息一天，以便齐集落后军人，于下午 3 点钟点名，将他们可以临阵的准确人数报告我。

参谋们全是废物，没得一位军官能够正当尽职的，执法长、军需官也是一样。对于行李，你已经奉过我的命令，你要留心看管，我所吩咐焚烧的第一起行李车，不是参谋官的。

3 日

致纳夏泰尔王爵书：你写信告诉统带军团的诸军长们说，因为我们办理供给毫无系统，是以每日损失了许多人；最要紧的是与营长们会商办法，停止毁灭全军的情形。每日为敌军所掳去的总有几百人。我统带法国军队，已经有二十年了，向来未见过这时候军需办得这样坏的，坏到无可希望。没得有个人称职的，派出来的人，既无才能，又无阅历。

7日

在博罗金诺山上。军人们呀！我们盼望打仗，盼望许久了，这时候居然要打仗了！现在全靠你们努力打胜仗，这是最要紧的事。打了胜仗，我们吃的也有了，过冬的地方也有了，又可以赶快回家了。你们从前在奥斯特利茨，在弗利德兰，在维切布斯克，在斯摩棱斯克，都是打胜仗，你们今照从前那样再打胜仗，也好叫后人很自鸣得意地指出你们今日的行为，让他们说道："他是身临前敌，在莫斯科城下大战的。"

8日

博罗金诺之战。博罗金诺之战是最有光荣的，是极其艰难的，是战功最卓著的，无论在古代历史或在现代历史，凡是高卢民族所打过的仗，都比不上我们这一次。无畏的英雄们——缪拉、内伊、波尼亚托夫斯基——这次光荣，我们都要感谢你们！历史可以记载的是如此之伟大如此之最美的事迹！当时我们勇猛的重骑军是如何冲锋、如何斩敌军护炮的炮手的；孟巴仑（Montbrun）、科兰古是如何在光荣之中，求得死所；我们的炮兵，如何毫无遮护地以炮攻击敌军有土垒掩护的大炮队；我们的步队如何在最危急的时候，不独全用不着他们军长谈话，而且对军长说道："我们晓得！你的军队曾经宣誓要征服敌军的，我们将征服敌军！"

奥斯特利茨的俄军当不在博罗金诺的战场被逐。

9日

在摩耶斯克（Mojaisk）。致奥帝弗朗西斯一世书：我乘最早的机会告诉陛下，9月7日在波罗的诺打仗，幸而获胜。我晓得陛下很注意于我的事，我是以亲笔报捷；我并报知我的身体康健。我估计敌军损失四五万人，临阵的有十二三万人。我的损失伤亡约八千人或一万人。我获得六十尊大炮，还有许多俘虏。

10日

我们缺少法国枪；我们在维尔纳、在明斯克、在斯摩棱斯克、在附近战场的庙，都要步枪，以便给予落后的军人及受伤的军人。

13日

在鲍里索夫卡（Borisovka）。我们从摩耶斯克进行不过数里，忽然走到一片沙漠，离世界诸多最大都城之一甚近，会有沙漠，却是可异之事。

军队过沙漠的时候，极感困难。马匹受饥受渴，尤其难行。军人们颇受困苦。

14 日

在莫斯科。我们晚上到莫斯科。

15 日

莫斯科大火开始。

18 日

敌军已渡伏尔加河（Volga），我们正追赶，我们在莫斯科找出极多宝贵品物。莫斯科是很华美的城市，再过二百年俄罗斯也不能恢复他的损失。这次损失必有十亿法郎，这不是过火的话。

20 日

致俄帝亚历山大书：我的兄弟：这座最华美的莫斯科城是不存在了，是罗斯托普钦（Rostopchin）放火烧的。我们当场捕获四百个放火的人，他们都说是奉卫戍司令及巡警总监的命令放火的，我们把他们都枪毙了。大火后来灭了，全城的房屋烧了四分之三，只余四分之一。如此行为，是罪大恶极，而且无目的。烧城的目的是不令我们得有限几种的供给么？好在那几种供给，都在地窖里，大火并未烧到。虽是这样说，焚毁天下最美的一座城，焚毁了几百年的工作，不过因为一个极小的目的，是一件不可思议的事。设使我忖度是陛下发号令放火烧城的，我就不应当写此信与陛下；但我以为，怀抱如是良心、如是感觉、如是高等宗旨如陛下者，断不能命人做此太过惨酷的事，这种事不是大君主及大国所宜做的。

我之所以领军攻陛下者，原非出于仇恨，陛下若当最后一战之前或其后，写数字与我，我当能停止进行，且我亦乐于抛弃入莫斯科之利。倘若我们的交谊仍有若干留存，我望陛下以好意收受我这封信。无论如何，我把莫斯科城里发现的事情告诉陛下，也值得陛下一谢。

诗人虽能善于描写铺叙，火烧特洛伊城的属于想象的详情，比不上火烧莫斯科的实在情形。这城里的建筑都是用木料的，当时风力又猛，救火机都挪去了。照字面说，简直是一片大火海！

23 日

我刚在法国征兵十四万，在意大利征三万。博罗金诺之战，及我军入莫斯科，必不要减轻我们的能力。

10月4日

敌军向基辅（Kief）前进，显然是表明他们盼望摩尔达维亚（Moldavia）军赴援。若前进攻敌，是向他们的后备线工作，而无任何相助的地位。莫斯科此时已毁了，居民也逃了，无益于我们，连我军的病卒伤兵都无处可安插。

若我军退回斯摩棱斯克，当我们做一种似乎像退后的举动，而紧追敌军，冒损失千人之险（敌军深知地利，我军在其前，必遭如是之损失），况且敌军细作又多，又颇多轻骑，这是智者所应为的么？

倘若我们决计折回，在波兰过冬，若立刻从原路回头，是不是最妙之策呢？

5日

致贝尔蒂埃书：我难以相信从莫斯科搬出受伤军人要四十五日。因为我计算过，即使我们什么事都不办，在这四十五天之内，有一部分受伤的人死的死，活的活，我们只要搬运未死的，而且从经历看来，打过仗三个月之后，只有六分之一的伤兵存在，我们算有六千受伤的，三个月之后，只要搬动一千人。我的用意是控制住战线，而搬运受伤军人。

6日

摩尔达维亚的俄军共合三师，于9月初间渡聂伯河，在博罗金诺之战，被我打败的库图佐夫（Koutousoff）军长带领军队，在伏尔加河附近，这就启发他们从摩尔达维亚经由基辅有军队来援。

14日

致贝尔蒂埃书：你送号令与阿布朗泰斯（Abrantes）公爵，于明日，即15日之后，不许前赴莫斯科的军火车轻过，令它们折回斯摩棱斯克。

15日

（谕旨）帝国音乐院要十八个学生，男女各半，预备为法兰西大戏院之用，他们可以学音乐，但是他们应特别研究演说及朗诵术，各执一门，都要勤奋从教授学习。

是此于原有之教授外，应添戏剧艺术教员二人，每日按所定时刻教导学生。又设文法教授、历史教授、神话学教授各一人，凡学生之愿入法兰西大戏院者归其教导。

18 日

致贝尔蒂埃书：你告诉那不勒斯王，全军已经发动。伊斯的利亚（Istria）公爵带领侍卫军的马队进行十余里，然后扎营，我自己今晚起程。

侍卫军在皇帝的大本营四面露宿，成四方阵。

19 日

塞巴斯蒂亚尼军长，扎在那不勒斯王之左，相离约三里，18 日早上 5 点钟，当打盹时，（不设防）为一队哥萨克所乘，失了六尊大炮，敌军的步队于是向那不勒斯之后前进，意欲截击。那不勒斯王亲领枪手及披甲兵击散之。

军队已出动，明日我们将决定轰炸克里姆林，沿伏尔加河或维亚兹马河前进，以便于严寒天气未到时预先过冬。诸事进行得很顺利。

好呀，拉普，我们退回波兰，我将找过冬的好地方，我希望亚历山大将议和。（拉普答：本地人说，我们今年将要过一个极寒的冬天。）

呸！呸！什么本地人！你看看天气有多好！

20 日

在特罗伊茨科伊（Troitzkoie）。命特雷维佐（Treviso）公爵于明日破晓派遣埃克米尔王爵、总督所部的病兵，及失骑的马队、年轻侍卫军出发。凌晨 2 点钟，他将放火烧克里姆林，等到克里姆林有几处烧着的时候，特雷维佐公爵由摩耶斯克大路出动。到 4 点钟的时候，那位专办这件事的炮队军官就轰炸克里姆林，当他在路上时，放火焚烧所有抛弃不用的车辆，尽其可能之力掩埋死尸，将所有看见的枪支都毁坏了。

21 日

在克拉斯莫伊（Krasmoie）。埃尔欣根公爵将统领后军。

23 日

在博罗夫斯克（Borovsk）。本地人看见这后三个星期的天气大为诧异。我们享受的是阳光及可爱的天气，如同游玩封腾布罗时的天气。我军所在的地方是极其膏腴，可与法国及德国最肥美的地相比。

26 日

致贝尔蒂埃书：你写信告诉阿布朗泰斯公爵，俄国的军队已向马洛 - 雅罗斯拉维茨（Malo-Yaroslavetz）进行；敌军前锋到此岸时，我们的军队亦到彼岸；城市是在敌军的那一边，在颇高的高处之上，是以两军于 24 日交战终日。当我们的前锋交战的时候，俄国全军赶上来；在我们的一方面有埃克米尔王爵的军队援助总督的军队；战场仍是我军所据。你又告诉他25日军队展开；俄军与我军相对在马洛－雅罗斯拉维茨之后相离约三四里，但是随军的伤军必要出动，皇帝是以决计向摩耶斯克进行。

30日

在吉亚茨克。大本营的行列将向前进，能进到哪里就是哪里。老侍卫军的一师将终日在这里等候掉队的。

11月1日

在维亚兹马。第八师团将于明日到多洛哥布斯，在那里找住宿处。我们在多洛哥布斯要许多粮食。

3日

在森布沃（Sembvo）。天气仍然甚佳，这是一件极幸的事。

致马雷书：你一定要买马，有多少买多少，最要紧的是立刻买。

5日

在多洛哥布斯。命第五师团明日在总督之后行进，赶赴斯摩棱斯克。

6日

致贝尔蒂埃书：你写信告诉埃克米尔王爵，就说我恐怕今早9点钟，他的师团无粮食，他必要在耶尔维亚（Yelvia）大路从斯摩棱斯克前进三四十里，据说该处地方甚好，粮食充塞。这一动是很有益的，因为斯摩棱斯克并无粮秣。

7日

在米克罗夫克（Mikhailovka）。致贝尔蒂埃书：写下列的信与贝卢诺（Belluno）公爵，不翻暗码：

你2日的信我已呈皇帝阅过。皇帝号令你应集中你六师立刻攻敌，追逐敌军于杜维纳河外，重新占领波洛茨克。

翻出暗码如下：此举是很要紧的，不过几天之内，你的交通点可以被哥萨克如潮水地冲决。军队及皇帝将于明日到斯摩棱斯克，但是接连进行三百余里，人马疲乏了。你取攻势，军队的平安专赖于此，耽搁一日就是大祸。马队都是步行，因为天寒，马皆冻毙了。你行进，这是皇帝的号令，也是不得而已的。

9日

在斯摩棱斯克。明天一天，我们必要收集队伍，以便明日可以成师团，发动进行。

11 日

命巴拉吉第耶（Paraguey d'Hilliers）军长遣散他所部的军团。

14 日

我正在轰炸斯摩棱斯克的炮台，我们将起程往奥尔察（Orcha）。

致贝尔蒂埃书：你写信给埃尔欣根，就说他必定接连统领后军。

18 日

在多布罗夫纳（Doubrovna），我将于明日到奥尔察。

致马雷书：自从我给你最后一封信以来，我们的地位一日不如一日，冰霜风雪几乎把我们的全数马都冻死了，死了有三万匹。我们又不得不焚毁三百尊炮，又焚了无数回车辆。因为天气严寒，落后的队伍日见其多。因为我们全无马无炮队，哥萨克大肆其威，断我们的交通，种种拦阻我们，是以我很不放心内伊大将，他带了三千人暂时落后，炸斯摩棱斯克炮台。

19 日

我的意向是要往明斯克，到了该地点之后，往别列津纳河（Berezina）。

20 日

在奥尔察，我们在这里找得六十尊大炮，我们得了亦无用。我的脾气很好。我得不着内伊大将的消息，我看他是无望的了。

我的地窖里有二亿法郎，我宁可都不要了，只要我的内伊！

在巴仑（Baran）。我不着急了，内伊已经回来了。

21 日

我们无地图。

23 日

在波布尔（Bobr）。致贝尔蒂埃书：你打发一位副官去见勒佐公爵，告诉他我很着急地听他报告在今天晚上他控制别列津纳河的要津，并筑桥数座。

24 日

致贝尔蒂埃书：命扎容切克（Zayonchek）军长交付二百匹马与苏举尔军长，能多拨更妙。倘若他不照拨，等到我明天走过的时候，我就发号令，把他所部的师团的车辆全烧了。

把守波利索夫（Borisof）桥的东布罗夫斯基（Dombrowski）军长，让我们于 21 日攻克他的阵地。勒佐公爵 23 日到的，再克这座城，打退驻守该城的两师俄军。但桥已被焚，我们希望今日再造一桥。天气甚冷，我很着急地要得维尔纳及巴黎的消息。

25 日

在罗奇尼沙（Lochnitsa）。贝卢诺公爵大约中午将到哥斯利察（Kostritsa），今晚将预备渡河。

易北军长带了多数工程员到了。

27 日

在斯图迪恩加（Studienka）。我才过了别列津纳河，但满河都是浮冰，我们的桥很不稳固。曾经与施瓦岑贝格相对的军队，尝试拦阻我军渡河，今晚在右岸与波利索夫相对的地方集中。天气酷寒，我的军队十分疲劳。

29 日

在赞尼夫基（Zanivki）。致马雷书：我收到你 25 日的来信，其中并无一字法国消息，亦无西班牙消息。这是有两个星期我毫无所闻，什么事都不知道。

昨天我们与两个海军将领恶战。我们打败第一个将领，他在右岸攻我们；第二个要抢我们的桥，被我们挡住不能动。勒佐公爵受伤。多数其他军长都受伤。

我们军队的人数是很多，但是队伍全乱了。我们要两个星期整顿，以编成队伍，哪里能得两个星期的闲工夫呢？又饥又寒，把我们的军队都破散了。我们不久就可以到维尔纳。我们能够暂驻那里吗？暂住是能够的，若是我们能够支持八天的话。但是倘若在前八天我军被攻，就不能说暂驻那里了。粮食！粮食！粮食！如果无粮食的话，这一群不守纪律的乌合之众一进了城，是什么可怕的事都可以做的。也许不到涅曼，军队是不能收拢的。

处于这种情势之下，我可以待在巴黎，这是为法国的安稳、帝国及军队的安稳起见，你将你的见解告诉我。我很着急，在维尔纳地方，不要有外国的办事人，军队此时是很不中看的。至于城里的军队都要退出，你可以对他们说，你要往华沙，我也要去，你酌定一个时候，领他们去。

30 日

在普列奇尼斯基（Plechtchennisky）。若是无十万份的面包在维尔纳等候我们，我却替这市镇可惜，唯有供给充足，才能使军人们重守纪律。镇守官可以同我见面，让我晓得当地的情形。我的军队是劳顿到令人怕。这是第四十五日的行进。

12月2日

在塞利奇（Selitche）。蒙特斯古将立刻起身赴巴黎，将这里面的一封信呈与皇后。他要在各处播传有一万俄国俘虏到来，我军在培雷西纳打胜仗。我们获六千俄国俘虏，八面军旗，十二尊大炮。

3日

在莫洛杰奇纳（Molodetchna）。（通告）11月6日以前，天气绝佳，军队行动完全得手。11月7日，天气骤寒。从此时起，我们每晚露宿，都冻死几百匹马。我军到斯摩棱斯克的时候，我们已经死了无数拖炮的马及骑兵的马。天气更酷寒，在14日及16日之间寒暑表降至华氏零度。路上都是冰，每晚都死好些马，不是论百匹的死，是论千匹的死，而以法国及德国马死得最多。不过几天之内，冻死三万多匹马。骑兵是无马可骑，大炮及运输是无马可用。无骑兵，我们是不敢冒险作战。我军是以不得不如此进行，以免敌军强逼我们作战，因为我们缺少弹药，是以愿意免战。

敌军跟着我们的脚步追踪而来，尝试因以为利，我们的全数纵队都被哥萨克所围。他们与沙漠的阿拉伯人相似，凡是落后的车辆都被他们拖走。哥萨克原是极可鄙的马队，只晓叫喊，就连冲倒轻装步队，他们都是做不到的，因为环境之力，居然变作可怕的马队了。

但是敌军握守别列津纳河，这条河有八十码宽。河面浮满冰块，两岸是湿泽，有六百码宽，这是颇难推倒的阻碍。敌军于四处要点，各置一师，以阻我军渡河。25日，我们用诸多不同的调动，以欺敌军。于26日破晓，皇帝当敌军一师的面前进行，向斯图迪恩加村架两座桥。26、27两日，全军渡河。

从上文看来，军队是要重肃纪律，重新装配军械，重置马匹枪炮，及运输车辆。

当以上诸事发生的时候，皇帝在侍卫军中一同行进，军队是伊斯的利亚公爵统领，步队是但泽公爵统领。我们的马队很缺少，不得不编军官尚有马的成为小队，每队一百五十人，军长执佐领（小军官）职务，营长执连长职务。格鲁希军长所统的神圣队，受那不勒斯王节制，极严密地卫护皇帝。

皇帝身体极其健康。

4日

《帝国报》并无关于西班牙的重要新闻。此次死守布尔格斯的护城炮台，是战事中最出色的一件事，威灵顿勋爵已缩回，攻打安达卢西亚军。倘若我们打一败仗，西班牙形势就很危急了。

致马雷书：倘若你不能在维尔纳办理军需所必要的部署，我们必要预备搬运一切，最要紧的是军饷库。我们这里有三四百万。我听说维尔纳却有两倍此数，全数都要搬往但泽。

5 日

在比尼察（Binitsa）。致纳夏泰尔王爵书：内附谕旨一通。当我行后两三日，用命令式宣布。你设法各处播传，说我统领第七军团及奥地利军团前往华沙。五六日之后，酌量环境，那不勒斯王可以发一号令告诉军队，我因事赴巴黎，军队交他统领。

在斯莫戈尼（Smorgoni）。致欧仁王爵书：我收到你的信。你要信我，你要尽你的职务，我永远都是一样的，我晓得什么于你最相宜。你切勿疑我视你如子之爱。

14 日

在德累斯顿。致奥帝弗朗西斯一世书：我在德累斯顿稍停一刻，写信与陛下，供陛下以新闻。我虽然受了风雪劳顿之苦，却享受前此未有过的康健。培雷西纳之战之后，我于 4 日从立陶宛起程，大军交与那不勒斯统领，纳夏泰尔王爵仍然当总参谋。我于四日之内，可以抵巴黎；我将在巴黎过冬，料理最要紧公事。

我深信陛下待我的感情。我们两国联盟是一件永久的事，两国皆受其益。我知道陛下将必按照在德累斯顿的全数条款，切实奉行，以保固我们共同的胜利和一起步入和平。

18 日

在巴黎。致纳夏泰尔王爵书：你未在维尔纳停留七八日，我见得可惜。你若停留数日，就可趁便制置军服，稍可收拢军队。

19 日

我是不停地忙于重新整顿全数我的方略。我在柏林及奥德河附近已得四万军队。

26 日

致克拉克军长书：我们必要作为马队及第一、第二、第三、第四、第五诸军团的枪炮，是全失了。倘若必要，我将命海军军械厂造枪炮；这样办事，比征自民间好。加减一两条船，是无关出入的。但是稍微缺少枪炮，是会误大事的。

29 日

致教皇书：神父，我急速打发一位内务府官员表示我的满意，因为我听见南特主教告诉我神父身体康健，本年夏间，我听说神父贵体颇欠安适，我殊恐怖。神父的新府第，将使我们有相会的机会。我很愿意声明，你我虽有过从前的事，我常保持我对于神父的友谊感情。也许你我此时能够对于使政教分离全数的问题，达到一种解决。在我一方面，我是很倾向于解决，是以此事全看神父的倾向如何耳。

30 日

致贝尔蒂埃书：我收到你 21 日的来文及你的简报，实在是损失。我将很着重考虑此事。今年的征兵是好极了。星期日阅操，我有二万五千至三万人。

1813年

1月3日

在巴黎。致克拉克军长书：因为西班牙王请调达尔马提亚公爵回巴黎，又因该大将有相同的请求，你打发特别信差，送准假文与他。

你告诉国王，用暗码写，处现在的情形，他应该置大本营于法拉多利。

7日

致弗朗西斯一世书：我每次遇俄军皆挫之。我的侍卫军并未打过一次仗，向未放过一炮，在敌人之前，亦未损失过一人。在11月7日与16日之间，我的马队及拖炮的马死了三万匹，是诚有其事。我因为无马匹，抛弃了几千辆载重车。当风雪交加的时候，我的军士们受不住露宿，有许多走去躲在房屋之内，并无马队保护他们。哥萨克掳我军数千人。

以法国而言，我是过于满意，他们供给我人、马、钱财。我的财政情形很好，是以我不先发起讲和。

陛下此时能够判断我的地位及我的见解，亦如我之能判断。我预料这封信及其内容，是我与陛下两人之间之事。[1]但陛下既已知道我的意见，陛下若为和平起见，可以发起任何达成愿望的办法。

9日

致贝尔蒂埃书：我所见约克军长的叛变，我立刻决定对国民发一宣言书，明日将发出，召集额外（非常）征兵。我已经编成易北河的观察师团，集中于汉堡，兵力是六十大队，我派洛里斯托纳统领。我又编成在意大利之观察师团，

---

① 意为需要保守秘密。——译者注

集中于维罗纳，兵力将有四十大队，统领是贝特朗军长。我编成莱茵河第一观察师团，兵力是六十大队，统领是拉古萨公爵，大本营在美因兹。我将编莱茵河第二观察师团，兵力亦是六十大队。1810年原有征余之额，我将补行召集十万人，年龄皆是二十一岁以上的人。1814年的征额是十五万人，将于2月间召集。

18日

俄帝派斯坦因为国务大臣，预闻其最秘密之政治会议。凡欲革德国之命者，皆预闻。

22日

致欧仁王爵书：我的儿子，你去就统领大军之任。我惋惜当我走开的时候，未命你统领。我相信你退得不会如是之速，而我亦不至于受如是之重大损失。已过的事，是无补救的。

23日

致海军中将德克雷伯爵书：我不能核减海军炮械。核减当然发生事实上的效果于我的海军及我的仇敌；我所处的地位，减省一亿两千万或一亿五千万，是抵不过这种效果的。

24日

致那不勒斯皇后书：国王是16日离开军队的。你的丈夫在战场是很勇的，一到不见敌人的时候，就是个懦弱人，不如一个女人，不如一个僧徒。他是无道德上的勇气。他受了惊。凡是他与我同享的，及只在我手能得到的，他并无一刻有丧失的危险。你要指出他行为之无理给他看，他有伤害于我，我尚能宽待他。

29日

我有极精的海军陆战师团二万人正在行进，其中并无一个少过一年资格的。

在将来之战事中，我将扫荡敌军于涅曼之外。

2月8日

致凯莱尔曼大将书：我很以你平定班贝格大公邦内的叛乱的办法为然。

10日

致巴萨诺公爵马雷书：你写信给圣马尔桑（St. Marsan），说普鲁士此时正在招兵，给我们以不安的公道（理由充足）原因，我愿意诸事保持安静。

致欧仁王爵书：叫普鲁士停止练兵。

14 日

立法院诸君：战事复炽于欧洲北部，给英国以好机会在西班牙、葡萄牙作战。英国已大努力，但是他们全数的希望都受欺了。我深入俄罗斯。法国军队在波洛茨克、摩基勒夫、斯摩棱斯克、莫斯科、雅罗斯拉维茨之战，无不获胜，俄国军队无一次能与我们的大鹰相敌，莫斯科入于我军之手。俄国边境既为我军所入，证明俄军薄弱无能之后，俄国遣鞑靼乌合之众，以守其最膏腴各省，反为此乌合之众所蹂躏。不过数个星期之间，虽有众多之莫斯科人痛哭哀求，鞑靼乌合之众亦所不恤，焚毁四千多处极富厚的村庄，焚毁五十余处名城。俄国之怀恨法国，为日已久，今借口于拦阻我军进步，使我军被包围于沙漠以快意。我们推倒此多数之阻碍。四日之间，莫斯科付之一炬，焚毁四十世之功业及积蓄，亦不能损及我们地位之安全。但过早之冬令严寒，颇降大祸于我军。不过数夜之间，全局改变，我受了极大的损失。设使不为我民众的利益、光荣，及前程设想，我的精力当然不能支持。

严寒所降于我们之祸害，适足以尽情揭露这个帝国的伟大及结实之处。今日我们看见我们意大利的人民，前荷兰国的人民，及新设诸省的人民，与法国人民比赛，表示他们的希望、他们的前程、他们的利益，皆在乎这个大帝国的团结的胜利，此是最能令人满意之事。

现在的诸多环境提出的许多要求，皆在我身上，我要许多接济的来源，然后能对抗此诸多要求。我的财政大臣将有许多条款交议，只要用此方法，我则不必重新增加我的人民的负担。

21 日

瓦尔米公爵写信来说，美因兹无剑鞘，无炸锅，无水瓶，无靴，无内衣，留存在威塞尔库内有不多的靴，都是很次等的。

23 日

我提议此次备办军装，局面比前次较小。我很要减参谋官的数目，少带厨役及盘碗。行装的范围也要收狭，不独是可以省了许多事，也可以作他人的表率。在战场的时候，每餐只要一汤，一煮菜，一烧菜，一蔬菜，无点心，我每餐亦是如此。在大市镇则各任其便。

26 日

哥萨克哨探曾在柏林附近出现。我很注意于明天专差可以送来的消息。我忖度总督及圣西尔大将把他们驱逐了。

3月2日

特雷维佐公爵将于12日到美因兹，14日到哥达（Gotha），就看见皇帝侍卫军。莫斯科王爵将于3月10日到法兰克福，他带的是六十大队的师团。巴伐利亚军集中于班贝格、拜罗伊特及克罗纳赫。符腾堡军、黑森（Hesse）军、巴登军皆集中于符腾堡，总督在柏林。

致欧仁王爵书：观察师团已经发动，有三十万人，情况将要改变。

5日

致欧仁王爵书：你坚守柏林，愈久愈妙。你要拉几个榜样，以保全秩序。普鲁士的村庄或城市，只要稍事侮辱，你就把这村庄或城市放火烧了；即使是柏林，亦照此办法。现时正在法国急速教练马队，但要4月一个月才教练得好。

9日

致欧仁王爵书：我看不出来为什么你弃了柏林。你的举动过于匆忙，你不能照行已经派定的路线。你原可以赶在我们之前三个星期。以政治及军事的意义而言，这是有极大利益的。

10日

这是极可怕的一种情形！十五万支枪算得什么？算不了事。我们要三十万支，以备1815年征兵之用，且要留备十五万支。

11日

致欧仁王爵书：作战的时候是已经到了。我们的军事动作，被我们维也纳的同盟及在伦敦、圣彼得堡我们的仇敌所笑，因为仇人的步队未到以前一星期，我们的军队总是退却的，看见他们的轻骑，或只听见谣言，也是如此。

17日

致欧仁王爵书：我的儿子，我附寄一张12日汉堡的通告，你一看就晓得，二百名哥萨克去夺第三十二军事区，有若干炮船为敌人所击沉。这就是损失好几百万，这就是易北河之背叛了。这都因为在此河的左岸，你不能制敌了。

20日

我得着12日从北勒斯劳来的消息，普鲁士是执械以待，仍然保住面子，我的驻使仍然受相当的待遇。

23日

致欧仁王爵书：我从埃克米尔王爵的报告中，见得雷耶军长的师团只有二千人。我一向以为这师团的总数是一万二千人。我又见得东布洛夫斯基的师团只剩了三百人，我据你的报告，向来以为有三千人。

28日

致内伊大将书：埃克米尔王爵已炸毁在德累斯顿的桥，这样举动有两个效果，其一是令居民愤怒，其一是引敌军至该处。总督已集中于威丁堡、马德堡及易北河下游。普鲁士已举旗宣战。

4月8日

在圣克卢宫。致克拉克军长书：你接连研究卢瓦宋（Loison）军长的行为。惩一儆百的时候到了，诸多军长出发现极严重的不听号令行为，这种举动影响我的军队的光荣及我的军人的性命。你叫小报章登载：卢瓦宋军长因为不告假而离开军队，已被拘捕；拉克拉军长弃职而逃，亦已被拘，将由军事法庭严讯。

11日

致欧仁王爵书：我大约将于20日与22日之间，带领二十万人到耶尔福。我不能决断你应该如何举动。你就以此判断为基础，调动军队。你要留心，不使交通断绝。

12日

我意在不理我的右方，让敌军来至拜罗伊特。我的举动与耶拿的举动相反。倘若敌军果至拜罗伊特，我先于他们到德累斯顿，横截敌军，使之不与普鲁士相近。

13日

据报说敌军正在实行一项极重要的调动，倘若明日的消息证实此报告，我将立刻起程。

17日

在美因兹。我于四十个钟头内行到美因兹。一路身体甚佳，并未遇何事故。我将在美因兹暂住数日，照料诸事之要我注意者。

20日

致萨克森国王奥古斯塔书：陛下来信，令我心痛，陛下待我的交情是完了。陛下的内阁有与你我的共同意志为仇敌者，我则唯他们是问。陛下晓得我坦白，我已将我的意见坦白告诉陛下的副官了。无论如何，陛下可以深信我的重视。

24 日

设使我有另一支一万五千的马队，我能极其迅速地解决诸事。

26 日

在耶尔福。侍卫军是列纵队在耶尔福与魏玛之间。此时最要紧的是办到我与总督连成一气。今晚我将移大本营于奥尔施泰特。

致康巴塞雷斯王爵书：我想警务大臣应送报告与你，你只应将皇后可以知道的事报告皇后。凡事之不过使皇后恐怖、使皇后误会者，请皇后阅看亦属无益。其余各部大臣亦然。凡事之可使皇后烦心及心痛者，俱可以不必呈阅。

27 日

我希望总督今日将到科尔福特（Querfurt），使我们两军连成一气。

致克拉克军长书；我才阅过第三十七轻装步队，我不能盼望有好过他们的军人，但我亦不能盼望更不好的军官。假使你的属员们立意要派无能的法国军官，你们办得很有效果。军人们讪笑他们的军官。这一群军官都是取自殖民地及荷兰大队的，不然就是选自比利牛斯（Pyrenees）山脉或索恩河民军，有许多小军官从来未临过阵的。我将要革退这样的军官，不然，也要降他们的官阶。

28 日

中午我将到魏玛。我只停留一个钟头见公爵夫人。见过之后，我骑马亲统领侍卫军。

29 日

在瑙姆堡。致欧仁王爵书：挪动你的全军向麦则堡。莫斯科王爵大约将于明日催趱一前锋至吕岑（Lützen）。

5 月 1 日

在魏森费尔斯（Weissenfels）。致马尔蒙大将书：今早，即 5 月 1 日，总督带领六万人，在麦则堡与莱比锡之半路。你宜将你的所部各师趋近魏森费尔斯，使你于必要时，能够扶助内伊大将。

致欧仁王爵书：这时候是 8 点钟，9 点钟就向吕岑出发。我臆定到 10 点钟时你的全军之左在摩尔利兹（Moeritzch），全军之右在施拉迪巴赫（Schladebach）。倘若你听见在吕岑方向有炮声，你就向敌军之右前进。

在吕岑。致康巴塞雷斯书：我今日已移我的大本营于吕岑。敌军尝试阻止我们冲出于吕岑平原，敌军已聚集大队骑兵于此。我们的步队，助以多数的炮队，逐敌军于十三里之外。敌军大炮不多，我军伤亡甚微。

今日敌军第一炮，颇伤害我们。伊斯的利亚公爵中弹而亡。我急于写这封信，以便你好告诉皇后及公爵夫人，以免皇后从报章得这项消息。你要皇后明白，伊斯的利亚公爵当中弹的时候，并不在我身边。

2 日

吕岑之战。致马尔蒙大将书：大本营在吕岑，侍卫军也在这里。总督在马克兰施泰特（Markrannstadt），洛里斯托纳向莱比锡前进，大约有两个钟头就可以走到。我们所得的全数消息，都指示敌军向利温柯（Levenkau）河退却。

上午 9 点钟，听见炮声从莱比锡方向而来，皇帝驰马向前。敌军正在保护在莱比锡面前的几座桥。但是在 10 点钟时候，敌军向卡查（Kaja）冲出，冲出的是好几个纵队，遮盖天边，其色深密而黑。敌军的人数极多，皇帝立刻预备与敌军相见。总督奉命列阵于莫斯科王爵之左，但是他要三个钟头工夫乃能成阵。莫斯科王爵的五师人列成战线，受敌军冲击。在半点钟之间，两军殊死战。皇帝亲自领侍卫军进至军队之后以助莫斯科王爵之右。卡查村得而复失者数次。战线伸长过七八里，全为烟火尘土所罩。莫斯科王爵、苏阿姆军长、吉拉尔军长，是无处不到，抗拒危机。

这时候我们能看见贝特朗所部师团前进的第一道闪光及扬起的尘土。同时总督在我们之右成列，塔兰托公爵正在力攻村庄，这是敌军右翼所依之地。敌军此时加倍努力攻我军中坚，敌军又复夺回卡查村，我军中央开始摇动。

我的孩子们，这算不了什么！你们安静些！不要摇动！

有几大队是溃散了，但是我的勇敢孩子们一见皇帝就聚集起来，大呼：“皇帝万岁！”

这时候是片刻都不能耽误的了，皇帝令特雷维佐公爵带领年轻侍卫军十六大队向卡查村而进，直攻而入，夺回这个村庄，尽逐守卫兵。同时皇帝命其副官特鲁奥特（Drouot）集中八十尊大炮于老侍卫军之前。老侍卫军此时成梯阵，如四座方形堡，以助我军之中央，骑兵集于后。炮火实在可怕，敌军四面八方皆不能支。特雷维佐公爵夺回卡查，大破敌军，接连前进，击鼓以命诸军前冲。敌军马队、步队、炮队，开始退却。

我军的精神及勇气，皇帝赞不绝口。

3 日

从吕岑皇帝御营发出通令：军人们呀！你们办得真好！你们完全没辜负我的期望！我们有许多不足之处，却有你们的精神勇气补这一不足。你们可以为我的大鹰的荣耀再添光彩。吕岑之捷，盖过从前奥斯特利茨、耶拿、弗利德兰及莫斯科诸捷！

鞑靼人原是住在天气极可怕的地方，我们要驱逐他们回老巢，不许他们再出来。由他们住在冰天雪地中，这原是奴隶之所居，是野蛮臭腐所在之地，凡是在那里的人，都降为野兽的了！你们是应该享受有文化的欧洲人的感谢的。军人们呀！意大利、法兰西、日耳曼，都感谢你们！

4 日

普鲁士及俄罗斯的军队皆向罗列兹（Roehlitz）遁逃。我将发动军队向德累斯顿进发。

我们的年轻军人，对我表示出的勇气、善意及虔诚，是无与伦比的，他们满腔都是热诚。

6 日

在科勒兹（Colditz）。昨日总督在吉尔斯多夫（Gersdorf）大破米洛拉多维奇（Miloradovitch）之师，而俘虏不多。

7 日

在瓦尔德海姆（Waldhelm）。我们将于明日大约可以到德累斯顿，莫斯科王爵将渡易北河向柏林而进。

在诺森（Nossen）。村民说上午 10 点钟听见炮声从梅森（Meissen）方向传来。

敌军焚毁全数的桥，并做了许多事，以拦阻我军进行。

8 日

在德累斯顿。下命打发哨探在往波希米亚（Bohemia）全数的路上打探消息。

9 日

我们忙于造桥，以便渡河往右岸。

10 日

拉古萨公爵当于明日中午穿城而过，他的军队穿操衣，随带大炮，行进要按极严整的秩序，将所有看相不好的东西及他的行李，另从浮桥通过。

明日中午全军将在右岸。

12 日

致欧仁王爵书：我的儿子，你今晚必要起程赴意大利。我正在命令陆军大臣将驻在意大利及伊利里亚诸省的军队，归你节制。

13 日

致内伊书：我起首得一些马队。

我有三个重要目的，月底之前要完成。这三个目的，开放格洛高，占柏林，从此可以使埃克米尔王爵再据汉堡，第三个目的就是夺北勒斯劳。

萨克森王昨日凯旋入德累斯顿，今日与我同餐。

14 日

我有布吕歇尔的举动的确切消息，他是从北勒斯劳大路向包岑（Bautzen）进行。听说俄军与普鲁士军同在一处。他们的后军表示，三万人带行许多尊炮，正在掩护包岑小城市。

15 日

莫斯科王爵及洛里斯托纳军长前两日起程，从托尔高往抄包岑。

17 日

从各方面得来的消息皆表明，敌军决计一战。

致奥帝弗朗西斯一世书：陛下对于我私人而发的好感，我深为所动，我答陛下以好感。倘若陛下关心于我的幸福，就请陛下增进我的幸福。若是必要，我是决计宁死于全数慷慨的法兰西人之前，而不愿为英国人的笑柄，帮助我的仇敌快意。陛下宜考虑将来，不要破坏了三年友谊的效果，亦不宜牺牲当今的幸福，而唯愿从简地考虑——我为什么不说不宜牺牲陛下自己家庭中之爱我最诚恳之亲附部分的幸福，我希望陛下始终不疑我全部的虔敬。

致科兰古军长训条：从大本营来的报告获悉，探得亚历山大帝的意见，我们将达到一种解决办法以作为结束。无论如何，我的意向是替他造一座金桥，使他脱出梅特涅的阴谋。倘若要我牺牲，我宁可牺牲以利亚历山大帝，他是光明磊落和我打仗的；我又宁可利于普鲁士王，因为他有俄国帮助，而不愿利奥地利，因为奥地利行骗，且因借居间和解为名，而暗中企图取利于己者，以致获得处决诸事的权利。

你要根据此次训条，尝试开直接的议款。

18 日

我正要离开德累斯顿，带领侍卫全军往攻敌军。敌人已集中全数兵力在北勒斯劳路上，已有托利、巴克莱的师来援。他们却不留军队掩护柏林。

19 日

在戈尔利兹（Goeritz）。（通告）皇帝 18 日离开德累斯顿，19 日上午 10 点钟到包岑前线。皇帝是日测量敌军位置。

20 日

早上 8 点钟，皇帝在包岑后面高处督战。中午开炮。

波尼特军长据尼德卡纳（Nieder kayna）村，一冲而得一高原，由是控制敌军阵地的中心。勒佐公爵攻夺得众山，到了晚上 7 点，敌军被我军击退至于第二阵地。晚上 8 点钟，皇帝入包岑，当地居民及官长欢迎，他们原是我们的同盟，颇为斯坦因、科策布（Kotzebue）及哥萨克所害，今被解放，其欢迎之好感可想而知。假令不有后继之事，则此役原可以称为包岑之战，其实不过后来乌尔斯琴（Wurschen）之战之先声。

21 日

凌晨 5 点钟，从包岑过去，相离约十里之遥有一小山，皇帝即在山上督战。11 点钟拉古萨公爵前进二千码，开大炮轰击。侍卫军及留备军、步军、马队都有遮盖，有便宜之冲出地点，可以向左向右。我军用此法，令敌军怀疑我们之实在攻点。

当下莫斯科王爵已经将敌人从克利克（Klix）逐出，将在其前的敌军渐渐逼退至于布雷利茨（Preilitz）。10 点钟攻夺此村，敌军以其预备军助战，莫斯科王爵旋被击退。

达尔马提亚公爵在下午 1 点入阵。敌军此时阵势见得有种种危险，于是尝试阻止达尔马提亚公爵来攻。此战之胜败之机，已显然不远。皇帝亲领侍卫军及拉图尔 - 莫堡（Latour Manbory）的四师及许多大炮向左，于二十分钟之间，直至敌军之旁，此是俄军之中心点。

敌军不得不减其右翼的兵力，以抵抗此新来之攻击。莫斯科王爵即乘此机会再进，绕过联盟军队，王爵即向乌尔斯琴直逼而前。此时是下午 3 点钟，我军仍然十分不能断定是我军战胜，其时十余里长之战线，尚在开炮轰击。皇帝宣布我军已获胜仗。

敌军见其右翼已被包抄，则退，不久而退兵变作遁逃。晚上 7 点钟，莫斯科王爵及洛里斯托纳军长到乌尔斯琴。皇帝在路旁安睡，有侍卫军围护。

10点钟时候，弗留利公爵立在山边，与特雷维佐公爵及克尔根纳（Kirgener）军长会谈。他们三位都是立在山边，与火线相离尚远。敌军最后放之炮弹，掠特雷维佐公爵身边而过，撕开弗留利公爵之下半身，立刻击毙克尔根纳军长。弗留利公爵立刻晓得此是致命伤，十二个钟头之后，伤重而死。

我军前哨既已安排，及军队已经露宿之后，皇帝立刻往视弗留利公爵。公爵仍保全其充分之知觉而镇静，捉皇帝之手，与之接吻。皇帝以右手搂抱公爵，自置其头于左手，默然不语者十五分钟。公爵首先开言："呀！陛下，请离开我吧。这样的光景，必定使你心痛！"——皇帝身子靠着达尔马提亚及御厩长，与弗留利公爵分手，只能说道："再见了，我的朋友！"——皇帝回营帐，通夜不许人入见。

25日

致马雷书：因为瑞典军队已到汉堡，应该由你制备宣战书，待我批准。

勒佐公爵向柏林前进，今晚将到霍伊尔斯韦达（Hoyerswerda）。

6月1日

在纽马克。致科兰古书：我并未收到你于凌晨3点钟以后所发的信件。因为我正在骑马沿艾因斯多夫（Einsdorf）大路进行，我希望在那里听你的消息，我要晓得两军发出号令停战的时刻。你必要明白，使我晓得这个时刻是如何要紧，因为倘若并不停战，我必要为明日预备军事的布置。我仍然力劝你尝试直接商议条款。我要和平，一种结实的和平，却要有体面的条款。

布勃纳（Eubna）已到里格尼茨（Liegnitz），已同巴萨诺公爵会商。奥国似乎有多少过分的要求，我们要预备同他在战场上相见。

2日

致克拉克军长书：这次停战，阻止我得胜的潮流。我之所以愿受停战条款，原有两个理由：一因我缺少马队，这就令我不能与敌军以大打击；二因奥国的仇视态度。奥国政府用最讲交情、最柔和及多情的句语，公然敢于强逼我，因为我恐怕其集中于布拉格的军队，交出达尔马提亚及伊斯的利亚，且要我交出伊孙佐（Isonzo）那边的地。奥国还要莱因河左岸，萨尔斯堡（Salzburg）及华沙之半，留其一半分给俄罗斯及普鲁士。他们只要陈列十万人，并不实行打仗，就要得到这许多利益。

若是能办到，我将逗留至9月，那时我就猛攻。

致马雷书：我们必须缓敌以赢得时间，既要赢得时间，又不使奥地利仇视，我们必须严守这最后六个月的题目，即谓只要奥地利是我们的联盟，我们什么事都能做。

4日

今日下午2点钟，签押停战条约。

6日

在里格尼茨。致贝特朗军长书：我收到你的信。我诚然不满意于你之部署你的军队，亦不满意于你在尧厄（Jauer）之前面退出高原，那时候在你之前不过有二十二大队，而你仍有数师未动。你曾表示显然的将才不止一次，但是唯有精力、决断，及永恒不变的定见，乃能作战，绝不能有任何试验，亦不能容任何迟疑不决。你须力持军纪，当你作战的时候，要表示你相信你部下的军人。

7日

在哈根瑙。致皇后玛丽·路易丝书：我的朋友，我收到你的信。你信内说到，当你尚在床时，你就接见首相。无论如何，亦无论有什么理由，当你尚在床时，无论何人，你都不应该接见，这就是我的意志。不过了三十岁是不许的。

致蒙特斯古伯爵夫人书：我听你说我的儿子长大，接连发现将来是聪明的，我很喜欢。你诸事照应我的儿子，我唯有表示我的满意。

弗留利公爵之死，很令我伤心。在二十年之间，只有这一次，他猜不着什么可以令我欢喜。

8日

在本兹劳（Bunzlau）。致康巴塞雷斯书：我的表兄弟，我预料御厩长已写信给雷米扎伯爵，雇几个演员来德累斯顿。我要你们在巴黎到处谈论这件事，当能在伦敦及西班牙发生好效，令他们以为我们在德累斯顿寻乐。这时候却不宜于演戏，是以你不必送许多演员来，有六七个足矣。

13日

在德累斯顿。致萨瓦里军长书：我不喜欢你来信的腔调，你总是拿必须议和的话来麻烦我。帝国的情形，我比你晓得清楚，你这样写信给我，令我不乐。我原是要讲和，这件事与我最有关系，你谈论这件事，不过是徒费笔墨。但我绝不议结不名誉的和约，也不议结和约之至六个月之后再发更惨的战祸者。你不必回复我的信，这些事与你无干，你不要干预。

15 日

致康巴塞雷斯书：警部大臣似乎是要我讲和。这是无用的，这事伤我的感情，因为这种事隐示我不愿讲和。我不是一个虚夸的人，我不拿打仗做我的职业，再无别人能比我好和平的。

26 日

在德累斯顿。呀！梅特涅，你来了！我欢迎你！但是你果然是要和平，你为什么不早来见我？我们已经耽延一个月了，你的居间调停是如此慢，好像是在主战。

原来你是要打仗！你要打仗，我就同你打仗！我约你在维也纳相见！

我打了两次胜仗，被我打败的仇敌才明白他们的地位，忽然间你跑进来，请我停战，你自愿居间调停，请我与你们联盟，把诸事都弄乱了。若是无你在中间乱搅，这时候我就可以同联军签和议的了。你必要承认，一经奥地利以调停人自居，你立刻就不帮我，不主持公道，你变作我的仇敌了。

今日你的二十万人是预备好了，扎在那里，在波希米亚山脉之后。因为你自己以为发号施令，可以使我奉令恭维你的地位，你就走来见我，也好，我答应，我与你议条款。你要什么？

（梅特涅说：全靠陛下使天下太平。）

先讲我的体面，再讲太平。你哪里晓得有什么心思经过一个军人的心里。如我这样的一个人，一百万人的生命，是不算什么的。我已经让伊利里亚与你，买你们的中立，合你的意思么？我只要你们中立。

（梅特涅说：呀！陛下，我们不能守中立了，我们必定是帮你，或是反对你。）

我把我的帝位与你们拼了，我把天下埋在瓦砾堆之下！

好吗！你所谓和平，是怎么样解说？你有什么条件？你要剥夺我，使我一丝不挂么？你要意大利、布拉邦特（Brabant）、洛林（Lorraine）么？我是寸土都不能让；议和是要拿战前的地位做基本的。因为你们并未打败我，我不能给你什么东西；我也不能给普鲁士什么东西，因为普鲁士倒戈。伊利里亚已经杀死了我三十万人；倘若你要这个地方，你必定也要死三十万人。

你晓得将发生什么事情么？你们将不能与我作战。

（梅特涅说：陛下，你全失败了。当我来见你的时候，我的预料原是与陛下所说的相同。现在吗，我毫不疑惑了。）

原来是我的岳父酝酿这个计策的！原来是我的岳父打发你来的！呀！梅特涅，英国给了你们多少钱，叫你们这样反对我？

30 日

今日我有一万五千人没得枪。

7月1日

停战可以展长到 8 月 15 日。

致苏尔特大将书：今晚 10 点钟前起程。你在路上要隐姓埋名，用你副官的名姓。你能于 4 日到巴黎，到了之后，你可以与陆军大臣同住。你同他去见首相，他将告诉你。你在巴黎逗留不得超过十二个钟头，你即起程统领我在西班牙的军队。你要施行全数必然的办法，整顿在西班牙我的一切事情。

3 日

我不能明白西班牙事件。我不晓得我们是否在打一败仗（维多利亚）。不晓得是哪几个师团打的仗，不晓得国王及军队怎么样了。在西班牙发生的事件，实在是出乎寻常之外，令人难以想象。

15 日

由于奥国居间，停战约延长至 8 月 15 日。

20 日

我们在西班牙所遭之祸，不独是重大，而且是令人可笑，英国人也是这样想。但是我们的军队，还未损失威望。西班牙的军队既无统将，而反为一个国王所累。我不能不承认，根本上原是我自己的错。

22 日

我巡行卢萨蒂亚（Lusalia），走了一百余里，刚才回来。

我猜皇后已经起程，今晚将在沙隆睡觉。25 日之前，皇后大约还不能到美因兹，我盼望她 25 日到。

25 日

凌晨 2 点钟，皇帝与纳夏泰尔王爵同车赴美因兹，洛斯坦（Roustan）坐在御者之旁。

27 日

在美因兹。我们走了二十四个钟头。皇后身体很好。

在法国境内，必有六万至八万人是规避当征兵的。

28 日

在这最后的二百年间，欧洲是无事可办的了，唯有在东方，还有大事可办。

29 日

致纳夏泰尔王爵书：你告诉卡斯蒂利奥内（Castiglione）公爵，1 日晚上，我将离开此地，于 2 日早上到乌尔斯堡，将阅两师，全数我所能见的他在乌尔斯堡的师团，及守城炮台，随即前往班贝格。2 日傍晚我阅其他一师。3 日我阅驻于拜罗伊特的一师，在霍夫（Hof）的一师，及米尔浩特（Milhaud）的马队。3 日 4 日之间的晚上，我就能到德累斯顿。你知照巴佐尔（Pajol）军长，到处皆要预备护卫队，却要严守秘密。你们必要传播说是纳夏泰尔王爵经过。

达尔马提亚公爵 24 日入西班牙，统领约十万人，随带炮火极多。他是给潘普洛纳（Pamplona）解围。

31 日

致克拉克军长书：你发号令，凡是军长们、军官们、办事人员们的妻室，及全数的放荡女人，女扮男装的也包括在内，在贝云，或在兰登，及在下比利牛斯山脉及来自西班牙的，立刻离开当地，前往加龙（Garonne）以外之地。军长 G、军长 F 及军长 V 的夫人尤宜特别处置，不止把她们送至加龙以外之地，而且要送她们回家。

8 月 4 日

在德累斯顿。布拉格会议无结果。有一个英国办事委员在那里干预，结果是不能有的。联盟国意欲于 10 日废止停战。

9 日

致萨瓦里军长书：11 日或 12 日，奥国大约要宣战。奥国做了一场好梦，在梦中见得，一朝可以恢复二十年来的损失！奥国什么都要，威尼斯也要！

这一件秘密，必要严守，等到最后的时刻再说。

11 日

命勒佐公爵集中其三军团，连同第三支马队，向柏林行进。

12 日

停战条约是宣布作废了。我并未接到消息说奥地利已经宣战，我盼望今日总可以得着这个消息。

我现在有十一万人向柏林进发，然柏林赴什切青，除了这些军队之外，我将有约三十万人在戈尔利兹附近。有这三十万人。我将在戈尔利兹及包岑之间据地列阵，看俄国奥国做什么，以便相机行事。

14 日

那不勒斯王是今日到军中。

15 日

西班牙忽然改变局面，又是出乎意料。我于是不得照料边界，必要在南部征兵。

莫罗军长已到柏林。他未接到包岑之战的消息之先，就从美国起程，那时候他们以为他是回法国。

16 日

在包岑。我们正在调动军队。我对于这次军务，颇有希望。莫斯科王爵的参谋长若米尼已经逃走了。他是一个庸劣的军人，不过他的著作表示他多少有些军事知识。

18 日

在赖兴巴赫（Reichenbach）。我这里有三十六万五千发炮弹，炮车都有马，兵力等于四次瓦格拉姆之战，还有一千八百万发的子弹。

在戈尔利兹。奥军已渡易北河，我却不晓得他们向什么地方进行。我可以直向波希米亚前进，乘俄军不备，予以打击。

20 日

在齐陶。我昨天过大山，走到加布尔（Gabel）。

致科宾诺（Coabineau）军长书：你在往卢班（Lauben）大路上，催趱你的马队向前，愈远愈妙。我正在调动布置，必要收拢，以备开战。

我恐怕我送给塔兰托公爵的信被敌人搜去，敌人将晓得我的布置。

22 日

在罗文堡（Loewenberg）。巴黎人将要着急，联盟国必播散不好的谣言。我还是极其不愿意抛弃我的波希米亚计划。我们最不好的情形是军长们欠信心。无论何时，我不在军中，他们总要想象敌军人数甚多。

23 日

在戈尔利兹。在这里的军队 25 日可到德累斯顿，若无紧急情形，26 日亦可到。

24 日

我今正在向德累斯顿行进，去攻敌军之向该处移动者。我派赴柏林的军队应该今日到。好像有两团威斯特伐利亚轻骑连同辎重都投降了敌军。

下午 3 点钟在包岑。我带了侍卫军到了此地。等到明日下午 2 点钟，我能派四万人赴德累斯顿，后日再派十万。

25 日

在斯托尔本（Stolpen）。我刚到斯托尔本。旺达姆（Vandamme）的军队已经走近德累斯顿。我不要他们太过炫露，不令敌人疑心军队来到，及我们的动作。老侍卫军将于 11 点钟到。

（致圣西尔大将书）你必不要走开，我将于午前极早赶到。

关于勒佐公爵的报告，是很混乱的，我不能解说明白。来信说 21 日及 22 日我军得小胜利，但是据官报看来，20 日及 21 日不过放了几枪。

26 日

下午 4 点钟。

昨日半夜，敌人全军已望见德累斯顿，圣西尔大将恐怕今早有敌军来攻。

在德累斯顿路上，上午 9 点钟。我们刚到德累斯顿，敌军向城而阵。

27 日

在德累斯顿。昨日奥帝、俄帝、普王亲率俄军、奥军、普军开战，我军大胜。获得多数俘虏、军旗及大炮。

敌军并不退却。倘若敌军仍守其阵地，我的意向是要抄其左翼，那不勒斯王将统领贝卢诺的三十八大队，奉行这个战略。

29 日

各处都来报告莫罗阵亡，大约是确的。

30 日

致纳夏泰尔王爵书：你写信给特雷维佐公爵，若是旺达姆军长被逼，叫公爵扶助军长。派一个军官赴旺达姆处打探他们做什么，给他号令叫他立刻回来。

9 月 1 日

塔兰托公爵今日在戈尔利兹，倘若他接连退兵，我将要前去扶助他。我不能许他为敌军所逼，退至包岑以外。

第一军团所遭的不幸，是不能预料的。旺达姆军长似乎是阵亡了，山上并未留有哨探，无论哪里也无后备军队。他不晓得自己干什么，就跑入一角里去。

2日

致贝尔蒂埃书：你告诉勒佐公爵，我听见他的举动，大不欢喜。他毫不运用他所部的三军团，在威丁堡炮火之下就退回去了。我见得他这样的迟疑，我已经派莫斯科王爵去统领他的军队。

3日

明早我将在包岑与塔兰托公爵会师。敌军正在迅速追逐公爵，且表现得很自信。我将于当日尝试逐敌军，使退回赖兴巴赫。见仗之后，我将兼程进向柏林。

致法利安军长：当你向包岑进行的时候，你将看见许多落后的及掳掠的，都是第三、第五、第十一军团的人，他们已经把枪都抛弃了。你叫他们回去包岑，我们再给他枪支。

致杜洛斯尼尔（Durosnel）军长书：你要很留心注意几座桥，除了伤兵之外，无论什么人，都不许过桥，凡是逃兵都要拘捕。

6日

在包岑。我在包岑，我逐敌军过尼斯（Niesse）。6点钟我们到戈尔利兹。敌军一晓得我在军中，立刻四散奔逃，我们追他们不上，他们不过放了几次大炮。我立刻回到这里，这是我的第六军团及侍卫军所在地。

8日

在德累斯顿。于入波希米亚诸山隘上发现敌军，我们不久又要打仗。

9日

在利伯斯特。现在最要紧的是让侍卫军歇息。

10日

莫斯科王爵及所部的三个军团于6日为敌所阻，现时在托尔高收拢队伍。

11日

在布雷托劳（Breitonau）。我军把守入波希米亚诸山隘。昨天我能见敌军匆匆退却，在特普利策（Teplitz）之前成列。假令我能调动炮队穿过吉尔斯堡（Geyersberg），我们当然已经旁抄敌军，大获胜仗。但是全数我们的努力都无成效，而柏林军队所遭的不幸，使我不能远追。

19日

在皮尔纳（Pirna）。天气极坏。纳夏泰尔王爵有病，我不晓得他所患的是脚风，抑或不过是热病。

致巴萨诺公爵书：你告诉那邦伯爵，他的公文实在是可笑，只证明他无战事的阅历。一座炮台被一支打败的军队作为聚集之地，发生混乱，这是非常之事么？你告诉他，写信要用较为有意识的句语，例如他所用的说真话的方式，好像以为说真话不是人人的职责，又好像以为无人说真话。宣言说真话，就是暗示不常说真话。你尝试用婉转文字令他见到这一层。其实他写信与总参谋，其情形实在是可笑。他不应该对他所见的事都发表诧异，只要直说，无不可以改良者。莫斯科王爵的军队不久就要走开，将驱逐敌军使离右岸。领炮队的军长将遣送大炮，达律伯爵将输送军装，军服将从四面八方而来。军库将有防守及设备，这不过是暂时之事。

20 日

致马尔蒙大将书：昨天及通夜天气极为可怕，我们不能动。敌军的步队大约将不尝试行进。倘敌军果然进行，我将扶助你，将与彼开仗，这是有利于我们的事，而似乎不是敌军所要的事。

22 日

在哈尔托（Hartau）。我在哈尔托睡。我打退敌军。他们现时正在向包岑退却。

23 日

致达律伯爵书：我军并不能正当得到食物供应，若以为我军正当得到食物供应，就是误觉。二十四两面包、一两米、八两肉是不够饱军人的肚子的。我们现在不过得八两面包、三两米、八两肉。

24 日

敌军大约今晚退兵及渡施普雷河（Spree）。他们今晚若不退兵，明日必退，那时他们看见大支军队冲出攻打，我将无目的地浪费掉几日。

30 日

在德累斯顿。28 日中午，瑞典兵尝试夺回德绍，毫不得手，瑞典军损失一千五百人。

10 月 2 日

若果听见敌军冒昧带领八万人入莱比锡，这是最好不过的消息。这场战事当然早日可以完结。但我想象他们知道我用兵的方法，不至于冒如此之险。

你既在那里，我再述一遍，掩护莱比锡，阻止敌军在托尔高与威丁堡之间渡易北河，扶助莫斯科王爵。这都是你的重要目的所求的事，余见将来。

致马尔蒙书：现在流行的谣言是假的。你要极其审慎办事。最要紧的是你必定扶助莫斯科王爵。凡是从波希米亚出来的军队，原由那不勒斯王所统的第二、第五、第八军团以抗之。

3 日

致贝尔蒂埃书：你写信给莫斯科王爵说报告是假的，巴伐利亚并未抛弃我们的联盟。

致萨瓦里书：我收到你 27 日的密码信，你照应交易所是一件极好的事，就是价格跌落，与你有什么关系？他们按六成卖出政府公债票的，将来要按八成买回。对于这种事，你愈少干预愈妙。处现在的环境，公债票有多少跌落，是自然之事，随它去。谁受损害？只有软弱的人卖出。倘若政府债票跌到六个法郎，只要按期发给利息，又有什么要紧呢？只要有一件事，就能使债票愈跌愈低，就是你去干涉，又去乱举乱动，好像你加了多少重要之处于这件事上。我是不干预的。

6 日

命卡斯蒂利奥内公爵向莱比锡行进。

布吕歇尔军长所部之西里西亚全军，已经溜向威丁堡。他当晚在瓦尔腾贝格（Wartenberg）架了一座桥。贝特朗军长打了十二个钟头的仗，敌军攻他数次，不能攻退他。到了晚上，贝特朗军长看见敌军援兵已到，乃退兵。

我带领八万人将于今晚到梅森，我的前锋在莱比锡、托尔高岔路之间。

7 日

致贝尔蒂埃书：你写信给那不勒斯王，告诉他说，他的主要目的必定是阻滞敌军向莱比锡前进，以便我们都可以向莱比锡凑拢，使敌军不能近此地，不然，若遇必要，我们可以打一大仗。

圣西尔大将必须分配威斯特伐利亚队伍于他的各师之中，每一师一队中。

今早 10 点钟，大本营将出发赴梅森，因为我的意思是在敌军未与施瓦岑贝格连成一气之先，打败布吕歇尔及瑞典军。

在塞尔豪森（Seerhausen）。我们在这里，大本营在一座旧城堡里。他们时时刻刻盼望消息。

9 日

在乌尔森（Wurzen）。我想最要紧的是应该占领杜本（Duben），倘若敌军在那里不过三万人，我打算就在今晚攻打敌军。据说布吕歇尔军长在杜本，可惜天气太不好。

10 日

在艾伦堡（Eilenburg）。昨日我们到杜本。下午 3 点钟朗热隆（Langeron）军长已离开此处。

我急于要得从莱比锡而来的消息，以便知道敌军的举动，要晓得敌军是前进抑或不是前进。

在杜本。下午 3 点钟，奥地利军队正在由皮涅格（Penig）冲出，当破晓时，那不勒斯王的军队在弗洛堡（Frohburg）。他大约是在今日将退向莱比锡。

此事将以一个霹雳结束！

11 日

致雷耶军长书：拉图尔 - 莫堡军长将到，你把桥打通，以备他来。我们用马队将能得着消息。敌军在德绍做什么，他们想渡河回头，同我们在右岸打一仗，抑或他们把守他们的桥，扎在左岸呢？

12 日

我所得的全数消息都是指示，布吕歇尔军长于 10 日已经向哈勒而去。维特根施泰因（Wittgenstein）在博尔纳（Borna）与那不勒斯王交战。

下午 3 点钟。我军已夺得易北河上多数桥座，看来好似柏林军已渡河回右岸。在其他方向，那不勒斯王于今早据克罗伯恩（Croebern）的阵地，且固守之；我已命他明日即 13 日坚守一日，明日中午我们将有七万人集中于能到莱比锡的地点。

下午 4 点钟。那不勒斯王估计在其阵前之敌军有六万人。倘若他能支持 13 日一整天不必求援，我将向莱比锡进行，使敌军与我战。

致马尔蒙大将书：你如是行进，有如你能遣军队往莱比锡相助，至于加入作战，你须奉王命而行。我们似乎到了胜败在此一举的时候了，此时全赖我军苦战。

13 日

凌晨 5 点钟，巴伐利亚军已与奥地利军联合了，他们正在恐吓莱茵河。

致内伊书：我将全数侍卫军收回，以便明早向莱比锡前进，那不勒斯王正在控制那城市。我已调拉古萨公爵赴该处，那不勒斯王将有九万人。我看我们必须尽我们可能之力集中，在莱比锡必然有一场大战。

上午10点钟。致马尔蒙书：我恐怕布吕歇尔可以在哈勒或其他地点冲出，最要紧的不令西里西亚军走进莱比锡的六七里之内。

你部署你的军队，只要两层不要三层。敌军向来见惯我们是三层的，以为我们的大队人数多三分之一。你要发严谨的号令，实行我的训条。

致那不勒斯王（约阿希姆·缪拉）书：我收到你的信。拉古萨公爵将于今早8点钟到霍亨林纳（Hohenloina）。最要紧的是你不要借用此位大将，倘若你果然用他，则于布吕歇尔由哈勒冲出时，你当这个危机之时，当然会弱了你的战线。凡是这种举动，都要打败仗的；当危急的时候，唯有增加战线的力量，乃能打胜仗。你要十分留心不要用第六军团；至于最后一着不得不用，又当别论。因为从四面八方的指示看来，西里西亚军队是在哈勒附近。

14日

我将于7点钟赴莱比锡。

早上7点钟。致麦克唐纳书：我希望你早到。我军将于明天被波希米亚军及西里西亚军所攻，是无疑的了。是以你应迅速进行，倘若你听见炮声，你就进向炮声所自来的地方。西里西亚军是由哈勒冲出。

在莱尼兹（Reudnitz）。致马尔蒙书：大本营在莱尼兹。古斯塔夫-阿道夫（Gustavus Adolphus）所打的仗，与你所据之阵地有关，我将此战的情形送与你看。

15日

昨日敌军以八万人攻那不勒斯王；敌军凡进攻六次，都被我军打退。第六支马队，原有一部分是西班牙马队凑成的，有几次冲锋冲得极好。那不勒斯王不独守住其阵地，并且恢复一些阵地，是晚上因集中军队不能不让出的。

16日

早上7点钟。致马尔蒙书：因为我正要攻奥军，我看你应该领你的军队上来，驻于离城约一二里，以作准备。你所统的数师，列作梯阵。倘若敌军力攻林狄诺（Lindenau），这似乎是可能性颇不高的事，你能从所驻地向林狄诺而进。一经我估计敌军人数，及见得我们能令他们作战，我就命你上前，列成战线。不能的话，你也可以扶助贝特朗。这是指敌军出现于哈勒路上而言，大约也是不会有的事。

早上 9 点钟。联盟国的大军进攻我军。敌军的举动常是向左延长。中午时候，敌军第六次进攻，被我们打退。

皇帝令勒佐公爵领侍卫军两师，向瓦豪前进，令特雷维佐公爵同时带年轻侍卫军两师向来利博维兹（Liebertwolkvitz）前进，夺在这村子左边的树林。他又在中央令一百五十尊大炮前进，这炮队是德鲁奥军所带的。

此次联合的举动所得的结果适如我的希望，敌军退后，我军得了整个阵地。

此时正是下午 3 点钟。全数的敌军都出战的，他们得助于准备军。默费尔特伯爵统带奥国全数的准备军，以六师援助俄国的侍卫军，这是俄国的准备军，则援助中军。

那不勒斯王亲领重骑兵攻在瓦豪之左之敌军马队，当下侍卫军之波兰马队及龙骑兵向右冲击，敌军马队溃逃。我军右翼恢复阵地，敌军乃退，不敢与我再争阵地。

此战以洛里斯托纳伯爵及波尼亚托夫斯基王爵为最奋勇出力，殊为可嘉。因为要表示皇帝的满意，即在阵地上升此位王爵为法兰西大将。

拉古萨公爵在帕尔沙（Partha）之右，离莱比锡约一里，离皇帝督战所在的阵地约四里，与敌军战。拉古萨公爵并无扶助，终日保护莱比锡，且维持其自己的阵地。他令敌军伤亡极多，却抵不过他自己的损失。到了晚上，拉古萨公爵已受微伤，不得不收军向帕尔沙。

18 日

我们既探悉敌军已有兵来助，且据一极其坚固的阵地，皇帝决意引敌军于另一阵地。18 日早上 8 点钟，向莱比锡退后六七里，在那里守候敌军来攻。

到了 9 点钟，前哨来报，敌军全线皆前进，10 点钟炮队开火。

敌军终日屡次努力要夺孔尼维兹（Connewitz）及普罗布提达（Probstheyda），皆失败。塔兰托公爵被抄。

傍晚 5 点钟。皇帝将预备炮队加入，以全数炮火攻敌，敌军退后三四里。

此时西里西亚军队攻入哈勒城外，而萨克森军队，包括马队、步队、炮队皆在内，连同符腾堡马队投入敌军。这次倒戈，不独使我们的战线露出一个大缺口，且将我信任的萨克森军队把守的要隘皆交与敌人。倒戈的军队之不顾名誉，至于立刻调转其四十尊大炮，轰杜拉特（Durutte）所领的一师。继以片刻间的扰乱，敌军渡帕尔沙，速向莱尼兹前进，夺得其地。敌军此时离莱比锡一二里。

6点钟。皇帝发明日的号令。但苏毕尔及杜兰莱两军长于7点钟以当日放过子弹的数目报告皇帝，此两位军长是统领全军及侍卫军炮队的。两位军长说，后备的军火，已经用完了，所余的不过一万六千发。既是这样，我们不能不向我们两处军火库之一而去，皇帝决定向耶尔福而去。

这一决定，法军不得不抛弃两次打胜仗的结果。在这两次胜仗中，法军以少数军队打败全大陆之极多数之敌军，是很光荣的。

19日

在林狄诺。皇帝令工程队在莱比锡与林狄诺之间的大桥埋炸药，以便于最后片刻间炸轰这座桥。有一部分军队带有大炮八十尊及数百辆火车，还在河的彼岸。

这一部分军队的纵队的前列看见炸了大桥，以为是落于敌军之手。军人们惊惶大喊道："敌军在我们之后，桥已断了！"这些可怜的军人就乱了行列，四处求脱逃方法。塔兰托公爵凫水过河，洛里斯托纳伯爵不幸溺死，波尼亚托夫斯基骑马逃入河中，永不相见。

此时尚不能计算此次不幸的偶然之祸之损失；但经过此番扰乱秩序，完全改变了诸事的面目。得胜的法军到耶尔福时，好像是大败而归的军队。敌军原已为16日及18日两次大败所震动，因为我们19日的祸灾，军心复振，居然现出得胜态度。

我很能够清楚看见致命的时候到了。我的星是变作无光了。[①]我觉得我所执的鞭，从我的手指间溜脱了；我什么事都不能做了。唯有一个霹雳能救我们。是以我只好打到底。我们的机会，日过一日，不是遇着这一件不幸的事，就是遇着那一件不幸的事，都愈变愈少了！

20日

在向魏森费尔斯大路上。必要送一件公文与瓦尔米公爵，叫他打旗语声明，打过许多次仗之后，仍然是我军获胜，我正在向扎尔（Saale）行进。皇帝身体甚佳。

23日

在耶尔福。命塞巴斯蒂亚尼军长出发。他要打退哥萨克，恢复与耶尔福交通。

① 指倒运而言。——译者注

巴黎的市政厅对皇后说颂词时，追随玛丽亚·特丽莎的行为，以我看来，是很不正当的：这表示他们太无手腕。

25 日

在哥达。我将前往美因兹，集中我军于边界。巴伐利亚之倒戈，原是想不到的，又是出乎意料的，把我的全局都推翻了，强逼我们把战事挪近我们的边界。

我正在写信给陆军大臣，说征调八万至十万人的事，这是我所要的。现在已经动了全欧之兵，无论什么地方，都在那里征兵，也不管娶过妻的或未娶过的，都一体征调，以攻我法国。我们也要征兵，不然就要亡国了。

一长串的落后队伍，都正在回来。

28 日

在将近施克洛托（Schluchteme）路上。（对波兰军官说）波兰人要舍我而去，是真的么？

我行进得太过火了，我做了许多错事。这两年命运不青睐我了；但是主命运的神原是个女人，女人是会变的。谁人能说呢？也许是他们的凶星引我向前？无论怎样，你们不相信我么？难道没得……余下在我的……我瘦了么？

我只希望联军将焚毁两三座法国的名城，这就可以给我一百万军人。我就同他们打仗，我打胜他们，我得打胜鼓，一直追他们回去维斯杜拉河。有人告诉我，你们要什么。以皇帝地位，以军长地位，我唯有感谢你们：我无所怪责你们，你们很效忠于我；你们并不是不先通知我你们就舍我而去，你们而且担任引我回到莱茵河。今日我有好话劝告你们。若是你们抛弃我，我不能再有对你们说话的权利了；我们虽遭了许多不幸，我想我还是欧洲的最有势力的君主。

31 日

在法兰克福。我刚到了法兰克福。巴伐利亚军及反对我的奥军，共成六万人在哈瑙列阵，以割断我回法国的路。昨天我一见敌就大败敌军，获得大炮、国旗及俘虏六千人。

11 月 1 日

致玛丽·路易丝书：我的爱妻：我在瓦豪、莱比锡及哈瑙，三次大捷，获得二十面军旗，这是一种贡品，我喜欢献给你，我今正在打发人送来。我信任你当摄政，你的行为使我满意，我送军旗表示我的谢意。

2 日

在美因兹。我到了美因兹，我正在尝试收拢、休息、整顿军队。

3 日

致康巴塞雷斯王爵书：我的表兄弟，诸位参政及元老有胆怯害怕的，我请你同他们说明白，有许多方面告诉我，他们表露出很大的无勇气。可惜我不在巴黎，不然众人就可以看见我比在我一生任何（不得意）事件中，还要淡定，还要镇静。

致萨瓦里书：巴黎人的恐怖和畏惧，实在令我好笑。我想你是能够相信的。我很快地就要大败敌军，是你想不到的。

这个时候我必要在军中，是必不能离开的。到了必要的时候，我将回巴黎。

7 日

我今晚起程赴巴黎。

10 日

在圣克卢宫。征兵总办答应我十五万人。因为十五万人不够，我必要添十万人。

1815 年的征额是十六万人，我将能征调二十万人。

12 日

我正在设法征集六十万人。

14 日

在杜伊勒里宫。诸位元老，我感谢你们的好感。一年之前，全个欧洲都是跟随我军进行，今日欧洲却反对我们。其理由就是天下的见解，不是为法国所节制，就是为英国所节制。假使不是我法国民族有勇气有势力，我们是要害怕的。后世将宣称：今日我们遭遇的生死攸关的大事，既不能胜法国，也不能胜我。

15 日

在圣克卢宫。我发号令，倘若英军到了马拉克城堡，你们将整座城堡及全数属于我的房屋焚毁，以免他们睡我的床。全数的家具，可以搬往贝云，存在那里。

17 日

我得了旗语消息，说阿姆斯特丹的人民举旗反叛。

12月14日

在巴黎。疫病仍然接连。我心里很惋惜，难道寒冷天气也没有希望阻止这疫病么？

15 日

我们的枪支很缺。

17 日

致蒙塔利维（Montalivet）伯爵书：内附警察长所制的简报，开列二万一千二百工人无工可做的，我要预备工作给他们做。我们时常接到申诉，说军政处或侍卫军不能得着应用的物件，而巴黎却有三百五十家编织作，七百家制帽的，一千二百家制锁的，五百家木匠，二千家铁匠，二千家制车作，三百家鞋作，实在是难以令人相信不能备办应用之物。无论如何，我不愿他们无工作，或宁愿他们有二倍或三倍的工作。

20 日

致莫蒂埃大将书：比利士都城是被俄国哥萨克、荷兰国哥萨克，和有不多的几个我怀疑是本地的哥萨克所包围，你即速整备好你的马队去追逐他们。

21 日

命参谋长告诉贝卢诺公爵，必定于1月1日分其所部为三师，即使是每师不足三千人，亦要照办。

26 日

敌军已从贝尔冲出，向柏尔福前进。他们的前锋大约是24日到那里的。我们绝对必须移动侍卫军、马步及后备炮队于兰斯（Reims）。倘若军情紧急，我将号令步队按站而行。以此时而论，尚未至必要时期。

31 日

立法院不独不帮忙救法国，反去帮助毁坏法国，不忠于其职责；我尽我的职责，解散立法院。

这就是我的谕旨，假令我实在晓得这道谕旨的效果就是巴黎民众来杜伊勒里宫杀我，我还是维持我这道谕旨的，因为这是我的职责。当法国人民把他们的命运交在我手中的时候，我曾考虑过他们请我治国所用的法律；假令我以为此项法律不足，我当然是不肯承受的。他们不要想象我是一个路易十六！

1814年

1月1日

在巴黎。诸位先生，你们原可以做点好事的，谁知你们只做了坏事。你们说灾祸在好言劝我。你们怎样能够用我所遇的逆境来责备我。我以名节担负我的逆境，因为上天给我一副强固而骄傲的性格；假使不是我的灵魂中有此骄傲，我不能一跃而登宇宙内最伟大的宝位。

然而我要有人与我表同情，我原是望你们与我以同情的。你们已经以泥土污我，但我是一种人，只可杀不可辱的。发生了驱逐敌军的问题，你们问我要先例，好像是我们无先例的！宪法还不够你们做先例么？你们在四年前原应该要先例的，不然，就该等到和约签押后两年。你们要学从前议员集合，要发起革命么？

（由参谋长发出的号令）此军将包括四军团。

参谋长将与关防委员会布置，将边境分交这四军团防守。

附属于每一军团，有一防止谋叛委员会。

4日

致科兰古书：我疑心联军无诚意，英国不要和平，我却要和平，但是要结实及有名誉的和平。

你要细心听，细心观察。他们不一定让你到大本营，俄罗斯人及英国人将要阻止我们与奥地利皇帝达到一种悟解及解说。你必要尝试探得联盟国的意见，每日报告你所探得消息，以便我示你以训条，此时我无已得的消息，无从给你训条。他们要简化法国到从前旧时的边界么？意大利是未动，总督有好军队。再过一个星期，我将能召集够数的人，打几次仗。即使我的军队从西班牙来的尚未走到，也可以打几次仗。哥萨克之掳掠，将强逼人民执戈自守，就倍增我的打仗人数。若是民众帮我，敌军是已在失败的路上了。倘若命运神欺我，我的主意是打牢了，我不是与帝位结婚的。[①] 我绝不承受令人羞耻的条款，以污辱我国，污辱我自己。

你要探悉梅特涅要什么。奥地利若趋极端，将不利于奥地利，奥国若再走一步，就要失去领袖资格。

我正在起程赴前线。我与你相离甚近，你的第一通报告将能送达我，不至于耽搁时候，你要常打发信差来。

7 日

致约瑟夫书：我的兄弟，我收到你的信。你这封信巧妙太多，不合于我现在的地位。现在的问题，不过是两句话。敌军侵法国，全欧动兵反对法国，尤其是反对我。你此时已不是西班牙王，你将做什么呢？你是一个法国王公，你将扶助我的帝位么？你若是扶助，你必定要说你扶助，写一封直接痛快的信给我，是我能公布的。你接待官员们，对于我的事情及罗马王，表示热诚，对于皇后摄政，表示好意，你能够做到么？难道你的好知识还不能够做到这件事么？

不然的话，你必要安静退隐于离巴黎一百三四十里的一所城堡里。倘若我活在世上，你可以在那里过安静日子。倘若我死了，你将来不是被刺，就是被捕。你将来是无益于我，无益于家庭，无益于你的几个女儿，无益于法国，但是你将必不为害，亦将不麻烦我。你立刻决断，选择你所走的路。

8 日

此处与美因兹的交通已断。

10 日

致麦克唐纳大将书：你必定见得阻止敌军前进是如何要紧。你利用管山林的猎户及民军，竭他们所能之力以阻敌军。

12 日

普罗军长正在向布雷达（Breda）集中。布吕歇尔军长领西里西亚军从布伦茨冲出，向梅斯进行。第三支军由施瓦岑贝格所统，由贝尔冲出。

并不预备抛弃巴黎；若是必要，我们宁可与巴黎俱亡。

---

① 意谓可以敝屣帝位。——译者注

17 日

我正在派马队、步队及炮队往沙隆，我盼望不久在那里做大本营。

致维克托大将书：皇帝不以你抛弃南锡为然。皇帝命你不要不战而离开摩塞尔（Moselle）。你若不战而退，即是领敌来攻，为害甚大。

18 日

我从警部接连收到从北部而来的极其令人震惊的消息。

我要三四十万发的炮弹，供给我三百尊大炮；我不晓得军火部想到这一层否？假令 18 日晚上我在莱比锡有三万发的炮弹，今日我就是天下的主人翁。

21 日

致萨瓦里军长书：在早上 5 点钟之前打发教皇走，副军长可以说他带他赴罗马，使他如炮弹跌落罗马城内。

23 日

致贝利亚尔（Belliard）伯爵书：我将取攻势。你试于我到沙隆时，送我消息，告诉我敌军步队所在，以便我攻之。你到了那里，你却要守秘密。你不要冒险送公文与我，不令敌军截我们书信，使他们不知我到了。

24 日

约瑟夫王为我的副帅，统带巴黎的防军。

26 日

在沙隆。致贝尔蒂埃书：你要打听敌军在圣迪西尔（St. Dizier）做什么？是什么人领军队？人数有多少？倘若敌军只有二万五千或三万人，我们能打胜他们。倘若我们能收成功，全局当然将改变。如若不然，敌军有时候足以集中，我们就毫无机会了。你在维特里（Vitry）预备二三万瓶葡萄酒及巴兰地酒，以便今明两日犒军。倘若并无这两样酒，只有香槟酒，也是一样的可用；宁可我们享受了，不必让与敌军。

在维特里 - 勒 - 弗朗索瓦（Vitry-le-Francais）。我们以炮火胜，能打败敌军。我盼望明日得三百尊大炮成列。

28 日

在圣迪西尔。我于 27 日前进克服敌军所据之圣迪西尔。我们获大炮数尊，俘虏不多的几名。我探得布吕歇尔领二万五千人已经向布里恩进行，将于明日走到。我已经截断他的路线，正在进行击其后军。倘若他守住阵地，明日在布里恩将有一战。

29 日

在蒙提尔兰德（Montiérender）。今日冰雪融化，我们今日可以走通。

31 日

在布里恩。我们 29 日在布里恩打一大仗。急行军刚结束，急攻布吕歇尔大将所部全军及萨肯（Sacken）之军。幸而我于开战时，即夺得一所城堡，可以俯视全城的。因为天未黑以前一个钟头开始用炮攻，是以战了一夜。布吕歇尔大败，我们俘敌军五六百人，死伤敌军三四千人，逐敌军于巴塞奥贝（Bar- Sur-Aube）。我昨向此方追逐敌军七八里，用四十尊大炮发排炮。以我们现在所处的环境，领如是的军队，居然能够做到这样，算是万幸的了。

我军阵地在布里恩前面六七里。自从此战之后，我们对于联军，是军声大振，他们以为我们无军队了。

2 月 1 日

拉洛泰尔（La Rothière）之战，我军向巴黎而退。

2 日

在品尼（Piney）。敌国的军人到处焚掠，全数的居民都入山林躲避，村庄里是以无农民。敌军消耗一切，乡民的马匹、牲口、衣服、破布，都被他们抢空了；逢人便打，不论男女，强奸妇女，不可胜计。我希望不久就拯吾民于水火，敌军应再思，因为法国人是不忍耐的；法国人有勇，我盼望他们自己成军。

明日我将到特鲁瓦。也许布吕歇尔的军队将在玛尔内（Marne）与奥布（Aube）之间动作。

3 日

在特鲁瓦。后日我望有一万五千人从西班牙军到来。

4 日

致科兰古书：施瓦岑贝格王爵的报告是妄想，那里并无战事。老侍卫军并不在场，年轻侍卫军并未动手。我们失了几尊炮。当时似乎是敌人全军皆在前线，他们算是一仗；倘若他们果然是如此算，他们并不见得体面。我军在前敌的不过一万五千人，我们整天维持我们的阵地。

6 日

致克拉克军长书：你告诉我，炮队里有许多长矛。你把长矛拨给此时聚集于巴黎的民军，可以交与第三班用。刊布运用长矛的法则，并将长矛拨与各省。

长矛比叉好，在各城市中，他们连叉都不足于用。

明天一早我将到诺让（Nogent），是以我能掩护巴黎。

7日

在诺让。致康巴塞雷斯王爵书：我收到你6日的来信。我读信晓得你不鼓励皇后，反使皇后畏怯。难道你失了知识么？你们在教堂里祈祷四十个钟头是什么意思？你们在巴黎的，都全变了疯子么？

要看我所得的消息而定，我盼望于破晓时行进，统领侍卫军的六千马队及旧侍卫军步队一万人。但我不能冒差错之险，我必须等候确切的消息。

8日

致马尔蒙书：切断蒙米拉尔大路，即速递消息来。我不能相信敌军正在向亚米内（Epinay）大路行进。

致约瑟夫王书：倘若因我所不能预料的事件发生，我要往罗亚尔（Loire），我不愿安置皇后及我的儿子于离我甚远的地方，因为无论发生什么事，他们要被掳送去维也纳的。设使我死了，敌军更要掳他们送走。

我承认你7日11点钟给我的信伤我的心，因为我看见你的意思中并无理性，又因你随波逐流，附和许多无反省的人的胡说及意见。倘若我们的军队退出巴黎，若塔列朗与皇后留在巴黎的办法有相关，这就是他们在那里酝酿卖国的奸谋。我再告诉你，你要防这个人。我同他交手办事有十六年了。有一时期，我居然很看重他；但是此时命运神已经舍我而去，他当然是我的最大仇敌。你要谨守我的说话。我晓得这一群人，比你晓得更清楚。

倘若有打一个败仗，及我阵亡的消息前来，你当先得消息在我的各部大臣之前。你送皇后及罗马王[①]于朗布勒特，命元老院、议政会及全数的军队齐集罗亚尔，或一委员，或一市长于巴黎。切勿任皇后或罗马王落于敌人之手。我觉得我宁可任我的儿子被人勒死，不愿他在维也纳受教育，变作一位奥国王公。我将皇后看得很高的，我相信她也是这样想，为人妻为人母的，都能这样想。我凡观安德洛玛刻（Andromaque）惨剧，我无不替阿斯提阿那克斯（Astyanax）之偷生于亡国之后伤心，我无不以为他应以殉父之死为乐。你不晓得法兰西民族，当这诸多大事，其可以发生的结果，是不能计算的。

致多尔（Dauro）书：我们虽一路流血放火以求粮食，亦无所得，军队快要

① 拿破仑的太子。——译者注

饿死了。然而我若相信你的报告，军队是受过供给的了。贝卢诺公爵无军粮，吉拉尔军长无军粮，侍卫军的马队亦将饿死。

9日

致萨瓦里书：精选二十名宪兵及二十名巴黎宪兵，打发他去拘捕落后的队伍，每十名枪毙一名。

我终夜很辛苦地办事，不能起程赴西沙安（Sézanne）。拉古萨公爵在尚波贝尔。萨肯军长有一万五千人在蒙米拉尔。我命将官明天攻他。

10日

在西沙尔。我正在上马要赴尚波贝尔，路上泥泞难行，颇滞我的行动。路上泥深六尺。

晚上10点钟在尚波贝尔。我在尚波贝尔攻敌。他们有十二大队，四十尊大炮，敌军的总军长奥尔索维夫（Olsouvief）及其部下全数军长、军官、大炮、炮车、辎重皆被我军擒获。计至此时，我们擒得六千俘虏，四十尊大炮，二百辆大车。其余的敌人，不是溺于池里就是死在战场。这一师团是完全毁了。

我军正在向蒙米拉尔进行，今晚10点钟可到。我有极强烈的希望，萨肯军长是完了。今天我们的运气好，倘若仍走好运，全局的情形不过一转瞬间就改变了。因为萨肯所部是俄军的脊骨，共有十师或六十大队。布吕歇尔与萨肯的交通是断绝了。他有两师人。

11日

在蒙米拉尔附近。我的兄弟，此时正是8点钟。我于未上床之先，我写数字与你，告诉你我，今日的工作是解决大局的。敌人的西里西亚军是无存在了，完全被我打溃了。我们夺得敌军全数的大炮及辎重，俘数千人，大约是七千人。他们陆续来了。战场上还有五六千敌人，我打这一仗，不过用老侍卫军半数的人，我正在写信与皇后放贺炮六十响。我军的损失甚微。我的侍卫军的步队，我的龙骑队，我的榴弹骑兵，立非常之战功。

12日

敌军已在特里（Thlerry）城堡渡玛尔内河，且烧了大桥。老侍卫军此次的战功，实远出于所能期望于一支精兵者之外。老侍卫军其实是麦都萨（Medusa）的头。[1]

---

① 见希腊神话。——译者注

13 日

我不能相信施瓦岑贝格王爵，当我军把守诺让大桥的时候，敢于入封腾布罗。奥军深知我用兵方法，晓得多年了。他们必定晓得，倘若他们仍任我们把守诺让桥，我将冲出以攻其后，如我在此地点所曾办过者。

我尚不能决定清楚我今日的举动。我很害怕俄罗斯兵可以放火烧封腾布罗，以示报复。

在特里城堡。

那不勒斯王的行为极不好，王后的行为更不堪。我希望多活数年，为我自己，为法国报仇雪耻，这两个人太过胡为，太过忘恩负义了。

致科兰古书：因为那不勒斯王已对我宣战，你通知那不勒斯王的大使，限于二十四个钟头内离巴黎，且从速离开帝国之境。

14 日

此时是凌晨 3 点钟，我正在起程赴蒙米拉尔，从蒙米拉尔攻布吕歇尔，他已经冲出来了。

在蒙米拉尔。我今日凌晨 3 点钟从特里城堡起行，到蒙米拉尔的时候，敌军刚到城门，我直攻敌军。我大败敌军，俘八千人，获大炮三尊，军旗十面，逐敌军于伊图吉（Etoges）。我军死伤不及三百人。此次之捷，实因敌军无骑兵，而有我极精的六千至八千马队。我常犯敌军，且常抄敌军，同时我以大炮一百尊发葡萄弹击之。

15 日

凌晨 3 点钟。我将于一破晓时即行，将能带领侍卫军于颇早的时候到拉 · 费特 · 苏 · 茹埃尔（Fertésous Jouarre）。

凌晨 4 点钟。我正在向摩克（Meaux）行进，布置军队，以抗奥军。奥军已在诺让及布累两处渡塞纳河。

在拉 · 费特 · 苏 · 茹埃尔。我军将于 17 日、18 日或 19 日，在圭内斯（Guignes）附近与奥军大战，我将下午带领侍卫军马队越摩克。我不敢说侍卫军步队能到那里，无论如何，我希望他们能到拉 · 费特（La Forté）。

16 日

早上 8 点钟在摩克。我正在要赴圭内斯，将于明日攻敌军。

在圭内斯。我是下午 3 点钟到此。我军今晚扎营休息，以便明日破晓到南吉。

17 日

下午3点钟在南吉。敌人的大军，奥军、俄军、巴伐利亚军及符腾堡军，从各方向复渡塞纳河而去，去得极其匆促。今晚在这一边，大约将无一敌人。但是我修理在蒙特罗的大桥，大约花费许多可宝贵的时间。

致维琴察公爵科兰古书：我已给你全权救护巴黎，以免一战，这一战当然是我国的最后希望，这一仗是已经打过了。天助我军，我俘敌军三万至四万人，我已经夺得二百尊大炮，获多数的军长，打破了几支敌军。昨日我开始攻入施瓦岑贝格王爵的军队，且我希望当其未过边界之前，我破坏之。你的态度必须与我的全数计划相应，你必须尽你的能力讲和：但是你于未奉我命令先，无论什么都不要签押，因为只有我一个人晓得我的实在情形。我此时所处的地位，比敌军在法兰克福时坚固得多。今日的情形全变了，我屡次大胜敌军。我用兵已二十年，不无善战之名，而这几次之捷，则殊非这二十年来的胜仗可比。

18 日

致贝尔蒂埃书：我命贝卢诺公爵前往蒙特罗，他并未奉行，我殊不喜欢，你把这句话告诉他。他必须解说他为何不奉行的理由，这件事把全局战事的成效置于危险之地。你写一封严厉的信给他。

施瓦岑贝格王爵最后发现他生存之兆。他派一个军官来议停战。世上难以有比这更懦怯的！他曾经屡次用侮辱的话，拒绝商量停战条款。他们第一次打败仗就跪下了！幸而前哨不肯让施瓦岑贝格王爵的副官走过。我不过收到他的信，等我几时有便，我就回他的信。我要等到敌军全出我的国境，不污辱我们的地方，我才答应停战。

致塔沙尔伯爵书：塔沙尔，今晚起程回去意大利；你可以在巴黎耽搁些时候，足够看你的夫人为止，不许与任何人交往。你告诉欧仁，我在尚波贝尔及蒙特罗打败联军至精的军队；施瓦岑贝格王爵今晚已经派一副官来商请停战，我却不上他们的当，他们骗我不止一次了。你又告诉他，假令维克托（即贝卢诺）切实照行我的命令，昨日从米兰赴蒙特罗，巴伐利亚军及符腾堡当必为我军所袭，只余奥军，他们都是不能战的。在其前，他只要在他们背后抽响他的马鞭，奥军都要跑了；但是维克托并不奉行我的号令，我们将要尝试别的方法。

你告诉欧仁，我很喜欢他，他可以对意大利军宣布我对于他们很满意；叫他放贺炮一百响，庆贺尚波贝尔及蒙特罗两次胜仗。

19 日

在瑟维尔（Surville）。我昨日击溃奥国军长比安奇所统的两师准备军及符腾堡军，他们的损失甚大。我们夺的几面军旗及俘三四千人。最要紧的是当他们毁桥之先，我们幸而把桥夺回。贝卢诺太过慢，太过忽略，我不满意他，革了他的职。

致科兰古书：你送来的条陈（提议）实在是太不光彩了，我一见就被触动了，我不过处此地位，就有人能对我提出这样的提议，实在使我觉得受了污辱。我或从特鲁瓦，或从沙提昂，送给你训条；但是我几乎宁愿失了巴黎，也不愿意他们对法国人民提此条款。你屡屡说起波旁——我宁愿看见波旁以有理的条件回来法国[①]，也不愿意看见你所交来的不名誉的提议！

致萨瓦里书：报章上的议论写得太蠢。在这个时候，说我所有的军队为数不多，说我因为攻敌之不备而获胜，又说敌军三倍于我们，这是有意识的话么？你们在巴黎的人，说出这样的话来，岂不是全丢了头脑了？现在我随处都说我有三十万人，敌军相信我的话，你们要连接说这种话才对。

我们竭一天之力，才走过这蒙特罗山隘。正在下雪，天气颇不好。

20 日

敌军自从败于蒙特罗之后，已退出布累及诺让，正在匆忙向特鲁瓦而退。他们是什么用意？他们要请布吕歇尔来与我们在特鲁瓦见仗么？

在蒙特罗。致克拉克军长书：我送去四面军旗，还有两面应该随俘虏送来，共总是六面。还有四面俄国军旗我们未能找出来，共总是十面军旗。我们试寻这四面找不着的俄国军旗，倘若我们不能及时找出来，你就用其他四面俄国军旗以充此数。最好是令国民军会操，阵前摆列军旗，随以军乐。

在诺让。我刚到诺让。敌军很侥幸，因为冰冻使他们易于走路，不然，他们当然要失去一半辎重及大炮。

21 日

致奥热罗大将书（时在里昂）：我的表兄弟，陆军大臣已将你 16 日的信送阅。此信颇令我忧闷。你说什么呀！从西班牙回来的第一批军队与你合师之后，你不是在战场六个钟头么？歇息六个钟头是足够了。有一团龙骑军从西班牙来，从贝云一路来，就未有卸过缰辔，我就用他们作战，得了南吉之捷。你说

① 指波旁朝复辟也。——译者注

尼米斯（Nimes）的六大队人衣服军装都缺乏，而且不晓得操练。奥热罗！这是很不充足的理由。我曾经用数大队的征兵，连子弹盒都没有，服装是很不齐备的，打败八万敌军！你说民军是很无用的，我这里有四千民军，都是从布列塔尼及昂热（Angers）来的，头戴圆帽，并无子弹盒，穿的是木头鞋，却有好枪，我很有用得着他们的地方。你总说你无钱，你盼望在什么地方支钱？我们必要从敌人手中夺回税局，然后能有钱呀！你说无马匹，不管在什么地方抢来就用。你又说无兵栈，这句话是笑话了。倘若你因为六十岁高龄压得过重，你就该走开，交与你部下的资格最老的军官；倘若你还是从前在斯蒂维耶雷的奥热罗，你就仍统领你的军队。我国被犯，正在危险之时，唯有勇气及热诚能救国，无用的不关痛痒的办法，是不能救国的。第一件你必须有六千好军队，我自己还没得这个数目，然而我已打败三支敌军，俘四万人，夺得二百尊大炮，救都城者凡三次。你挪动你的火线至前敌，现在不比近数年那样办法了，你要穿上靴子，带着 1793 年你的果断！只要法国军人看见你戴上军帽，领着小战队，看见你奋勇向前去冒敌人的炮火，你要军人们干什么都可以。

致奥帝弗朗西斯一世书：我的好兄弟，我的至亲岳父，刚才打的一仗，我原已竭尽我的能力避免。命运神对我微笑，我先将布吕歇尔所统的俄军及普军打败了，后将克莱斯特所统的普军又打败了。以现在情势而论，无论在陛下的大本营有何成见处于优胜地位，我军队的人数，无论是步兵、骑兵、炮兵，都比陛下的多。若是陛下的决断，要以比人数之多为第一要件，我可以把这件事证明于施瓦岑贝格王爵、布勃纳伯爵，或梅特涅王爵之前，使其满意，此诸君都是有结实可靠的判断的。我以为写信与陛下是我的职责，因为法国军队，与大多数是奥国人的军队相战争，似乎是与我们两国利益相反的事。倘若命运神欺我的希望，陛下的地位当然是更为难了。

我是以对陛下提议，我们立刻签押和平条约，以陛下在法兰克福所定的为根本，我与法国接受此为我们的最后通牒。我再说一句，唯有这几条根据能维持欧洲均势。倘若陛下一定要甘弃奥国的权力，而自置于英国权力之下，及置于俄国之仇恨之下，无论什么条件都不愿罢兵，唯有按照会议所提议的条件乃能罢兵，上天与我们法国的天才，将扶助我们。

24 日

在布尔狄诺（Bourg des Nöes）。致蒙塔利维书：我收到你的信。假使法国人之可鄙如你所想象的，我当脸红以为羞耻。你同警部大臣全不知法国情形，如我之不知中国情形。你描写得太过火，令国王易于相信，使他畏缩。

25日

在特鲁瓦。只要我一晓得布吕歇尔干什么，我将试抄其后而割截之。

26日

假使我有十座浮桥，战事就可以停止，施瓦岑贝格王爵之军将不能再存在。我当可以夺他的八千或一万辆大车，分起打败他的军队。可惜我无船渡塞纳河。

布吕歇尔正在向西沙安前进，昨晚彼此发射了几炮。莫斯科王爵今早在阿尔西（Aroie）渡奥布河，抄布吕歇尔后军。

27日

我往阿尔西指挥军队，攻击敌军之正在向拉福戈萨（La Ferté Gaucher）而前进者。

致那不勒斯王书：你的举动完全与应该做的相反，我不必对你说我极不高兴。你的举动发生于你的性向太薄弱。你在战场上原是一把好手，你出了战场，却无决断，无勇气。你所做的一件反叛我的事，我以为你是出于害怕，你应反害为利，以彼此互相悟解而助我。我相信你，我相信你追悔前非，相信你答应我的话。倘若不是这样做，你要晓得你将追悔莫及。有许多人以为狮子已死，我想象你不是其中之一。

在阿尔西塞奥布。致约瑟夫王书：我将在赫尔比（Herbisse）睡，我将于明早9点钟到费尔桑品诺（Fère Champenoise）。

我收到罗马王的画像。题像的句语是“上帝保护我父及法国”，不如改作“我为我父及法国而求上帝”。此一句较为直接。我要你再刻印几张罗马王作民军装束的。

3月1日

在若亚尔（Jouarre）。敌军渡河回到玛尔内河的右岸，我却赶上去用炮击敌军后队。明日我要看我们能做什么。我现在尚得不着敌军往哪里去的消息。

2日

因为修桥为难，我在这里停顿了好几个钟头。

晚上7点钟。我们的桥9点钟可以修完。到了半夜我将有六千马队过河，令他们追敌。据乡下人说，敌军在泽地上难以运输，敌军的情形很不好，军人们啼哭，抛弃他们的枪支。我希望明日我们打胜仗。

4 日

在比苏。致克拉克军长书：我渡过玛尔内河，向特里城堡进军。我催趱我的前锋到罗科尔特（Rocourt）为止，我到了这里睡觉。

你把马尔蒙的信送来给我，但是这几封信毫无消息。这位大将是太过好虚荣，都表示在这几封信里头，以为人家看他还不够十分高。什么事都是他办的，什么好主意都是他出的，可惜他有许多本事，却还不能抛弃他的呆气，不然，他也应该稍自节制，不要铺张出来给人看。

布吕歇尔似乎是受种种阻碍，常常改变方针。我希望这种情形可以发生好效果。

5 日

在费斯米斯（Fismes）。我忖度拉古萨公爵昨天已到苏瓦松，但是司令官不放一炮就退出。他退出的时候是有条件地退出，是带了全部的人执械及四大尊大炮退出的。我已命陆军大臣拘捕他，开军事法庭审讯他，枪毙他。枪毙他的时候，要在法场中间。执行的时候，要作为一件很光明的事件。[1]要派五位军长审他。敌军已失败，是原该为我们所击破的。今既如此，我们还要指挥调度，架桥又要耽搁许多时候。

下午 4 点钟在柏立 - 奥巴克（Berry Aubac）。温青格罗德（Wintzinge rode）的军队尝试阻止我军渡河，但是我们的步队一发现，他们都跑了，只剩哥萨克与巴斯克人与我们相对。我军在桥上直冲过去。

6 日

今日我们进向拉昂（Laon），驱逐瑞典太子储君及布吕歇尔的军队，我们每日使他们受重大损失。

7 日

在克拉纳（Craonne）。我已经打败温青格罗德、朗热隆和沃龙佐夫（Voronzof）及萨肯的残余军队。我俘敌军二千人和几尊大炮，又把敌军从克拉纳追至安吉 - 加丁（Ange Gardien）。克拉纳之战是一有荣耀之成功。贝卢诺公爵及格鲁希军长皆受伤。

我的前锋正在走近拉昂。

---

① 所谓明正典刑。——译者注

9 日

拉昂之战，向苏瓦松退却。

10 日

沙维农（Chavignon）。致约瑟夫书：我在克拉纳所败的敌军是萨肯所部的俄罗斯军及温青格罗德的军队。敌军损失甚重，已退向拉昂，与普军之普罗、约克、克莱斯特军队会合。因为敌军在拉昂的地位极其坚强，我昨日只做侦察的事。拉古萨公爵原是从柏立奥巴克向拉昂而进，走近市镇的时候，他的军人们糊涂了，退回十余里，秩序颇乱，抛弃几尊大炮。这是打仗偶然而有的事，但是正在我要走一点好运的时候，遇着这种事，却是极不幸的。这件事令我决计今日不攻敌军。

11 日

我已决计退回苏瓦松。年轻侍卫军如雪一样地化去了。老侍卫军还站得住。侍卫军的马队也如雪一样化去得很快。

12 日

在苏瓦松。致纳夏泰尔王爵书：你写信给拉古萨公爵说，我不晓得此时他的师团代表什么。

致约瑟夫书：我很惋惜你对我妻说及波旁，及奥帝可以发起的许多为难。我必要请你避免这种的谈话。我不愿我妻保护我，这样的观念，可以纵坏她，而且引生一种争吵。对她如此说话，有什么好处？在这四年之间，波旁两字，或奥地利数字，绝未出自我口。无论如何，全部这种谈话只能令我妻不能安寝，而且糟蹋她的极好的脾气。

你常常写信说，好像议和是只依赖我，然而我已将公文送与你看过了。倘若巴黎人要看哥萨克，他们是要后悔的，但是我不能不说真实话。我向来不求巴黎人赞美，我不是个演员。

致欧仁王爵书：我收到那不勒斯王给我的一封极其特别的信，我寄去你一阅。当我、当法兰西被人行刺的时候，这样的意思实在是不可思议的。你打发一个人员去见这位异常的卖国贼，用我的名义与他签押条约。你为这件事起见，你以为怎样最好，就照怎样办。处此时的实际环境，凡可以使那不勒斯人与我们一致的，都不要忽略。因为既经他们这样忘恩负义，又处这样环境，并无任何一事是可以束缚我们的。以后我们喜欢怎么样做就怎么样做。我要令他为难，故此我已经发命令将教皇送到他的前哨，经过帕尔马及皮亚琴察前往。

半夜。我带了老侍卫军起程。

14 日

在兰斯。我昨天到兰斯。我克复这城市，获大炮二十尊，许多转运设备，俘五千人。

致萨瓦里书：巴黎现在怎么样，你并未给我消息。他们正在议论摄政、一篇颂词及一千种的呆气而又可笑的阴谋秘计，这许多事，最好也不过是从一个呆子如米奥特（Miot）的脑子出来的。巴黎人已经忘记我是照亚历山大的样子斩断戈尔迪安结（Gordian）的。我们要记得我从前在瓦格拉姆及在奥斯特利茨是什么样人，我此时还是那样的人；我不许在国里有任何阴谋秘计；除了我的法权外，不能有任何其他法权，至于有重要事情，我委托皇后。

致约瑟夫书：我收到你 3 月 12 日的来信。巴黎的民军原是法国人民之一体，只要我还活在世上，无论在法国什么地方，我是要做主人翁的。你的品格与我适相反，你好用好言欺人而随人的见解。我宁愿受人好言所欺，而要人从我的意见。今日与从前在奥斯特利茨相同，我是主人翁。革命的时候，拉法耶特（Lafayette）名为主人翁，其实乱民是主人翁。今日我是主人翁，我想象巴黎人能见得我们两个人的分别。

16 日

致约瑟夫书：我正在如是之调动军队，有如使你数日间不得我的消息。倘若敌军以颇厚的兵力向巴黎而进，使巴黎不能抗拒，你送皇后及我的儿子向罗亚尔而去。你切勿离开我儿子的左右，你要记得我宁愿我的儿子入塞纳河内，不愿意他落在法国仇敌的手中。阿斯提、阿那克斯在希腊人手中为俘虏，我以为是历史中最不快的事。

17 日

只有三条可走的路：

一、向阿尔西前进，约四十里；我们明天，即是 18 日，可以到那里；这是最冒险的办法，效果是不能计算。

二、进行西沙安。

三、从大路向摩克一直行进。

第三条是最安稳，因为可以速到巴黎，但亦是无道德上的效果，诸事都全靠打一大仗的不可知的结果。但若敌人有七八万人，这样的一仗，当然是一件很可怕的冒险的事。当下倘若我们向特鲁瓦前进，攻敌之背，同时塔兰托公爵退后，与敌节节争每寸之地，我们当可以较为有把握。

在亚帕内。明日未破晓时我将起程往阿尔西－奥布，将于后日正午可到，攻敌之背。

20 日

在普兰西（Plancy）。我昨日渡奥布河，直向梅里（Méry）前进。我攻此市镇，下午 7 点据其地。18 日俄帝亚历山大在亚市（Aroy）。他在那里不过逗留一个钟头，我们几乎面对面。

致贝尔蒂埃书：你立刻写信给塔兰托公爵，叫他催他们往阿尔西，吉拉尔军长、民军都要去。值此阿尔西－奥布之战，我竭我的能力保护我们的国土，寸寸地与敌争，我拼一死以求一个有荣耀的结局。我接连地暴露我自己。我四围的子弹如下大雨，我的衣服上都是子弹，却无一个子弹打中我的。是天谴责我，令我仍活于人世！

23 日

在普里西斯城堡。致贝尔蒂埃书：打发一个宪兵改装赴梅斯，一个往南锡，一个往巴尔（Bar），带书信送给各地的市长，告诉市长们，我军正在动作，以毁敌人的交通，全征的时机到了，鸣警钟，到处拘捕敌人的军官及军需官，攻击敌人的运输，夺他们的军械库及备用诸物。请他们立刻在第二、第四两军团的村庄张贴此命令。写信告诉梅斯的镇守官，集中他的军队行进，与我们相会于默兹。

31 日

巴黎约降。

在拉古尔德法郎士（La Cour de France）。朕命维琴察公爵，我的御厩长及外交大臣，往见联盟诸君主及其联军的总司令，请他们善视在朕国都内的好人民。

朕今授此位大臣以全权，命其商议及签订和约，无论其如何为朕之国事之福利而有所签订，朕皆允以批准。

致贝尔蒂埃书：拉古萨公爵将成为前锋将，集中于伊桑（Essonne）。特雷维佐公爵将在伊桑及封腾布罗之间列阵。写信与奥尔根的长官，把敌军已据巴黎的坏消息告诉他。当日只要他们再候三个钟头，我就赶到，就可以免了此事。

你须提醒内务部大臣，到处都要统征，以补足我们大队的缺额。

4月1日

老侍卫军随带炮火及准备的炮队，将于明日在森林出路之处列阵。

3日

军官、下士、老侍卫军，诸军人们呀，敌军已乘他们不备，偷走三程，入了巴黎。我已预备有大牺牲，与俄帝亚历山大议和。俄帝不独不肯讲和，且更有所作为。逋臣们的性命，原是我饶了的，我并且给他们许多好处，逋臣们反向俄帝献其背约失信的条陈，俄帝竟让逋臣们戴白徽章，不久俄帝就要废我们的国徽，以白徽章替代。不过几日之内，我将攻俄帝于巴黎。我依靠你们……

（暂停，不响。）

我说得对么？

（皇帝万岁！皇帝万岁！往巴黎！往巴黎！）

我们就去证明给敌人看，法国民族，是法国土地的主人。证明给他们看，倘若我们在其他土地内久已做过主人翁，我们要在这里，做永远的主人翁，我们能够保护我们的国旗，我们的独立及我们幅员之完整。你们把我所说的话传达给你们的军人听。

4日

致贝尔蒂埃书：命拉古萨公爵、特雷维佐公爵、勒佐公爵、康尼安诺公爵，今晚10点钟来宫报告，且安排定使他们于破晓前回去供职。

（宣言书）联盟列强已经宣布拿破仑皇帝是欧洲恢复和平的唯一障碍，拿破仑皇帝今日实行其所约，宣布天下，预备退位，且为国利，而抛弃法国，且愿抛弃生命自身。皇帝之子之权利，皇后摄政之权利，及维持帝国的法律，皆是与法国之利不能分离者。

1814年4月4日在封腾布罗宫签发。

5日

致贝尔蒂埃书：命特里利亚（Trelliard）军长，他近在内穆尔（Nemours），明日向皮提维尔斯（Pithiviers）行进。告诉他我们将经过马尔舍布斯（Malesherbes）向皮提维尔斯进行。假使我们必须打仗，他可以来助。

命法利安军长明早6点钟向马尔舍布斯进行，随带侍卫军的一师。

炮队将立刻随老侍卫军之后进行。

10 日

我到处找一个世界上不安适的一隅之地，以作藏身之所，他们一定有办错的地方，我就可应以为利。我挑选在厄尔巴（Elba）岛上藏身，这一个是铁石灵魂所选择的地方。我的性格诚然是古怪，但是一个人不异于他人，则不能是一个非常人；我原是一块石头，被抛到世界上来的。

11 日

拿破仑皇帝今为其自身，为其承统及后继之人，让出其节制法兰西帝国、意大利君主国及全数各国之主权和其他权利。

厄尔巴岛是拿破仑皇帝自择作为居住之地，当其在世之时，永为一个独立邦。

法国皇帝侍卫军将拨一千二百或一千五百人作为护卫。拿破仑皇帝可以有四百人作为其自己的卫队，这是任由各人投效的。

13 日

天命如此——我将要活在世上！谁人见到将来呢？无论如何，我有妻有子，我就够了。

16 日

致瓦莱夫斯基伯爵夫人书：玛丽，我收到你 15 日的来信。我深为你所发表的感情所动，只有你这样崇高精神的人，才能够表达这样的感情。你若赴卢加（Lucca）温泉，我很愿意到那里看你，看你的儿子，你绝不要疑心我。

19 日

致皇后玛丽·路易丝书：我的好路易丝，我收到你的信，我明白信里的愁苦，因此增加我的愁苦。科维萨鼓励你，壮你的胆，我很喜欢。我很感激他。他的高贵举动证明我向来看重他是不错的。请你把我这几句话告诉他。你叫他按期送一报告与我，使我晓得你的情形。你立刻试往爱斯温泉，我听说是科维萨叫你去的。你要保重，你以为你的儿子起见要保全你自己的康健，儿子要你照料。我正在起程往厄尔巴岛，我特从那里写信给你。我预备好一切，欢迎你。你常写信给我。封面写交总督或交你的亲随。

20 日

别侍卫军。我的老侍卫军的军人们，我来同你们辞行，在这二十年间，我同你们都是奔忙于有名誉有荣耀的路上。无论是在近来最后数日，或在从前得意的时候，你们向来未曾改变过，是勇敢及忠诚的榜样。有你们这样的人在左右，我们所要做的事，并未失败。但是战事是无穷的，若要往下打，就是内乱，法国将更遭不幸。我是以牺牲全数我们的利益，以保存我们国家的利益。我要离国了。你们，我的朋友，必要接连为国出力。我的唯一思想就是法国的幸福，这常是我希望的目的！我遇着这样不好的运气，你们不必可怜我。倘若我已应允不死于我的厄运，原是要为你们的好名誉做事。我的意思是要把我与你们做过的许多伟大事业写出来！我的孩子们！我与你们分手了！我很想同你们全数的人搂抱；即使不便，我至少也要搂抱你们的大旗！——我的老同胞呀，我再与你们告别了！但愿这么一次的搂抱，可以深入你们的心！

21 日

在布利亚尔（Briare）。你听见我昨日对老侍卫军临别的演说，你看这几句话所发生的效果么？对他们说话是要这样的！

24 日

在瓦伦斯（Valence）。（对奥热罗说）你这个样是要往哪里去？你入宫么？你的告示已经是够傻的了，你为什么要侮辱我？

27 日

在法利查。致达莱斯梅（Dalesme）军长书：形势已经令我舍去法国皇帝之位，我为我自己保留这厄尔巴岛的君主权及业主之权，这是列强所答应的。我是以派德鲁奥军长去见你，以便你立刻将该岛及食物、军火，及凡属于我皇帝的疆土的产业，交与这位军长。请你将这新情形告诉居民们，你并告诉他们，我之所以选择此岛为我居住之地，原以他们性向之好，及该岛天气之美。我是要常照应他们的。

28 日

在英国船“无畏号”（Undaunted）上。波旁们——可怜虫——是很喜欢收回他们的宫殿及他们的产业，但若法国人民不满意，而以为他们的制造无人照管，不到六个月，波旁们又要被逐了。

5 月 3 日

在厄尔巴岛之波托 · 费拉约（Porto Ferrajo）。好吗！这是我的很好的住处！

5 日

这个地将来是休息岛。

7日

令军长德鲁奥：你从副长官处了解行政系统。

你吩咐他们，明天每个村庄都要挂本岛的旗，把明天做一种庆贺日。

我看此岛的总管应该用公文通知那不勒斯、罗马、托斯卡纳及热那亚，说已经升用我的旗。

召集副长官、海军委员、主簿长、陆军军需官、收税官，及其他人等之以此岛行政情形报告我的人员，明日开一会议。

你告诉监察吏，街道太过不洁，我殊不满意。

9日

咳！我这个岛的地方并不大！

29日

约瑟芬死于马尔梅松。

7月11日

致贝特朗伯爵书：你问费什红衣主教，我可以派什么人当契维塔-韦基亚（Civita Vecchia）领事。这一个口岸及里窝那、热那亚，都是最重要的地点。

17日

致司礼官手谕：你写信给我的兄弟吕西安，说我收到他6月11日来信，我颇为他所表达的感情所动。他不要怪我不复他的信，因为我不写信，我并未写信与母亲。

24日

令贝特朗伯爵：天气若是好，今晚打发亚比尔（Abeille）[①]往契维塔-韦基亚港口。带信件交给那不勒斯领事及费什红衣主教。吩咐亚比尔船在契维塔-韦基亚逗留不得过二三日，关于母后及波利娜公主的消息，要打听清楚。

8月2日

致贝特朗军长手谕：因为我尚未布置好开大宴会，我将等候母后及波利娜公主来到。这时大约是在9月初，才放烟火。我要当地的人自己花钱开一个舞会，在宽阔地方搭棚，请侍卫军的军官们。棚外设音乐以便军人们跳舞，又要预备几桶酒，请他们喝。我又要当地的两个年轻男女结婚，把他们装扮起来。

① 船名。——译者注

司礼官及其他官员们，都到场观结婚礼，当大弥撒祭举行。

9日

致贝特朗书：利辛斯基（Leczinski）营长今日起程，将携带一封书信与皇后，此时皇后在爱斯。你写信告诉孟尼华，说我盼望8月底皇后可到，我要皇后带我的儿子来。我得不着皇后的消息，我觉得奇怪，皇后的来信，一定是被人截留了。

26日

（对贝特朗说）我相信我曾经告诉你，请波利娜公主不要带钢琴师来，只要带两位善唱的来，因为我们这里已经有一位好提琴师、一位好钢琴师。

我有一匹骡子淹死了，这是很可惜的损失，都因为马棚里无抽水机。你要安置一架抽水机。

28日

我得着截至8月10日的皇后消息。她写信给我，要由森诺（Senno）代转。森诺加封寄与热那亚之加特里（C. Gatelli）收。

9月2日

（谕贝特朗）你写信给波利娜公主说，全数从那不勒斯寄来的信，我都接到了。经由斯塔积堡（Stahremberg）转来的信，都是拆封的，好像我是一个监犯，他是一个监卒，我很不高兴。我以为这样办事，既令我不快，又是极其无理，不独羞辱我，而且羞辱他们。

9日

我收到一封极其富于感情的信，是那不勒斯王写给我的。他说他已经写过好几次信了，但是我疑心这句话。法国及意国两个问题似乎是颇扰动他，使他变作好说话了。

20日

我妻不写信给我了！他们把我的儿子也夺去了，不使与我相见！当今时代，从来未曾记载过这样野蛮的举动！

30日

维也纳会议召开。

10月10日

致托斯卡纳大公斐特南书：我的兄弟、我的叔丈，自从8月10日以来，我并未收到我妻的来信，而未接我儿子的信已经有六个月了。我托柯伦纳交此信与殿下，我求殿下告诉我，我可否每一星期写一封信与皇后，与皇后的来信交换，收蒙特斯古伯爵夫人来信，她是我儿子的保姆。虽谓有许多事变发生，改变了许多人的心肠，我却恭维我自己，殿下对我，仍然保留多少交情。

11月4日

有什么维也纳会议的新闻？你想看他们有意要贬逐我远出么？我绝不让他们把我弄走了。

12月11日

致德鲁奥伯爵书：榴弹队是要走了，他们都是好人，你在他们销差书中要很小心说他们的好处。你要说他们是奉德鲁奥军长之命销差的，因他们家庭所处的地位，要他们在身边，这大队失了他们这样好军人的事功是很可惜的。你要铺叙他们的军功，所见过的仗，所受过的伤，凡是这若干名有勇敢的人，曾经屡次对我表示过他们的忠诚的诸事，能证明我的满意的，都要叙明。

你要印刷此次销差的证据，将我的徽章置在中间。删去厄尔巴君主字样，这是毫无道理的，你要使侍卫军认识这式样，使他们知道当我的榴弹队准假离营时，是如此郑重其事的。

1815年

1月1日

在厄尔巴。好嘛！你这个好做不平之鸣的老头子，你厌倦这种情景了吗？（答道：陛下，我不厌倦，不过觉得并不热闹！）

你错了。有什么事情来，你就该对付着。[1] 不能永远是这样的！

2日

致德鲁奥：命“亚比尔号”今晚装够一星期的伙食。侍卫军内八个水手上船，明早巡阅圣特里海角及观察法国船巡视此岛者的举动。船长每月加薪水一百法郎，等到升为大船船长时为止。他若无酒吃，你请他喝一盅。

3日

（记事）星期日将在大客厅开一个舞会。全岛各处都要请到，却不得过二百人。必要预备点心，却不用冰食，因为难以得冰。全盘的费用不得过一千法郎。

15日

星期日，音乐院可以初次开演，开化装舞会。22日我可以再开一次。29日可以开第二次化装舞会。

16日

致德鲁奥书：命那条两桅方帆船入坞，修理铜底、塞漏，各处都要修过，以便可以出海。上加油漆，使与英国船相似。我曾经告诉过你，本月24日或25日我要这条船在湾内，都预备好了。

吩咐旁斯租两条大船，租一个月，两桅方船或三桅船，要过九十吨的。

---

① 即随遇而安之意。——译者注

18 日

德鲁奥呀，全法国都惋惜我，都要我。数日之内，我将离开这个岛。

24 日

哈！法兰西！法兰西！

26 日

我正在要离开厄尔巴岛。

超碇扬帆之前二十四个钟头，只有贝特朗及德鲁奥预闻秘密。

28 日

在海上。我不必放一炮，我将到巴黎。

3月1日

在儒昂海湾（Golfe Jouan）。（对军队说）军人们呀！我们并未打败！

军人们呀！我被贬在海岛的时候，我听见你们的声音。我经历许多阻碍、许多危险，特为来同你们在一起。你们的军长，原是人民唤来登大位的，原是你们用盾高举的。现在回来，在你们的群中了，你们到他身边来呀！那些旗子，原是全国的人民所禁用的，这是在二十五年之间，法国的仇敌们所聚集的，你们把这些旗拔丢了，戴上你们的三色徽章。你们在我们得大胜利的时候，曾经戴过的。我这里有许多大鹰旗，是你们当日在乌尔姆、在奥斯特利茨、在耶拿、在埃斯林、在埃劳、在弗利德兰、在杜狄诺、在埃克米尔、在瓦格拉姆、在斯摩棱斯克、在莫斯科、在吕岑、在奥尔施泰特、在蒙米拉尔各战场打过大胜仗的。你们能相信那不多的几个今日这样骄蹇的法国人能看见这几面大鹰旗而不逃走么？他们当日从什么地方来，今日还回什么地方去，由他们回去那里称孤道寡吧！他们在那里曾经称孤道寡十九年了。

军人们呀！来集于你们首领的大旗之下吧！胜仗是兼程进行的。这面大鹰旗连同民族的旗，将飞扬于各高处尖顶，从这里到那里，一直到巴黎圣母院的高塔顶。那时候你们就可以露出你们所受过的光荣的伤痂，那时候你们就可以声叙你们的战功，可以自称为你们国家的解放人。当你们年老的时候，为你们的同胞所包围，为你们的同胞所尊敬。当你详叙你们所干过的伟大事业的时候，他们都在你的左右恭听。你们可以很自鸣得意地对他们说道：我也是大军中之一人，这大军曾经两次入维也纳城，入罗马，入柏林，入西班牙都城，入莫斯科，也曾洗刷巴黎，扫除敌军所在而留下的反叛逆的污秽！

6 日

在加普（Gap）。诸位公民，我深为你们的表示所感动。你们的许多期望，将来一定能实现；我们民族的目的将能再得胜利。你们称呼我作国父，是很对的；我只为法国的名誉，为法国的幸福而生活。我回来了，可以打散你们的忧虑，担保你们的兴旺。从今日起，阶级平等，你们曾经享受过二十五年，及你祖宗所渴望许久的多数权利，又变作你们存在于世的一部分了。

9 日

在格勒诺布尔。公民们，当我在贬所的时候，我一听见逼压国民的全数的不幸，听见人民的权利已被蹂躏，听见众人都怪我无举动，我片刻都不敢耽误，就立刻登一薄弱船只，闯过各国的军舰之中，渡海而来。我在祖国登岸，我心里并无别的思想，唯愿如飞鹰一样，速飞到格勒诺布尔，我晓得你们对于我是有极强烈的爱国心及虔敬。

多非内的人民，你们已经满足我的期望了！

11 日

在里昂。老军人们带领乡下的居民前来，且使乡下人深信我实在是波拿巴。乡下有许多人从口袋里掏出值五个法郎一枚的银钱出来，将钱面的像与我相比，说道：“是的，就是这个人。”

致法国皇后玛丽·路易丝（时在奥国皇宫）书：我的亲爱朋友，我已经重登大宝了。

12 日

致内伊大将书：我的表兄弟，我的参谋长正在送你行进的号令。我很晓得你一听见我得了里昂，你就命你的军人们回来于三色旗之下。你奉行贝特朗的命令，与我在沙隆会师。我将欢迎你，与我在莫斯科之战后一日我欢迎你一样。

21 日

在巴黎。致富歇书：按照第一次报告，国王是在索姆（Somme）附近。你试打探这件事的消息。

致达武大将书：你命洛博伯爵统领此地全数军队及第一师。倘巴黎的军队有不良的营长，由你呈请改换。

在今日午前，你用旗语通报我抵巴黎，及派你为陆军部大臣。

26 日

王公是一国之第一公民。他们的权利或广或狭，应如他们所治的国规定。

只因人民利于君权世袭，是以定君权为世袭。除了此种道理之外，我不承认正统。

我已经抛弃大帝国主义了，我于十五年间，不过立其基础。从此以后，我全数的思想之目的将以法兰西帝国的幸福及巩固为务。

我谢巴黎人的感情。四年前的一日，这个都城的人民，如此动人地表明了他们对我的最亲切的感情。今日是此事的周年，我再入巴黎城，使我有特别之欢乐。我之人都在我之军队之先，我毫无护卫，委我身于我自己所创立之国民军。这国民军充分达到其创造之目的。我最愿意仍统带国民军。

27 日

致达武书：在巴黎设立工厂，每天配制四百杆枪，带有配件。巴黎人就可以有工可做了。

29 日

从今日降谕之日起，废除贩奴。

30 日

致拉普军长书：你从埃及回来时，正是德塞阵亡之时，你不过还是一个兵，我栽培你成一个人物。我绝不能忘记当从莫斯科退兵时你的行为。你与内伊是极少见的灵魂百炼成钢的人。在围攻但泽之役，你所做的事，已经超过了人们的想象。

4月1日

十五年的事功是败坏了，不能重新再做的了。若是再做，要二十年时间，牺牲二千万人。无论如何，我所要的是太平，唯有打胜仗乃能享太平；我不愿意令你们生发假希望；我让人说有商议条款的事，其实并无其事。我预知有一场极为难的竞争，一场的长久战争。要维持战务，必要国人扶助我，而国人将要求以自由作交换——我必给国人以自由。这是一个新地位。我不求别的，只求他们条陈——一个人在三十岁，是一种什么样的人，到了四十岁就大不同了。过一个立宪国君主安闲的日子，是很与我相宜的，更宜于我的儿子。

致奥帝弗朗西斯一世书：当此上天再置我于我国的都城的时候，我有最锋利的想望，就是要早日得见我妻及我子。我的人民爱戴我，请我复位。我的努力，将专用于巩固我的帝位，将其置于不可动摇之基础上，将来有一日传此大宝，于陛下以父母之爱而保护的孩子。因为维持太平，原是我的目的重要部分，我此心无他，唯有与欧洲列强同护此太平，而我以为与陛下维持太平，为尤其重要。

11 日

我们必须断定敌人将于5月1日至15日宣战。

18 日

有大多数的法国人已附狄里尔伯爵，例如维克托大将、波迪索尔及梅森(Maioon)军长等是也。我命人示意，表示他们可以回头；他们答我说，他们带领五十万人回来。

致马塞纳大将书：我阅过你的告示，我很喜欢。我急于要见你。倘若你的身体都不宜于任何事情，唯宜于回南，我将从巴黎派你回去。

22 日

当5月的大会上，我拟送大鹰旗与在场的全数军队，这次大会大约是5月25日举行。

(宪令）天命及立宪的法国皇帝曰：

十五年前，朕（我们）由法国民意而治理此国。朕尝屡次尝试按照国人之所需，及国人之所想望，改良宪法形式，且利用阅历的教训而改良之。当日朕之目的是要组织一个大欧洲的联邦系统。朕曾用之，以为合于当代的精神，且以为利于文化之进行。从此以后，朕之目的，只在乎增加法国之发达，以巩固法治的自由。由此可以见得在治理法兰西帝国之宪法中，及其他法律中，有几条是应该修改的。

27 日

致内伊大将书：发号令在阿维纳（Avesnes）置备兵房，容留十万人及二万匹马。

30 日

致贝特朗军长书：送一副我的出战行装到贡比涅。

5月9日

致莫利昂（Mollien）伯爵书：最要紧的是军队衣装费的款项应该在一星期之内拨到。我有十万人，因为无款项办衣装，这十万人就是无用的人。法国的命运即在此，你要日夜地办事，设法立刻筹措这笔款。

15 日

致勒布朗王爵书：我收到你的信。我不必隐瞒，我不当你是国库长官，因为你已经从君主政府承认了在贵族院较低的地位。但是你昨天的颂词，我承认其中有如是许多爱戴，许多自心肝流出的话语，及你演说时的情形，无论你求什么，我都不能不答应，至于当我不在这里的时候，你所做的不合诸事，我亦乐于忘记了。我将命人将国库长官的委任书送与你，你可以享受一切你所重新征服的。

17 日

致德鲁奥书：我告诉过你，年轻侍卫军的军官，必要登启事，且要在巴黎办教练。打发军官们到各市政厅，带一班鼓手，尽力鼓励年轻人。

27 日

侍卫军大约不久将起程，那时巴黎将无军队。

28 日

致维琴察公爵手谕：大约议院将投票议决关于罗马王的一条议案。奥国的行为，将激动法国公愤，有此次投票，则可以传播此公愤。当然有好效果。

孟尼华要在他到达此地后的第二天做一个报告。从奥尔良起，至其离开维也纳之日止，将奥地利及他国施于皇后的行为，要报告清楚。列强如何违犯《封腾布罗条约》，从皇帝手中强夺皇后及皇后之子。对于此事，他要着重太子（罗马王）的外祖母在维也纳所表示的愤怒，又要特别声明太子如何与其母分离，与其保姆蒙特斯古夫人分离，太子如何啼哭与保姆分手，保姆如何忧虑太子的平安，及太子的生命。说到最后这一点，要近情近理，不宜过火。他又要说皇后与皇帝分离是如何困苦。当皇帝登舟之时，皇后已经有三十天不能睡。他要说明，其实皇后是被囚，因为他们不许皇后写信与皇帝。

6月1日

诸位先生、选举员、派赴宋狄梅（Champ de Mai）的陆军及海军代表：

我做皇帝、我做执政、我当军人，都是人民请我做的。无论我得意的时候，失意的时候，在战场，在议政厅，在帝位上，被贬出国的时候，我的思想及我的作为，都无其他目的，唯以法国为目的。

诸位法国人，你们就要回去各省了。请你们告诉公民们，我们正在最要紧的时候，只要能团结，肯出力，能坚忍，我们这个伟大民族与多数压制我们的人相持，我们将能得胜的。请诸位告诉他们，有许多外国的国王，其中有几位原是我立的，也有几个国王的地位是靠我保存的，这几个国王，当我得意的时候，都来求我联盟，求法国人民保护，到了今日，都来向我打击。

诸位法国人，我的意志及我的职守就是法国人的意志、法国人的职守；我的名誉（体面）、我的荣耀、我的幸福，都不是别的，就是法兰西的名誉、荣耀、幸福。

3 日

杰罗姆王爵以副军长职位效力，他必须立刻来营。

致达武大将书：内附我的号令，是给马队的。以格鲁希大将为统领。全数未派职事的军长，他都可以调用。命格鲁希于 5 日到拉昂，以备 10 日开战。

致苏尔特大将书：吉拉尔军长率其所部从摩塞尔至菲利普维尔（Phillippeville），你替他定一行进计划，务要遮掩，不令敌军得实情。我军按远程行军，当于 12 日可以到。

我的侍卫军将于 21 日在苏瓦松。

7 日

致苏尔特书：发切实号令在沿北莱茵河及摩塞尔河的整个边界之上，禁绝一切交通，一辆车都不许过。

我看你不如明晚就起行。你一直到里尔布置一切，以微服前往为妙。你一定要探得敌军阵地最要的情形。

我必须将我出行的火车预备好，不令人晓得，以便我于发完号令之后两个钟头就可以起行。

11 日

我今晚起行，统领我的军队。

致达武大将书：你请内伊大将来。你若是要加入第一仗，告诉他往阿维纳，14 日我的大本营将在那里。

12 日

在拉昂。他们曾答应过置军用品物于拉昂及苏瓦松，我到了这两处地方，都不见有军用品物。

在阿维纳。皇帝侍卫军的步队将在波蒙前面三里露宿，列作三线。每一军团行进，以挖地道的工兵领路，军长们收集架桥料具。

每团必须紧凑，要有好秩序。向查勒罗（Charleroi）行进时，遇有机会，必要前进，且要打倒任何敌人队伍之正在调动布阵间，或尝试攻敌我军者。

14 日

今晚我将移大本营于波蒙。明日，即 15 日，我进向查勒罗，该处有普鲁士军，将来的结果不是打一仗就是敌军退后。我的军队极好，天气亦好；乡民的倾向似乎尚好。

（对军队说）军人呀！这是马伦戈及弗利德兰的周年，我们两次改变欧洲命运。此后，在瓦格拉姆及奥斯特利茨二次打胜仗之后，我们太过慷慨大度了；我们仍令打败仗的王公们安于其位，相信他们指天誓日的话！现在他们联合起来攻打我们，他们的目的是要推翻法兰西的独立，及其最为神圣不可侵犯的权利。他们已经起首作极不公平的侵犯。前进呀！他们也是人，我们也是人，我们进攻他们。

军人们呀！耶拿之战，我们是以一敌三，就是敌这群骄蹇自大的普鲁士人；蒙米拉尔之战，我们是以一敌六。疯子们！他们得了片刻的胜利，就全都瞎了眼了。他们倘入法兰西，他们将在那里找坟地。军人们！我们要兼程前进，要打仗，要冒险，但是我们只要有长性，还是我们打胜仗，恢复我们法国的权力、名誉。时候到了，凡是有勇的法国人，这次不是征服敌人，就是一死。

15 日

上午 11 点钟在查勒罗。

内伊，早上好呀，我看见你很喜欢。你可以指挥第一和第二军团，沿赴比利时都城的大路，攻退敌军。列阵于四臂村（Quatre Bras）。

晚上。我军在查勒罗附近，抢过桑布尔河，派前哨于查勒罗与那慕尔的半路，及查勒罗与比都间之半路。我军夺得大炮六尊，俘敌军一千五百人。有四个普鲁士联队已经败退。皇帝自凌晨 3 点钟起都是在马上，回到大本营来，是很劳顿了。躺在小床上休息几个钟头，到了半夜，又要上马。明日可能有重大的战事。

吉拉尔军长报告副军长布尔蒙、营长克劳特等降敌。

16 日

致内伊书：我打发我的副官弗拉奥军长送此信与你。参谋长原应送号令与你的，但是你接着我的信快些，因为我的军官们驰马更快。

我打发侍卫军往夫勒律斯（Fleurus），我自己将于正午之前到该处。若是敌军在那里，我将攻之，且侦察让布卢（Ge Bloux），我到了那里，将照情形定夺，也许在下午 3 点钟，也许到了晚上。

致格鲁希大将书：我将于 10 点钟与 11 点钟之间到夫勒律斯，倘若敌军守松布雷夫（Sombrefle），我将攻之，即使在让布卢，亦是如此。因为我想今晚起行，以内伊大将所指挥的我的左翼作战，攻击英军。我所得的全数消息，都指明普鲁士不能以多过四万人抗拒我们。

下午 3 点钟。也许有三个钟头就可以解决这场战事。倘若内伊善于奉行号令，敌军的大炮无一尊能逃得过我的手的。

右翼是第三及第四步兵团及第三骑兵团所结合而成，由格鲁希大将指挥，靠夫勒律斯背后之山列阵。3 点钟，旺达姆军长所部军团，有一师是由勒夫尔（Lefol）军长指挥，加入作战；得圣塔蒙（St. Amand），从此用刺刀逐敌军。在极端右方，格鲁希及巴佐尔在松布雷夫小村与敌战。敌军成列者有八万至九万人，有多尊大炮。

7 点钟我军已得全数村庄，敌军仍据巴塞（Bussy）高原。皇帝以侍卫军向林尼（Ligny）村前进。侍卫军有八大队插上刺刀前进，加以卫队的四小队，及两位军长之重骑兵及侍卫军之榴弹骑兵助战，老侍卫军亦插刺刀进攻敌军之在巴黎高处者，俄而尸满战场。10 点钟战事已毕，我军夺得战地。

17 日

上午 11 点在林尼附近。（对格鲁希说）当我动手追逐英军时候，你务必追逐普鲁士军。

下午 4 点钟，在从四臂村往热纳普（Genappe）的大路上。

开火！开火！他们是英国人！

傍晚 6 点钟，在贝尔阿莱恩斯（Belle Alliance）村庄。

皇帝命军队预备于早上 9 点钟进攻。

18 日

滑铁卢（Waterloo）之战。

早上 8 点钟，百分之九十是我们得利。

我告诉你们，威灵顿是一个不好的军长，英国人是不好的军人；我们将于吃中饭时解决这件事。

（苏尔特说：我诚心希望如此！）

（号令）一到军队成列，大约在 1 点钟，那时候皇帝发号令给内伊大将，起首攻击，以夺圣约翰山，十字路口在那里。戴尔隆（d' Erlon）伯爵将先开攻。

下午3点钟，皇帝命侍卫军向高原而进，当开战时，第一军团已据此地。普军一师，我们已预料他们来攻，沿我军之右，开火攻击洛博伯爵的小战队。

今早我们原有百分之九十的机会是我们得利，现在我们仍有百分之六十。倘若格鲁希进行得快，普罗的师团将完全被我军所摧毁。

皇帝原拟力攻圣约翰山，这就可以解决这场战事，但是发生一件不坚忍的举动，在我们的战史中是往往而有的，使我军受致命伤。我军的准备马队，看见英军作向后的举动，躲避我们的炮火，英军颇为我军炮火所损伤，我军马队进至圣约翰山高原，冲向敌军。这样的举动若是在正当时候发起，而又有预备军队扶助，当然能解决这场战事，但是他们这时候发起，既无扶助，又当右方的诸事尚未解决，自然是要受致命伤。有三个钟头之久，马队冲击数次。全数我军的马队，在那里彼此扶助，虽然攻破几个英军步队的方阵，抢得六面大旗，却是得不偿失，补不过我们马队受敌军枪炮所损伤之失。一直等到对付了普鲁士师团的旁抄，我军才能运用我们的预备军。

军人吗！你们盼望我在哪里找寻军人？你们要我制造他们么？

敌军接连侧击我们，且发展为横攻我之右翼。皇帝打发杜黑度军长带年轻侍卫军及几个准备炮队前去，把敌阻住了，且攻退敌军；敌军此时是筋疲力尽，是不必害怕的了。这正是攻敌中坚的时候。侍卫军原有四大队被遣至圣约翰山那边的高原上，扶助重骑兵的，颇为敌军的葡萄弹所扰，到了这个时候，插上刺刀直冲而前，夺敌人的炮队。天色已晚，渐看不见，有几小队英国兵横冲其旁，于是大乱，逃兵复过山谷。附近有几个联队，看见有部分的侍卫军败走，以为是老侍卫军，为所摇动，大声喊道："全完了！"有人喊道："侍卫军打败了！"有些军人还说在几个地点，有心怀不良的人大喊道："各人自顾各人吧！"总而言之，一阵恐怖播散于全个战场，无秩序地逃向我们的退军之线。兵士们、炮手们及火车都挤在一堆，要走到此线。

我们必定死在这里，我们必须死在战场！

老侍卫军原是在准备之列的，被击散了。

6月19日

在菲利普维尔。在我心之最深处，我有本能知道，此次结果将成为致命伤！

致约瑟夫书：并不算什么都损失完了。召集我全数的军队，我计算还有十五万人，国民军及几个有胆的进行大队就有十万人，驻栈大队有五万人，是以立刻就有三十万人与敌军对抗。我可以用拉车的马拉炮，我可以召集十万征兵，我可以取宗社党及倾向不良的国民军的枪支，发给征兵，我将在里昂等数省办统征。我将打倒敌军，但是人人都要帮我，不要叫喊使我耳聋。我要起程赴拉昂，我将在那里找着军队，是无疑的了。我未听见从格鲁希来的消息，除非是他已经被掳，我恐怕是的。我不过三天之内就有五万人。你写信告诉我，这样可怕的乱吵乱闹在议院中发生什么效果。我想代表们将能明白，当此最危急之时，应该与我合力以救法国。你设法使他们扶助我，这原是他们应做的事，最要紧的是勇气及坚忍。

21 日

在巴黎。我三天无食物入口！我是疲乏到了极点了。我一到了，就跳入浴盘，吃些东西。

(拉华利说：他走到我这里来，带着可怕的、疯子的大笑！)

哈！我的上帝呀！

军队是做了奇异之事，忽为恐怖所乘。内伊的行为，如同一个疯子。我是耗乏了。我一定要休息两个钟头。我这里要炸裂了！

也罢，并未全盘失败。我将以当时的情形告诉议院，我希望此举将能招聚他们于我的左右。此后我再赴敌。

(交议院书) 议长先生：既在林尼及圣约翰山打仗之后，既在阿维纳及菲利普维尔布置收集军队之后，以备防守边界诸要塞，及防守拉昂及苏瓦松，我回来巴黎，与我的大臣们会商国防诸务，且关于本国的平安所赖的全数计划，与议院达到一种悟解。

我已派定外交部大臣卡尔诺伯爵、奥特朗托公爵成为一委员团，重新及接连与各国商议条款，以窥探各国意向所在，以停止战事，但要条款与我国之独立及名誉不相妨碍。

我的政治生命，算是完了。

22 日

早上。若他们的意思是要强逼我，我将不退位。他们要让我安闲地决定，叫他们等候着。

下午 4 点钟。吕西安书：当我因为维持我国的独立而开始打仗的时候，我原依赖各人各官员同心一致的帮助。我很有好理由预料能得胜。诸多环境似乎改变了。我甘愿牺牲我自身于法兰西仇敌之怨恨。我唯希望他们的宣言，可以证明是诚实的。他们的仇视，唯在我一人身上。你们为公安起见，为仍旧要作一个独立国起见，都要团结为一。我今宣布我的儿子为法国皇帝，称拿破仑第二。

他们强逼我做的！

（皇帝万岁！皇帝万岁！）他们替我做的事真不少了！将来我的人民能够晓得，这一晚的打不定主意及痛心伤害我多少吗？我不得不让步，一做就要做到底，我不是只做一半的人。

我不能做，亦不愿做乌合之众之王！

23 日

哈，这个可怜的人！你在这上头写的什么？涂丢了，赶快涂了！靴距之战！这是大错！这是一句什么污蔑人的话！靴距之战！呀！可怜的军队！勇猛的军人！你们打得很好，比从前打得得好！

24 日

这群猎狗，在我们的城门同敌人辩论！

致奥坦斯书：马尔梅松是你的。你愿意在那里招待我么？

25 日

致巴俾亚书：司礼官请巴俾亚明早将下列各物送去马尔梅松：

论美洲的几种书：

凡有数次战务有关于皇帝的，已经印过之物，列一清单。

大书楼的书籍交与一美国商行能经由哈佛尔运往美国者。

在马尔梅松。（辞别军人书）军士们呀！我虽然不在你们的面前，我将追随你们的脚步。无论哪一师团，我都是认得的。只要有一联队战胜敌军，我将主持公道，证明他们的勇气。我们曾经被人污蔑，我与你们都被人污蔑了。有许多不能判断你们的人，看见你们效忠于我的明证，以为你们只以我一人为目的；你们将来的胜仗，要表明你们之所以听我指挥，原是首先为国，且要证明我之所以能够得你们亲爱之一部分热爱，原是因为我热诚爱法国，法国原是我们的公共母亲。你们要救法国人的名誉、独立。我深知你们有二十年了，你们自始至终仍旧要如同这二十年一样，你们将来是无敌的。[①]

可怜的约瑟芬！我在这里，而无约瑟芬，我实在是不能习惯。我觉得时时刻刻，约瑟芬都可以从一小径走出来摘花，她向来是很爱花的！

我现在就要离开法国。他们给我所要的两条快船，我将立刻开往罗奇福特。

29 日

他们现在还是怕我！我原要背城一战救法国，他们不让我救国！

下午 5 点钟起程往罗奇福特。

7 月 14 日

在爱斯岛。致英国摄政王书：殿下，我暴露于分开我国之党派，又暴露于欧洲列强之仇视，我的政治生活因此而告终。我今日之来，如地米斯托克利（Themistoles），求英国人民的款待。我置我之自身于英国法律保护之下，我以殿下是我之诸多仇人中之最强、最有恒心、最慷慨者，我是以从殿下求此款待。[②]

15 日

早上 6 点钟在“伊柏维号”（Epervier）船上之望楼。比克（Beker）军长，你回去爱斯岛。我一定不要有人说，是法国把我交与英国人的。

起程往英国兵船伯雷勒芬号（Bellerophon）。

致舰长麦特兰（Maitland）书：我到你的船上，置我自身于英国法律保护之下。

8 月 4 日

在英国船“伯雷勒芬号”。我今严重地抗议，对天，对众人，抗议反对侵犯我的最是神圣不可侵犯的权利，反对以武力处置我身及我的自由。我原是自由上伯雷勒芬船的，我不是俘虏，我是英国的贵客。自从我登伯雷勒芬船，我就是在英国人民的家庭之中。我请断于历史！历史将要记载一个仇敌与英国人民战争二十年，当其不幸之时，自由求英国法律保护；其看重及相信英国法律之证据，更能有过于这样的表示么？英国怎样答复这样的坦白信任呢？英国假装伸出他款待容留的手去迎他，等到他把自己置在英国的权力之中，英国把他杀了！

---

① 斐希尔 Fisher 称此书为天地间有数之高超入化之文。——译者注

② 容留之意。——译者注

我们到了这样远的地点，我们做什么呢？好呀！我们写我们的回忆录。是的，我们还要做事，做事就可以消磨岁月。说到底，一个人必定要完成他的命运，这就是我的学说。好呀，让我完成我的！

7 日

在英国船“诺森伯兰号”（Northum berland）之上。起程赴圣赫勒拿岛（St. Helena）。

海军中将，我在这里，听你的号令！

他们喜欢称呼我什么，（波拿巴军长）都可以，他们不能阻止我仍是我自己。

13 日

在海上。

这是什么时候了？——我们收牌吧。

9 月 4 日

新 9 月，就是蒙特罗也不能使我相信我实在是大人物；我也不过是在洛迪打了胜仗之后，才有意识以为我在我们的政治舞台上可以变作一个可以解决一切的演员，于是大志的第一点火星开始放光。

6 日

我在意大利打过仗回来的时候，我不过有三十万法郎；我原可以极容易带一千万或一千二百万法郎回来，原是我努力得来的；我绝未报过账，也向来无人问我要账。我原盼望当我回国的时候，可以得厚赏；但指挥们把这件事搁在一边。我的志向是创物，不是得产业。荣耀及名誉就是我的产业。辛普朗是给人民的，卢浮宫（Louvre）是给外国人的，[①] 自我看来，这样的产业，比私有的土地好。我替皇冕买了许多金刚钻；我修理几处王宫；我置了许多家具塞满了王宫。我有时想起约瑟芬花了许多钱养花买画，实在是有大损害于我的植物园或我的巴黎博物院。

14 日

这座皇帝冕并不是我霸占来的；这座皇帝冕原是摔在沟里，是我拾起来的；人民放在我的头上，我们必要敬重人民此举。

---

① 指卢浮宫所藏名画。——译者注

18 日

我们到了什么纬度了？什么经度了？自从昨日以来，我们走了多少路？

28 日

革命的时候，一个人不能完成什么事，唯有自己所做的事是可完成的。事情曾变化，会变作不同的，这不是无理由肯定（唯定）的事。

10 月 8 日

1815 年的人，不是 1789 年的人。军长们遇事都害怕。我要有一个人指挥侍卫军，假令贝西埃尔或拉纳在那里，我当不至于打败。苏尔特无好参谋官。

17 日

在圣赫勒拿登岸。

圣赫勒拿

1815 年 10 月 24 日

他们为我预备什么不名誉的待遇！这简直是临死的痛苦！他们用不公道手段，残暴手段待我不算外，还要加上侮辱及慢酷刑！倘若我是这样的危险，为什么不把我除掉了呢？对我的头或对我的心放几枪岂不就完了吗？他们若是犯了枪毙我的罪，至少也还算是有点胆子！倘若我不是为你们，为你们的妻子，我当然是什么都不要，只要每日有军人的粮食。欧洲的君主们，如何能让君主神圣不可侵犯之性在我身上受玷辱呢！他们难道就看不见他们在圣赫勒拿岛戕害他们自己么？我曾经以征服者资格入他们的都城；设使我仍为这样的动机所感，他们当变作什么呢？他们曾经称呼我做兄弟，且我之所以变作与他们比肩，原是由于民意，由于战胜所允准，由于宗教性质，由于政治与家族之联盟。

11 月 16 日

你们不了解人，确切了解人原是一件难事。他们知他们自己么？知得通透么？假令我一直都是得意的，他们有大多数之抛弃我者，大抵总是绝不能疑到他们自己会反叛我。无论如何，他们是抛弃我的成分多，反叛我的成分少。他们是圣保罗的队伍——后悔及流泪站在他们的大门口！除开这一层不计，历史中的人物，曾经有哪一位，他的朋友，他的徒党，能多过我的？有谁能比我那样为舆论所归，为大众所爱戴的？有谁能比我留下的遗憾更深切？你们试看看法国，难道我们不可以说，我从这一块大顽石，还是统辖法国么？

25 日

当我从莫斯科回来，从莱比锡回来的时候，巴黎传说我的头发白了；但是你们可以看见，这时候我的头发还未白，我盼望我能受得住比那两样更不幸的事！

29 日

只说我所定的法典，因为简单易行，殊有大功德于法国，盖过从前全数的法律。我所建设的学校造就不晓得多少代的人才。是以当我在位的时候，刑事犯是减少得极快，而同时在我们的邻国却不然，在英国的刑事犯，是增加得令人可怕的快。关于这两国的情形，我表示这样一个显明的判断，这就够了。

众人都是以耳为目相信英国，拾人的口吻，说莎士比亚（Shakespeare）是世界最伟大的作者。我读过他的著作，哪里比得上我们法国的拉辛（Racine）或高乃依（Corneille）？莎士比亚的杂剧是不可读的，是可怜的。

30 日

在花园做一个可怜的托比（Toby 是个当园丁的黑奴的名）与做一个理查王，是相差得太远了！然而亦是一件极残忍的刑事罪。因为说到底，这个人也有家庭，有幸福，有个人的存在。把他送到这里来，受奴隶般苦工的重压，以尽其余年，原是令人可怖的刑事罪。但是我看见你的面色，就晓得你心里的意思；你以为在圣赫勒拿岛有一件相类似的事！其实在此两件事之间，毫无比较；倘若这件不应为的事施于较为高等的人身上，那个受罪的，能依赖更为重要的方略。我们的地位且可以有许多优点！宇宙注视我们！我们处在为一宗永不磨灭的目的而殉难者的地位！有数百万人为我们流泪，我们的国为我们叹气，荣耀吊唁我们！我们在这里与诸神奋斗，反抗诸神，人道主义的希望，是与我们同道的！不幸的自身知道英雄主义，知道荣耀！完成我的事业，唯差祸患！假令我死在帝位之上，死在我无敌于天下之云气中，有许多人当然把我当作一个问题。我今既处这样的情形，却要感谢我的诸多不幸。世人当我一丝不挂的时候，能判断我。

12 月 6 日

好嘛，我们在朗格伍德（Longwood）吃饭，就有守兵在窗外监视；他们很想强逼我容一个外国军官陪我食饭，在我的屋子里；我骑马出行不能无一个人相陪。一言以蔽之，我们一步都不能走，只要走一步，就要受辱！

1816年

1月1日

在这个可厌的岛上，有大半年看不见日看不见月，不是落雨就是下雾。只要骑一个钟头马，就是满身湿透了；英国人算是习惯于潮湿天气的，也说天气不好。

15日

我们这里什么东西都是无富余的，唯有富余的是时间。

22日

当我从意大利军回来的时候，柏纳汀来访，几乎一见面就谈到他如何贫困。当我做小孩子的时候，我不做别的梦，只做《保罗与弗吉尼亚》[1]的梦，我对他供认一件事，我自以为是应守秘密的事，且以为是因我享大名而有此供认的，我以为得意，立刻回拜他，我很有分寸地放了一卷二十五个路易[2]在他的炉台上。

2月7日

我得到缪拉死于皮苏（Pizzo）的消息。

他们把我送到这里，还不及喀拉布亚人（Calabrese）那样有人道主义，不及他们慷慨大度。

8日

原是运气令缪拉伤害我们的，我原想带他到滑铁卢的。但是法国军队原如

① *Paul and Viginia*：此是法国有名的一本旧小说名。——译者注

② 钱名。——译者注

是爱国，如是忠诚，以致我却不能不疑，有能使他们吞咽留与卖国者所享受的令人讨厌及令人恐怖的待遇。我那时候想，我无力量维持他在那里，但是若有他在那里，或可以打胜仗。当日有几次所见的是什么呢？就是要冲破几个英军的方阵——这件事却是缪拉最擅长，这件事同他最合宜，我向来未见过领马队冲敌的人，能够比得上缪拉那样果敢，不怕死，发异彩的。

17 日

假使我不是傻到极点，在滑铁卢被人打败，现在可能大事已图；到今日我还不能明白事情是如何发生的——我们不必再谈这件事吧！

3 月 3 日

我要攻打英国，英国人很害怕，是不是？当日舆论说什么？好嘛，你们在巴黎原可以当作笑话说，皮特在伦敦却不是大笑。英国的少数专制所经过的危险，却未曾有甚于此时的！

我曾有登陆的可能；我有向来未有的至精军队，就是在奥斯特利茨打胜仗的军队，这还有什么话说的！只要四天，我就能到伦敦；我入伦敦，不用征服者的资格，是用解放者的资格；我当然要做第二个威廉三世，却要比他大方。我的军队的纪律当然是达到最善最美，他们在伦敦的行为，与在巴黎一样。我在伦敦就可以由南而北用兵，在共和国旗帜之下，至于重整欧洲，这是我后来的计划，要动手办的，是自北而南，是用君主制形式。我所遇而失败的阻碍，并不在乎人，而在乎诸多元素：在南方，是大海害我；在北方，是莫斯科的大火及冬天冰雪害我；害我的就是水、气、火，全是自然，除了自然，其他并不害我。自然自身要重整欧洲，而水、气、火却反对！自然的诸多问题是不能解决的！

7 日

拉斯卡斯（Lascases）伯爵。

拉斯卡斯伯爵，你学了六个星期的英文，并无进步。六个星期是四十二日，每日若认五十字，就可以认二千二百字。字典是四万多字，至少二十字或十字，全学会了是要一百二十个星期，这就是两年多。以后你就晓得，学外国文是很为难的，必定要在年轻时学。耶稣降生后 1816 年 3 月 7 日记。[①]

---

① 自上文 7 日以下，似是用英文记事，而英文不甚清楚，亦不合文法，似是出于游戏。——译者注

11 日

俄帝聪明可喜，受过好教育，易于迷人；却要小心防他，他是后来帝国的一个真正希腊人。

希腊正等候一位解放者。在希腊可以得一座极有荣耀的绝美的花冠！可以在那里题名刻石，与古希腊伟人荷马、柏拉图、伊巴密波达（Epaminondas）等齐名，永垂不朽！当我在意大利用兵的时候，我曾到过亚得里亚海岸，我曾经写信给督政府说我能俯视亚历山大的帝国。

法国人都是好批评、好骚乱的。他们真是指风旗，随风转的，但是这个短处，却无利己在内，这是他们最好的借口。

31 日

我把阿克的圣约翰得到手之后，我原可以到土耳其都城及印度；我当能改变全世界的面目！

4 月 1 日

我能计到三十一次的阴谋都是有公文记载的，不计外人所不知的；别人是好制造怎样的事，我却已很小心地尽我之力，掩藏这种事。我的性命很冒过大危险，当在马伦戈之战，与乔治之尝试行刺，及昂基安之事之间，我的性命尤其是危险。

11 日

塔列朗的面色是极其不露的，简直是窥不见他的城府；拉纳及缪拉往往开玩笑地说塔列朗，当他与他说话的时候，若是有人在背后踢他的屁股，他还是不露声色的。

富歇这个人，一定要摆弄阴谋的，如同一定要吃饭一样。他是无时无地不用阴谋，无论对什么人，都用阴谋，无论什么方法，都用到了。他无论什么样的事都要干预。

（奥美拉说：法国军长以哪一位为最好？）

这却难说，据我看来，似乎絮歇是最好；从前是马塞纳最好，但是我们可以当他是一个死人了。自我看来，絮歇、克罗列尔、吉拉尔三位是法国最好的军长。我拿泥土制造我的军长。[1]

---

① 如中国谓起自贩缯屠狗也。——译者注

18日

当我不幸的时候，我求一栖身之所，而我所求得的不过是轻视、侮辱、恶待遇。我登了科伯恩（Cookburn）中将的船不久，因为我不希望坐下两三个钟头之久，拿酒灌醉我自己，我就离了座，走上船面。当我走出去的时候，他用很轻视我的样子说道："我相信这位'军长'向来未读过切斯特菲尔德（Chesterfield）贵族所做的书。"其意是说我的礼貌不足，不晓得在饭桌上如何动作。

19日

我无理由诉说英国陆兵或水手；他们很尊重我，且似乎与我有同感。穆尔（Moore）是一位有勇的军人，一位极好的军官，是一个有才略的人。

20日

英法两国握天下的命运。尤其是欧洲的命运，在此两国的掌握中。我们如何彼此互相残害!

21日

他们问我愿意什么？我要的是自由或刽子手！你去告诉你们的摄政王，这就是我说的话。我不再问我儿子的消息了，因为他们竟敢如是之野蛮，置我的第一条要求于不答。

我见到我自己无钱也是一样的难过；我原可以布置每年支用欧仁七八千拿破仑，[①] 他不好不答应我的；他得自我的何止四千万，我若一疑心他，就是甩一污点在他的人格上。

28日

假令在奥斯特利茨不打胜仗，当然就有整个普鲁士附我之背。假令我无耶拿之捷，奥地利及西班牙当将乘我之后而起。假令我无瓦格拉姆之捷，这一次远不是一个决定性的胜仗，我担心俄罗斯将抛弃我、普鲁士将叛我，而英国军队已在安特卫普之前矣。我在瓦格拉姆之捷之后，走差了一着，我不打击奥地利，我未把它打得更堕落，这原是大错。奥地利仍然是强固，我们就不能平安；后来奥地利就害我们。奥地利已经入了我的家庭；然而我同奥地利公主结婚，使我受致命伤。有一个深坑，用花盖满，我却走上去。

---

① 此是钱币名。——译者注

29 日

我的好朋友，你与我在这个地方，是已经在彼一个世界了；我们此时是在极乐世界会谈。

5 月 1 日

他们可以改变我，伤害我，低压我，到后来他们将见得很难使我变作无影无形。凡是一个法国历史学家，难免于讨论帝国时期；这位历史学家，倘若是有人心的，将要把我自己的东西多少还我。我把无政府的大海湾填满了，把法国的纷乱不清的事都条分缕析地理清了。我把法国的革命洗刷干净了，我抬高人民的地位，我巩固君主制。凡是有大志的，我就鼓励他，凡是有功的，我就赏他，荣耀原有的界限却是我推动的！全数这些事，总算是多少有些功业！

10 日

这大革命忽然产生如是之多的大将，原是一件极可注意的事。如皮什格鲁、克莱贝尔、马塞纳、马索、德塞、霍尔都是的，况且他们几乎全数都是从小兵出身的；但是自然似是不再努力了，因为此后并不产生什么效果。

16 日

好嘛，我的好朋友，热闹得可以吧；我是很生气！他们派了一个人来，比狱卒还要坏；洛爵士简直的是一个刽子手！好呀，我今天接见他，是用我的雷霆面目，我低头，两耳向后！我们彼此瞪眼，好像两条公羊，正要用角相触；我的情绪一定是很暴烈的，因为我觉得我的小腿跳动。这是我生气的表示，有许久未发现了。

你说你所奉的训条，比中将所奉的还要可怕得多。你所奉的训条是用刀杀我，抑或是用毒药杀我？无论是什么事，我都预备好了；我在这里，请你杀你的牺牲品吧！我不晓得你怎样地摆布你的毒药；你若是刀子，你已经找着门路了。我要警告你，你已经恐吓我过的了，你若是闯进我的私室，那有勇的第五十三营是不能入门的，除非是在我的身上走过。我听见你来，我原是很高兴的，以为你是一个军官，曾经到过大陆，曾见过大陆的大战场，当然是以正当举动对我；不料我是大错了。因为你的国、你的政府，你本人自己，将为恶名所盖；你们的后人也受恶名；这是后世的公断。前几天你请我吃饭，以波拿巴军长待我，拿我当作你所请的客的笑柄，做他们的消遣品，野蛮主义的诡谲，算是到了极点，还有能赛过的吗？你要斩断你的礼节，减到你所喜欢给我的阶级么？你不配称我波拿巴军长，我有我的资格，你无权利，世上无论哪个人，亦无权利，夺我的资格！

我的好朋友，他们要在这里杀我，这是一定的！

19 日

当同睡的时候，不容易失触觉的；不然的话，人与人是很快就变作路人的。只要习惯于同床，就是如此，我的思想，我的动作，无一件逃得过约瑟芬的；无论我的什么事，约瑟芬都晓得，都猜得着，都能追寻线索，有时很不便于我，不便于处理事情。当在布伦扎营的时候，因为一次一过即散的争吵，就中止了这件事。

约瑟芬时时刻刻想到将来，晓得自己不能再生产，很害怕。约瑟芬十分明白不再生子女，结婚是不完全不实在的；及她嫁我的时候，是不能再生子女的了。她愈得意的时候，愈害怕。她借助于药力，屡次装作药物有了效果。约瑟芬有克里奥尔（Creoles）种人的过于奢侈及无条理的特性。约瑟芬的账目，是永远弄不清楚的；她无时不欠债，我们一到了清理账目的时候，必要大吵的。当我在厄尔巴岛的时候，约瑟芬的账单从意大利的各处如一阵大雨般地都到了我身上。

约瑟芬还有一种怪癖，就是无不否认的。无论什么时候，请问她，她最先的本能就是否认，第一句话就是说“不是的”。她这个“不是的”却不完全是说谎，不过是一种审慎的意思，不过是一种防护。诸位夫人们，我们男子与你们女人不同之处，就在于此，这是男女间教育上根本不同的地方。天生你们是爱恋男人的，你们受教训说“不是的”。我们男子却不然，我们是乐得说“是的”，即使不该说，也是要说的。男女举动的不同，这就是不同的钥匙。我们的生活不相同，亦不能相同。

假使在晚上我正要登车出远门，约瑟芬已经在那里打扮好了，等候同行，我见了大为诧异，因为事前并未商议过她与我同行。——（我说道）我去很远的地方，路上是很劳顿的，你绝不能来！——约瑟芬答道，并不。——（我说道）但我必要立刻起程。——（约瑟芬道）好呀，我都预备好了。——（我说道）但是你要随带全副梳妆杂物。——约瑟芬说道：不必，我什么都有了。——总而言之，我只得让步，带她同行。

说到临了，约瑟芬给丈夫以欢乐，常是她丈夫最柔顺的朋友，时常表示服从、虔敬，绝对地牺牲自己。我常常想到她，都是很爱她，很感激她的。

母后是太过吝啬，实在是好笑。我每月供母后许多钱，只要她拿来用。她是很愿意收受，却先对我说明，她要留住不用的，这是她的条件。其实她是过于小心，总怕将来有一天没得钱用。她是过了许多苦日子的，总撇不开记忆里从前的困苦景况。我却要说一句公道话，我的母亲常暗中给许多钱与儿女，是一个极好的母亲。

我的母亲虽然是这样不肯花钱，有时向她要五个法郎，都是很为难的，但是当我快要从厄尔巴岛回来的时候，只要我要她帮忙，她当然肯把她所有的蓄积给我的。在滑铁卢之败之后，她肯倾其所有，助我重整局面。她曾肯把钱给我；她肯吃黑面包过日子，而无一句怨言的。

20 日

我不欢乐，我觉得不耐烦，我觉得不好过。你坐在那把交椅上，陪我。

21 日

我们今天晚上读什么呢？你们都一致主张读《圣经》么？这实在是最有启迪的事，他们在欧洲猜不着我们在这里干些什么！

6月1日

当我的诸位大臣之一，或其他达官贵人，办错了事，办得很不好的时候，我必须生气，实在是发怒，狂怒。我常留心必须有第三者在场，我的办法是当我决定要打击，这一打击必须打在好几个人身上；那亲身受打击的人，既不增加亦不减少他的怨恨；但同时那在场的人，他的面色及不安的情形是值得一看的。当然走去尽情地播传他的所见所闻，是无远弗届的，这是一件很有益的令人恐怖的事，运行于社会的血管中。这样一来，事情是办得好得多，我施罚的机会变少了，我为害甚少，得益甚多。

4 日

有人责备我今日过于懒惰，是以我回过头来办事，好几件事同时并举。各人都有事做。我同蒙托隆（Montholon）办执政时代的事，古尔戈（Gourgaud）办其他时期，或分起的战史，拉斯卡斯可以预备好我登位时期的文件及材料。

8 日

无一事不表示一神（上帝）之存在，这是无可疑的；但是我们的全部宗教，显然是人所造的。一个人不能宣誓当其临死时将做的事；然而我却相信我临死而无一位忏悔教士在旁，这是无疑的了。我其实并不是一位无神派：但是我并不能相信他们持以教我们全数的事，理性亦是无益，我若相信，则是不诚实，我变了一个伪君子。当我在帝位的时候，尤其是在我与玛丽·路易丝结婚之后，有许多人费了许多气力劝我，学前代君主的办法，前往巴黎圣母院行圣餐大典。我断然地不肯，因为我的信仰不够坚，既不足以使我得什么好处，而却足以使我觉得犯侮神之愆。我实在不能知道我是从哪里来的，我是个什么，将往哪里去，然而果然是有了我了！我是一个时钟，有了存在，但是不知道自己的自身。我能到上帝的法庭，我能等候判断，毫不畏惧。我所做的事业都是为法国的荣耀、权力及光华而做的。我把我的能力、气力、时光，都给了法国。这不能是罪恶；自我看来，似是美德！

10 日

《亚眠条约》签押之后，福克斯即到法国。他正在撰斯图亚特（Stuarts）朝历史，请求准其搜查我们的外交文牍。我令他们任其检阅。我屡次接见他；我久闻他的才能；我不久就见得他这个人志趣高超，心地甚好，有远大宽宏及自由见解，是人类之珍品；我同他很合得来。我们两人畅谈，抛开一切成见，谈的主题很多。当我欲深入交谈的时候，我就提醒他那行刺的事，我就说他们的执政们尝试行刺我；他往往很着急地用理论反对我，末了总用他的不好的法文说道："Premier Consul，ôtez vous dono oela do votre téte."

13 日

那令人可怕的《帝国报》，不知毁了多少人的名誉，唯对于我却是常常地有用且发表好感。明理的人，有实在本领的人，将从公家文牍著历史；但这些公牍，皆有我充塞其间。我依赖公牍以表白我，我之所以能站得住，也在乎这些公牍。

18 日

这原是不可思议的一场战事！这许多的致命伤的事变发现，是向来未听见过的！格鲁希——内伊——戴尔隆！是不是比不幸更不好？咳，不欢乐的法国呀！这是非常的战事，在这场战事之内，不到一个星期，我曾经三次看见胜仗从我的掌中溜走了！假使不是一个卖国贼临时逃走，我当然能于战事开始时打败敌军。假令我的左翼尽其职责，我当然能在林尼大败敌军。假令我的右翼不败，我又当然能在滑铁卢大败敌军。

21 日

他们将永远怕我！皮特曾对他们说：一个人能够把全盘伐我们英国的计划，装在他的头里，有这个人在，你们是不能平安的，他这句话是句真话。无论何如，现在还怕什么？怕我再作战么？我年纪太老了。怕我还追逐荣耀么？我塞满荣耀了，我把荣耀都变作垃圾了。

7月12日

我恨这个朗格伍德。我一见这所房子就愁闷。由他安置我于一个地方，有树荫、有树木、有水的地方。这个地方不是刮狂风，就是下雨下雾。

15 日

我从前曾经决定在瑟堡重设埃及的各种奇异。我已经在海上竖立我的金字塔，我并想过有我的摩尔利（Moeris）湖。我的大目的是要能够集中我们海军兵力，使之能与敌以大打击。我的意思好像是摆开一个战场，以使我们两国在那里肉搏相战。结果是无可疑的，因为我们有四千多万法国人，敌一千五百万英国人，结果就是一场阿克兴（Actium）之战。

16 日

致洛某书：你要晓得我们当你是个什么东西么？我们相信你什么都肯做，我说的是无论什么；只要你带着你的怀恨我们活在世上，我们也带着我们的思想活着。你们的大臣所做的最恶的事，不是送我到这个圣赫勒拿岛上来，最恶的事是派你来做这个岛的总管。这一块最令人讨厌的蛮石上的种种苦恼，已自令人难受的了，你是一种大瘟疫，胜过全数的苦恼！

21 日

当我们据埃及的时候，英国人发抖。我们告诉欧洲，这是从英国人手中夺回印度的真正方法。他们现在还是很不放心的，他们是不错的。

22 日

凡人都爱超越自然的事。人之对于欺蒙，是相接于半路，其实在我们上下四方的无一件事不是奇迹。若说谨严的话，并无所谓现象，因为在自然之内，无一事不是现象：我之存在，是一现象；放在火炉内的这块木头，是一现象；照我的光是一现象；我的知性，我的能力，也是现象；因为全数这些事物皆存在，而我们不能规定其界说。我把你留在这里，我却到了巴黎，人去剧院，我对看戏的人点头，我听演员们说话，我看见演员们，我听见音乐。我既然能够跨过从圣赫勒拿岛至巴黎之间①，为什么不能够跨过多少世纪的时间呢？为什么

① 亦作空间，亦作虚间。——译者注

我不该看见将来如既往呢？难道这一件比那一件更为异常么？不是的，其实并不是如此。

25 日

当日奥帝跪下求我娶他的公主，我娶了公主，我曾经两次恢复他的国都，现在我妻我子，都归他照应。奥帝怎么能够在这些时候，并无一纸报告我子的身体健康与否呢？

29 日

晚饭时。诸位，撒迪尼要杀总管么？

什么呀，你这个贼！你想杀总管么？你的脑子里若果再有这种意思，你先要对付我；我将晓得我怎样办你！

8 月 4 日

一个人必须办过我所办过全数的事，然后能够充分体会一个人做好事的为难。有时候要我全数的力量，乃能办得成功。若是推广杜伊勒里宫花园，修理暗沟，实行一件公益的事，也必须用到我全数的力量；我一天要写六封或十封信，且觉得烦躁及生气。关于阴沟，我曾花了三千万，却无人感谢我。

阿基米德（Archimedes）说过，只要有地方安置他的杠杆，他就能做任何事；我也能够做这许多事，只要我有地方安放我的气力、毅力及我的预算。一个人有了钱，就能创造世界。

18 日

（洛某说：先生，你不晓得我！）

呀！我能够在什么地方认得你？我在战场上，并未遇见过你。你只配雇刺客。你看看你的兵丁所住的营盘。假使我走过去对他们说道：欧洲最老的军人，向你们要一点你们的食物——我当然得他们食物的一部分。我是曾统辖过世界的人，我晓得是什么样人，奉派当这种职务。唯有不知何者为名誉的人，才肯当这种职务。你请求解职，原是件好事，于你有益，于我亦有益。

致海军中将科伯恩书：洛某之错谬，原是从他的过活的方法得来。他只带过外国的逃兵，皮德蒙特人、科西嘉岛人、西西里人，皆是降敌逃兵、卖国贼，都是欧洲的渣滓。假使他曾经带过人，带过英国兵，他当然以礼对待应该享受尊敬的人。这都是很令人颓丧的琐事。假使你把我放在烧着的煤田上，你不能从我身上采得我所没有的金子。无论怎样，谁问你要什么？谁叫你给我吃的？

假使你断绝我的粮食，我觉得饿，这些有勇的军人们，当然怜我，我也可以到他们榴弹队的食堂，我深信他们断不使欧洲第一个而又是最老的军人挨饿。再过几年，你的卡斯尔雷勋爵，你的巴瑟斯特（Bathurst）勋爵，及其他的人，你正在说及的，将要埋在土里，为人所忘记了；不然，倘若你们的名字尚有人记得，也不过因为你们堆在我头上的侮辱。

19 日

总管昨日又来使我生气。他看见我在花园散步，是以我不能推说不见他。他要同我商量些小事，减省用度。他胆敢对我说并无他意，他走来表白自己：从前他已来过次数，但我在洗澡。我答道：不是的，我不是在浴室，我特为吩咐预备浴室，免得见你。

28 日

（蒙托隆夫人问：什么军队是最好的？）

夫人，打胜仗的都是最好的。他们是易变的，靠不住的，用他们是有时候的，同你们夫人们一样。最好的军队就是汉尼拔（Hannibal）所部的迦太基军队，西庇阿（Scipios）所统的罗马兵，亚历山大所统的马其顿军，腓特烈所统的普鲁士军。将来有一天，我的征意大利军及在奥斯特利茨得胜之军可以有相提并论的，若比我的更好，实在是不能。

9 月 2 日

我是一座基础甚弱的新建筑的拱心石！假使我在马伦戈打败仗，你们当然有 1814 年全年的事，缺少后来的有光荣之奇迹及永垂不朽的事业。至于奥斯特利茨、耶拿、埃劳及其他诸战之捷，亦是如此。

24 日

众人常常称赞我的品格力量，[①] 然而自我的家族中人看来，我不过是一个柔弱如女子的人，他们都晓得的。一阵狂风刮过之后，他们的坚忍，他们的执拗，常常是赢了；而且因为疲倦，他们喜欢怎样待我，就怎样待我。其中我做了几件大错的事。我没得成吉思汗的好运气。他的四个儿子，争为其父努力。我无这种好运，我制造了一个国王，他立刻就自命为天命天子。他们都很糊涂，以为民众敬畏爱戴他们，过于我。

---

① 指气骨。——译者注

27日

是的，做事就是我身体内必要的元素，我生来就好做事，我之好做事是天造的。我用我的两足，已经到了极限；我用我的两眼，也到了极限：我做事并未到极限，因此我几乎害了孟尼华的性命；我不得不令他休息，派他到玛丽·路易丝那里办事，一面可以休息，因为那里是尸位素餐的事。

29日

你想知道拿破仑的宝物么？我的宝物，诚然是非常之多，但是人人都能看得见的。我说给你听：安特卫普及费拉辛两个大码头；都可以容极大队的船只；敦刻尔克、哈佛尔、尼斯的船坞及大闸；瑟堡的大码头；威尼斯的码头工程，从安特卫普到阿姆斯特丹，从美因兹至默兹，从波尔多至贝云的大路工程；阿尔卑斯大山的四条过山路，开出四条路经过阿尔卑斯大山；只论这大工程，你可以算作八亿。从比利牛斯山脉至阿尔卑斯山脉，从帕尔马至斯帕西亚，从萨沃纳至皮德蒙特的大路；耶拿、奥斯特利茨、里昂、都灵、波尔多、卢昂等处的大桥；从莱茵河至伦（Rhone）河的运河，以连荷兰的河道于地中海；通索恩河于索姆，以连阿姆斯特丹于巴黎。此外还有兰斯（Rance）于维兰（Vilaine）；帕维亚及莱茵等处的运河；掘干几处的大泽；重建几乎全数当革命时所毁的教堂，又新建教堂多处；建造多处工厂以救无业之民；建造卢浮宫、公仓、银行、乌尔克运河；巴黎市的水道，多数的阴沟、码头及这大都市的修饰及古迹；罗马的公益诸事；重设里昂的制造厂。修理改良宫院花去五千万；在法国及荷兰、都灵、罗马各处的宫殿，置了五千万的家具等物；值六千万的皇室珠宝，都是拿破仑的钱；法国王冕失丢了一颗老金刚钻，押在柏林犹太人手上，押了三百万，摄政买回来：还有拿破仑博物院，所值不止四亿。

这都是一国的成就，可以回击那些污蔑的话！历史将来要记载所有全数这些大事业，都是在接连打仗的时候办的，并未举过一文钱的债，且当那时候，国债实现其逐日减轻。

10月21日

说到底，德·斯塔尔夫人是一个有大才的女人，大异于常人，极其明敏。她的地位是赢得来的。假使她不对我吹毛求疵，而附和我，当能有益于我。

30日

我必要承认我被惯坏了；我常是发号令的；我生下来就是掌权的，我已经摈斥一个先生或一条法律。

11月6日

我常想找一个人管海军，始终找不着。海军的事是一项专门事业，有许多秘诀，我的计划总行不通。我只要说出一个新主意，立刻就有冈托姆及全部海军人员反对。——陛下，你不能做这个。——为什么不能？——他们立刻阻止我。海军人说的是另外一种语言，如何能够同他们讨论？我常责备他们，当会议军国重事的时候，他们说另外一种语言来搅扰！一个人要生长在海军，才能够懂他们的话。我同他们争辩，也是无益，他们都是一致的，我不能不让步。我却警告他们，我靠他们的良心。

9日

史密斯（S. Smith）是一位有勇的军官。他聪明活泼，足智多谋，能耐劳；但我相信他是个半疯的人。假令他不是半疯，无论他怎样，我当然能攻下亚克。他播散许多宣言书于我的军队中，颇摇动军心，我是以不得不发号令说他是个疯子，不许与他往来。过了几天，他打发一个部下拿了白旗送一封挑战书给我，约在某地某时同他决斗。我付之一笑。给他一封回信说，他请马尔巴罗（Marlborough）来同我打，我就会他。虽是这样说，我却还喜欢这个人的品格。

11日

民主制可以办到发狂的，然而尚有人心，能受感动的；贵族制则不然，常是冰冷的，绝不能宽待的。

16日

我很相信我之所以到此是由于威灵顿。有一刻钟之内，我很令他难受。这种事情，向来是能使大人物动心的，[1]但是他却无响应。呀！布吕歇尔是好样的；若无他，我不知此时威灵顿在哪里了，而我却不能在这里。

25日

我今天终日同贝特朗算筑炮台的几个问题，觉得这一天过得很快。

12月10日

我向来未见过有人如贝尔蒂埃之爱恋维斯孔蒂（Visconti）夫人那样的。在

---

① 指好汉惜好汉之意。——译者注

埃及的时候，贝尔蒂埃望月，同时维斯孔蒂夫人也在别处望月。在沙漠之中，有一个营帐是神圣不可侵犯的，其中供了这位夫人的画像，贝尔蒂埃在帐前烧香。他打发三匹骡子驮这幅画像及行李。有时候我走入这个营帐，不脱靴子，就倒在榻上。贝尔蒂埃见了，是很发怒，当是我渎及圣境。我常说这位夫人不好，但是他非常之爱恋这位夫人，要激我谈论他所爱恋的人。我只管骂这位夫人，他却不以为意，只要谈及这位夫人，他心里就高兴。假使我留他在埃及当总司令，他一定立刻就撤兵的。

11 日

我的亲爱的拉斯卡斯伯爵，你现在受痛苦，我心颇为所感动。两星期之前，你被人拖走，被监禁起来，不能与人通信，他人的信亦不能达到你，连你的跟班亦不许在你左右。我很喜欢借这个机会发表我的意思，当你在圣赫勒拿的时候，与你平生一样，你的行为是极其可敬，不容有一句贬词。我必须有你陪伴。只有你一个人能读，能说，能懂英文。当我有病的时候，你通宵达旦地照应我，不知有多少夜了。虽是这样说，我却劝你，若是必要的话我要命令你，请此地的总管送你回欧洲去。若我晓得你已在途，回天气较好的地方去，我心亦可以稍慰了。倘将来有一日，你见着我妻及我子，你搂抱他们，无论是直接抑或是间接，我得不着他们的消息已经有两年了。

你安慰你自己，安慰我的朋友，我的躯体诚然是已经交与我的敌人，他们用尽方法报仇以求快意，他们用针刺慢慢致我于死，但是天不容他们久于接连做这种事。

我从全数他们的表示看来，他们将不容你与我相见然后起程，请你受我的搂抱，受我的重视及友谊。望你欢乐。拿破仑书。

29 日

这个总管完全不宜于当他所处的地位。他说一句“你今天好呀”，也是要用诡诈的。我看他吃早饭也是这样。

30 日

呀，管监的，你好吗？

我诚然是身体很健康。说到英文的话，我很勤力地学，我现在好容易读英文报了。有一章英文报称我是说谎的，有一章称我是独裁者，有一章称我为怪物，有一章称我是一个怯懦之夫，这实在是出乎我意料的！

1817年

1月1日

只有忍受不幸是我的名誉所缺的。法兰西的皇冠我已经戴过了，意大利的铁王冠我也戴过了；英国现在给我戴一座更伟大更有荣耀的冠——因为这是救世主所戴的——即是有刺的冠。

6日

什么是电气、流电气、磁气？自然的大秘密就在那里。流电气在缄默中动作。我相信人就是这几种流质和空气造成的；神经抽取这几种流质，及产出生命；灵魂就是这几种流质做的。人死之后，这流质复归于依脱，从此又为其他神经所抽取。

9日

巴黎的警察，恐吓的成分多，伤害的成分少。邮务局是探听消息的好源头，但我不敢说利益能抵得过损害。每封信都要拆读，是办不到的事，但是我所指明的及大臣们的信，是要拆读的。富歇、塔列朗是向来不写信的；唯是他们的朋友，他们的走狗，却写信，由这种人的信就可以看见塔列朗或富歇心里有些什么。

2月3日

南特主教是一位替玛丽·路易丝忏悔的人，常给她好条陈，解说我如何能于斋日食肉，且当我逼紧皇后的时候，皇后就把她与主教彼此所说的话告诉我。费什对皇后说过：倘若他吃肉，你拿盘子摔他的头！——费什使我变作一个土耳其人的成分多，使我变作一个基督教人的成分少。假令他们要人来劝我改教，只有南特主教一个人可以办得到；但是我读过历史读得太多，又对付过许多宗教，难以改教的了。

6 日

假令我在欧洲，假令我不是一个奴隶，这里的生活也还与我相宜。我愿意住在乡下发展我的田产。这是最好的生活：一条有病的羊就够作会谈的材料了。住在厄尔巴岛，有许多钱，有方法以应酬，在欧洲科学家之中求生活，以这个地方为他们的中心点，我很能够欢乐。

28 日

我是一个为人夫的人，又是一个为人父的人，妻子分离了许久，这都是少数几个人的残忍政策所致的。现在有一个人，近日见过我的妻及我的子，同他们拉过手，而有人不许我见这个人，唯有真正野蛮人才能不许我见此人。南洋有食人的野蛮，也不肯做这样的事。这种野蛮人捉了许多人来要吃，当未吃之先，也还许他们谈话。他们在这里所施行的残忍，连食人的野蛮人都不肯干的！

天生有一种人是永远要他们居于人下的，贝尔蒂埃就是这种人。他是最好的一个参谋长，是世界上所没有的；但是改了他的行业，他不配带五百人。

3月3日

无论他人怎样毁谤我，我不怕我的名誉受什么损害。后世将以公道还我。将来总可以晓得真实情形，将能以我所做的好事，比较我所犯的过失。我对于这样两相比较的结果并不忧心。假使我能办成，我死的时候将享世上所未有过的大名。今已既是如此，我虽未成功，世人将以我为一个非常人。我之超出众人，是无与伦比的，因为并无罪恶陪伴。我凡大战五十次，几乎全数都是我打胜的。我规定一部法典，且实行之。我的声名，将流传于极远的后世。我毫无凭借，而自置我自身于天下最强之帝位之上，全欧都在我脚下。我常以为主权在乎人民，其实帝制原是一种共和。全国的人民请我为一国的元首，我的格言就是有能者居之，[①] 无阶级之分，无财产之别，你们少数专制国之所以如此恨我，就是因为这个平等系统。

6 日

我原是很害怕我妻有不吉的消息，也许是与我子有关。你明天到市上试看

---

① 指尚贤。——译者注

所有的报纸，小心地看。

4月3日

你们英国人是贵族派。你们同民众隔开得很远。人是天生平等的。我的习惯常是走入军人之中或乌合之众之中，同他们谈话，听他们讲历史，很慈祥地对他们说话。我见得这种事很有益于我。

5月3日

海军中将，我告诉你，你们英国人当外国人是一条狗，也不能盼望你们帮助，亦不能盼望你们的礼貌。什么呀？这里有一位植物学家，曾经见过我妻及我子，你们禁止他把我妻子的消息告诉我。他把我儿子剪下来的几丝头发，交与我的侍者转交与我，他就被你们告他犯了罪！若洛某要见我，我将不见他！

5日

是的，我当第一执政的时候，当我结婚的时候，当罗马王出世的时候，我尝过欢乐滋味；但是那时候我的地位不甚稳固。大约还是以提尔西特为最欢乐。我有过许多为难、烦心的事，埃劳即是其一，而此时打胜仗，强逼他们服从我的意志，皇帝们及国王们低首下气地求我！但仍当以我在意大利打胜仗之后的感觉为最深。他们对于解放意大利者，表示多么热心！表示多么欢迎！那时候我不过二十五岁！从这个时候起，我就预知我可以变作什么！我能见到世界在我的脚步下走开，好像是我在空中飞腾而过的。

16日

当我在提尔西特与亚历山大帝及普鲁士王同在一处的时候，在这三个人之中，以我为最不识军政的！这两位君主，尤其是普鲁士王，都是专门名家，军衣前面应该用多少个扣子，后面应用多少，衣裾应该怎样裁，他们都是很在行的。一件军衣要用多少料子，普鲁士王晓得最清楚，是军装的裁缝比不上的。我实在是比不上他们。他们接连地盘问我关于裁缝的事，我是全然不知。我却不愿得罪他们，只好很郑重地对答他们，一如一军的胜败存亡，全在乎裁军衣之上。普鲁士王每一天都要换一套衣服，表示他趋时。他是一位身高而干枯的人，可以代表堂吉诃德（Don Quixote）。在耶拿时，他的军队操演阵势，是最好看的。但我不久就制止他们的花架子，我教训他们一番，打仗与操演令人迷惑的阵势，及穿漂亮军服，是截然不同的两件事。假使法国军队是归一个裁缝指挥，普鲁士王一定是打胜仗的；因为他对于裁缝的手艺，有更高等知识！

女人若是坏，比男人更坏。女人一到了退化，比男人堕落得更低。女人不是比男人好得多，就是比男人坏得多。

21日

我不能睡。

23日

古尔戈，我的朋友，我不能再走路了。

6月2日

我的记性是一件奇怪的事。当我做孩子的时候，我记得三四十个数目的对数；在法国我不独知道全数军团的军官的名字，连他们是在哪里教练的、在什么地方立过战功，我都记得；连你们的精神，我都记得。

3日

我从前当罗纳托之役之后，写道：第三十二半旅团在那里，我很放心。因为这一句话，那第三十二半旅团肯替我拼命。言语之能感动人，是惊人之事。

13日

我此时的意思以为我该死于滑铁卢之役的，或者死得早些。假使我死于莫斯科之役，我大约可以当得世界最伟大的征服家之名誉。可惜好命运不来了。最不幸的是当一个人最要求死之时，不能求得。我左右前后死的人多了，但子弹总不打着我。

14日

我向兰兹胡特行进的时候，我遇着贝西埃尔退兵。我命他前进，他反对，说是敌军甚盛。我说道，你前进，他果然前进。敌军看见他取攻势，以为他的兵力厚过自己，就退了。当打仗的时候，诸事就是这样的，打胜仗原在乎道德之力，不在乎人数。

17日

洛某说我是世界上最狡猾的人，当我要任何一个人听从我时，我晓得如何在脸上铺上一点柔和的颜色。我就是怎样赢奥美拉过来的。我接待安麦斯特（Amherst）勋爵的时候，我装作有病，是以当他快要走的时候，我对他所说的话的效果，那个总管就不能破坏；我把这位勋爵也赢过来，我晓得他不是十分聪明的人。

我不愿意同洛爵士有什么关系。他要好好地不麻烦我，不然的话，他几代以后的子孙将以姓洛为耻。呀！天呀！你是错了，无人能比我不狡猾的了！其实不然！我的短处就在乎我太过好说话。呀！光棍总管！

8月2日

洛从前以为这里的事欧洲是不会晓得的。他要遮瞒一切，不如拿他的帽子尝试挡住太阳的光。世界上还有好几百万人关切我的。

并不是穿上狱卒的衣服，就是狱卒，他的态度，同他的观点才是评判关键。

24日

你晓得，不幸的事，是相继而来的，当不幸的事发生时，什么事都走差了。假令维多利亚之役来得较早，我当然就签了和约，但是打败这一仗之时，正是我不能签和约之时。当联军见我打败仗，损失了我的炮火及辎重，而英军正在入法国，他们以为我是完了，这时候法国人并不帮我什么忙。古时坎尼（Cannae）之役，罗马人是加倍重新努力，这却因为个个人都怕死，怕强奸掳掠，这才是作战。但是近代的战争，到处都是洒香水。

28日

耶稣是吊死的，同许多发狂的人自称先知、自称救世主的人是同一结果；这样的人，每年总要吊死几个。当时的实在情形，一定是众人的意见已趋向于一个单独的上帝，凡是首先宣讲这种道理的，为人所欢迎，此是环境使然。我的情况也是这样，我起自微细，起自社会最低的阶级，做到皇帝，也因为环境及舆情归于我。

9月3日

假令他（洛）得行其志，他当然限定我某点钟食早饭，某点钟食大餐，规定我某时候睡觉，还要自己亲身跑来监视我切实奉行。他将来总有一天受报。他并不体会这里的事情将来都要载在历史上的。

28日

奥美拉曾经碰过洛且告诉他，据他看来，我没得六个月好活。有这样一个在场眼见的人是很好的，且令总管难过。

29 日

圣拿破仑应该很感谢我. 应该尽他的力量为我而来。可怜这个人，从前没得人晓得他。历本上并无他的圣诞日。我替他定了一日，我且劝教皇以8月15日，我的生日，作为他的诞辰日。

11月2日

我听到我妻死、我子死、我全家都死了的消息，我能不形于色。我不露出任何情绪，面色亦没有任何改变。外面看来，是淡泊镇静。等到我一个人在屋子里的时候，我却极其悲痛。到了这个时候，人的情绪冲决而出。

30 日

巴伐利亚王愿不愿意嫁公主于欧仁，他宣称他不晓得继子作什么解说，他只能当他是博阿尔内子爵。约瑟芬在慕尼黑的时候，也忍受过他们的轻视，他们当约瑟芬之面，畅谈巴伐利亚王爵与王妃间的爱情。当我到慕尼黑的时候，选侯带了一位蒙面纱的贵妇人入我的书房见我。她揭开面纱，原来这位贵人就是他的女儿，我看见她长得很好，我要承认我觉得有多少不安。我请这位年轻女子坐下，其后对她的保姆读了一篇讲义。王公的女儿及王妃等，应该恋爱么？他们不过是政治货物。

巴伐利亚王后长得好看，我享受她同我晤谈。有一天是打猎日，国王起程得很早，我答应与他同去打猎的，我却走去见王后，逗留了一个半钟头。于是有人说闲话，国王很生气，等到他们夫妻再见面的时候，国王责备王妃。王妃答道："我该把他赶出去么？" 我因为这件事，后来很费了我许多事。因为他们跟我赴意大利，到了意大利，他们常常找我。他们所坐的车，随时会翻，我只好请他们到我的车上。我在威尼斯，他们也来的，其实我并不讨厌他们，因为有了他们，就有许多王公随扈而来。

12月21日

无论他们说什么，这个总管名誉的成毁，都在我的手里。凡是我所愿说他的，说他的坏脾气，说他有意毒死我，将有人相信的。

25 日

打仗是一种奇特的艺术，我告诉你，我打了六十次的仗，并未教会我以打第一次仗我所不晓得的。用兵的最要紧的属性就是坚定不动，这却是天生的。

1818年

1月7日

我赞美亚历山大帝，并不在乎他的战事，这是此时无法判断的，而在乎他的政治本能。他之赴安蒙（Ammon），原是一种极深远的政治手段；由是而征服埃及。假使我留在东方，大约我总能建立一个帝国，如亚历山大，我的办法是赴麦加（Mecca）瞻拜，我到了那里，就下跪祈祷，若是值得，我才肯这样做！

13日

每天都觉得烦闷！这是什么样的殉道！

29日

一个人欲做一个好军长，必要晓得数学；每日都用得着数学，以牵涉我们的诸多观念。我之打胜仗，大抵是仰赖于我的数学概念；凡是一位军长，切勿想象事情，这是最致命的。我的大本事，我之所以最异于他人的，就是我看事体看得准确；我之善于辞令，也是这样，我从各方面看一个问题，能够分辨什么是最要紧的。打仗的大秘诀，就在于根据战时的实情改变作战之法；这是我自己的见解，是很新鲜的。

打仗之法，并不要复杂的调动，最简单的就是最好的，以常识为根本。从此看来，我们可以诧异为什么许多军长都弄错了，全因为他们尝试卖弄聪明。最难的事就是猜度敌军的战略，要从全数的报告筛出真实来。其余的事就要常识，同平常打拳一样，愈打得着愈好。善研究地图，亦是必须的。

2月18日

你胆敢说法国征兵，因为征兵是一律不问贵贱贫富的。是以令你难过，伤及你的傲性。可不是令人极其难过，一个乡绅的儿子，也要卫国，与流氓的儿子一样！

法国的征兵，并不专压制一特别阶级的人，如同你们的强募水兵，亦不因为乌合之众清贫，就压制他们。我的贫民，将变作天下受过最好教育的人。所有全数我的努力都是趋向于启迪我国大多数的人，不以愚蒙及迷信而使他们变作野兽。

5月14日

（对奥美拉说）医生，你要同我们分手么？他们居然怯懦无勇，至于攻击我的医生，世界上的人将相信么？

7月25日

（对奥美拉说）他们的刑事罪将完成得很快了。我活得久了，他们不喜欢。你们的内阁并不是无胆，当教皇在法国的时候，我宁可拿刀子割去我的右膀，也不肯执笔签字，发号令驱逐他的外科医官。

你到了欧洲之后，或你自己去见我的兄弟约瑟夫，或请他来见你。你就告诉他，把一包公文交给你，那里头是俄帝亚历山大、奥帝弗朗西斯及普鲁士王，及欧洲他国君主的私信及秘密函件，是我在罗奇福特交给他的。你把这些文件公布，使他们满脸蒙羞。当我强盛，当我当权的时候，他们求我保护，爬在我的脚下舔土。现在我老了，他们就不要脸地压制我，把我的妻子都夺去。奥美拉，我们永别了，我们永不能相会了。我望你欢乐。

9月26日

把这个宝贝孩子放在他的母亲旁边，摆在那里，在右边，较近我的烟囱。你看她的颜色就认得他：这就是玛丽·路易丝；她两手抱她的儿子。那一个，你认得么？那一位是太子。那两个是约瑟芬。我很当她是宝贝地爱恋她！你现在是细看那一座大钟么？这是腓特烈大王的闹钟，我从波茨坦（Potsdam）拿来的——全个普鲁士，只一座闹钟值得！你看我的炉台上并无许多东西，只有我儿子的半身像，两座灯台，两个镀银的杯子，两个装香水的瓶，一把剪指甲的剪子，一面小镜子。这比杜伊勒里宫的华丽差得多了，但是这也算不得什么，我若是已从有大权力的地位跌下来，我却未失去我的荣耀。——我还有记性。

1819年

9月23日

好呀，医官，你看怎么样？我还有许多时候搅扰君主们的消化力吗？

（安东马尔基 Antommarchi 说：陛下，他们将死在你之先。）

医官，不然，英国人做的事快要做完了，总机关是已经破了。

28日

我不吃你的药，等到明天再吃，我要解决几个代数问题。

10月4日

我的国！我的国！假令这个圣赫勒拿是法国，我在这一块被诅骂的蛮石上，亦可以欢乐。

呀！医官，科西嘉岛的青天在哪里？天命判定，我必不能够再见我孩童的记性里令我追忆的景象了。

5日

医官！你走开让我一个人在这里么？你不问准我，就走出去么？你是个新来的，我饶恕你。司礼官或蒙托隆军长，若是我不许他们出去，他们也不敢出去。

14日

我很不舒服，我想睡，我想看书，我想做点事。医官，这里有一本拉辛的剧本，你算是在戏台上，来，我听你唱。——安德洛玛刻。这是关于凄惨不乐的父亲的一本戏。

（戏词："我走到我子所在之地，你们每日许我来看一次。赫克托耳及特洛伊都完了，所遗留下的全在这里了。我走到这里来，把我的眼泪同他的眼泪混在一起，我今天还未搂抱他。）

医官，这几句说话，我听了伤感得厉害——请你走出去吧！

28 日

我的贵族封敕是起自米莱齐莫（Millesimo），起自里沃利。我的家谱更早，只是世系家约瑟夫能寻其源；他说我们是不知多少位不显名的独裁者之后裔。自我遭逢不幸之后，我不过是一个雅各宾党。

11 月 18 日

我能做什么呢？

（安东马尔基答称：唯有体操！）

在什么地方体操？在英兵堆里体操么？我是绝不来的！——还有什么可以干的呢？锄地么？医官，是的，你说的不错，我就锄地。

1820年

7月26日

医官，你很亲近我，你什么方法都用尽了减轻我的痛苦。但是无论你如何照应我，总不及母亲的照应。呀，我的母亲呀！

8月10日

一个人有自戕的权利么？有的，倘若他的一死，不损害他人，倘若他以生命为苦累。在什么时候，生命是一个人的苦累呢？就是生命只能给他罪受，给他愁苦的时候。但因痛苦是时常改变的，是以并不能有一刻是有权利自戕的时候。这一刻只能在临死的时候，因为唯有在这个时候，乃能证实生命不过是痛苦的持续。

9月18日

欢乐就在梦里，熟睡的时候，我们一无所需。

10月2日

《埃涅阿斯记》第二卷，学者以为此是咏史长歌中之杰作；从风格看来，是应享大名的，但从现实主义看来，却不能算杰作。木马之说，从一宗通俗的传统得来，但是这宗传统，是毫无道理的，且非咏史长歌所宜有。在《埃涅阿斯记》内，并无这种传统，在这里头，每一事必与实在及打仗的习惯相符合。

14日

我的好医官，医术不是别的，就是令想象睡着了，安慰熨帖想象，是以古时的医生都要用长袍大袖装扮起来，动人的眼，令人起敬。你脱去袍子，这是大错。假使你忽然走到我面前，戴上很大的假发大帽，拖地的长袍，虽你不过是一个药神，我或者可以当你是健康神。谁晓得呢？

22日

我当权的日子不过一瞬，却无关系，这一瞬之间，为事功所充满，塞满这一瞬之间的，都是有用的建设；我已封革命为神，我把革命布满于我们法律之内。

25日

也许不久一死，就停止我的痛苦了。

27日

好吗，医官，你看我怎么样？好了一点么？其实是这些药丸子——药丸的力量发作过了。——魔鬼！医官，你很热心地宣讲你的药丸子，有过于他们今日讨论正统。你自己吃药丸么？

（安东马尔基说：陛下，这都是很详细试验过的药。）

也就像科维萨们常给皇后吃的药丸子，是面包屑子做的，也一样有奇效。玛丽·路易丝每天都对我恭维这药丸子的好处。他们都是一样的。

（安东马尔基答：陛下，不是的。）

嗳！但是我与你同行。我也曾行过医！水、空气、洁净，这三样东西，就是我的药房的基础。我所用的药很少出乎这三样之外的。你笑我的方法么？也好，你只管笑。你的同事们在埃及的时候，也同你一样，笑我的方法；但是阅历曾经证明，我的法兰绒及我的刷子，比他们的药丸子有用。

11月16日

好呀，医官，这算完了么？——我猜我的病将好了？一个医生宁愿死了，也不愿意不尝试劝一个临死的人相信他自己无病！——什么呀，药丸子么？是金鸡纳碱，如同在曼图亚！

19日

休息是多么一件适意的事！我的床变作我的一个享福的地方，拿全世界的帝王的宝位来同我换，我也不肯换。我改变到什么地位了！我堕落到什么程度了！向来我的活泼是无限的，我的心灵是不会睡着的！我一阵一阵地昏迷了，终日昏沉，睁眼都要费力。

12 月 8 日

德塞为人忠悬慷慨，渴于求荣耀；他死了是我最大的不幸。德塞有技能，机警，勇敢，他最不怕劳苦，尤其不怕死，他走到天尽头都是要打胜仗的。勇敢的德塞!

26 日

你要我到花园么？很好。——我是很弱。我两脚发抖，撑不住我。

呀，医官，我疲倦到了不得！我觉得我所吸的新鲜空气于我有益。我向来未曾病过，向来不吃药的。我对于这种事情，简直地不能有什么见解。我此时所处的情形，其实是如此之反常，我几乎不能体会。

报章报告伊丽莎公主死了。你看，伊丽莎指示路途；我们的家庭许久无死人，这时候已经起首有人死了；不久将轮到我了。我们的家庭中将来继伊丽莎而死的就是那位伟大的拿破仑，他正在被重载所压，然而尚能令欧洲恐怖。

1821年

1月22日

你还不肯认我是不错的么？医官，我的药不比你的药好么？这些受诅骂的医生们都是一样的，当他们要病人做任何一事的时候，他们总是骗病人，恐吓病人。医官，时候到了么？——好嘛，我们要听医家的话。

2月15日

我加冕的时候，你在米兰么？当我往威尼斯的时候，你在那里么？威尼斯把全数的小船都放在水上，装饰得很好看，最美貌的最时髦的都来了。亚得里亚海向来未见过比这样华丽的大会。

3月15日

呀，医官，我很痛苦！

26日

另请一位医生来商量么？有什么好处？你们都是瞎子同瞎子游戏。另外一位医生，并不能比你看见我内里清楚些。无论怎样，你请谁来同你商量？英国人是受洛指使的？我不要他们，我已经说过的了，我宁愿这件罪恶完成了。

29日

注定的就是注定的，医官，凡是发生于我们的事，都是预先注定的，我们的时候是预先记下的，你能不相信么？

（安东马尔基说：陛下，吃药！）我是极不喜欢吃药。真是令人不能相信的！我见了危险是很镇静的，我能见死而毫不震动的。但是无论我如何用力，我不能将一个杯子，内里有极少的药的，置近我的嘴唇。

30 日

克莱贝尔！他原是披军服的火星！[①]

4月2日

有彗星出现么！这就是恺撒将死之前的预兆！

5 日

我若是这样难过地丧失我的生命，子弹为什么要留我的性命呢？

6 日

我向来都是自己刮胡子的，向来没得一个人置他的手于我的颊上。现在我是动不得了，我必要打定主意让他人同我刮胡子。

12 日

医官，你替我尽了许多力，我很感谢你，可惜你是枉用心力了。

阿诺特（Arnott）医官，有些人不是死于衰弱的么？一个人吃这样少的东西，能够活么？

13 日

（安东马尔基拿药丸子来。）你把药丸包好了，盖上一层了么？这些药丸不毒害我的嘴么？当真不毒害吗？（对马尔尚说）好吗，这就是药丸，你这个光棍，你吃了这些药丸吧。医官，他要吃点药，是不是的，他吃了我的药丸也会好么？请你再给他几颗吃，我是再不吃的了。

15 日

我对于我所亲爱之妻玛丽·路易丝唯有表示我的满意，我至死仍然是保留我的温柔感情。年轻人所遇的都是危机，我求我妻监视及保护我的儿子，不使他蹈危机。

我将单内所列各物遗交与我子。我希望这一点遗产将为他所珍惜，因为可以令他追忆他的父亲。全个世界的人，将以他的父亲的事告诉他。

我的头发交与马尔尚，把这头发制成手镯，送与玛丽·路易丝王后。

16 日

我愿意我的死灰埋于塞纳河岸，在法国人民之中，法国人民是我最亲爱的。

我写字写得太多了。呀！我受的是什么痛苦！受的是什么压制！我觉得我肚子左边最低的地方痛不可当。——医官，你应该娶亲。娶一个英国女人，这

① 火星是主管战事之神。——译者注

个女人的冰冷的凉血，将能节制焚烧你的火，你将来就不至于这样执拗。——把药给我！

19 日

我的朋友们，你们说得不错。我今日觉得好些，然而我仍是觉得我的结果快到了。等到我死了，你们就回欧洲去，这是一件可慰的事。你们到了欧洲，见你们的亲戚朋友，我将在极乐世界会晤有勇气的人。我将把我一生最后的事告诉他们。

21 日

我生于天主教之中，我愿意奉行天主教所规定的职守受其安慰。

24 日

医官，我写得太多了，我支持不住了，我不能再写了。

25 日

致拉法耶特书：拉法耶特君，在 1815 年，当我要离开巴黎的时候，我曾交你一笔六百万的款子，你给我正副两张收据，我已经撕了一张，我命蒙特隆伯爵将其余一张的收据交与你。你可于我死后，将款交与伯爵。

28 日

我的死期不远了，我死之后，我要将我的身体剖开。我一定不要英国医生近我，我愿意将我的心割出，泡在酒里，送与玛丽·路易丝。你要告诉皇后，我柔婉地爱她，你将你所眼见的事告诉她，我在这里的一切情形及我死的光景，都告诉她。

5 月 2 日

下午 2 点钟。

斯廷吉尔！德塞！马塞纳！哈！我们打胜仗了！去呀，赶快走，冲过去，冲到底，他们都是我们的了！

3 日

下午 3 点钟。你们分享我被贬在外的苦，你们将忠于我的纪念，你们不要做什么事伤害它。

5 日

下午 5 点半钟。……头……军队……

下午 5 点 50 分钟。(绝笔)

附录

一　拿破仑朝王公表

约瑟夫·波拿巴	那不勒斯王及西班牙王
路易·波拿巴	荷兰王
杰罗姆·波拿巴	威斯特伐利亚王
卡罗利娜·波拿巴	那不勒斯王后
欧仁·博阿尔内	意大利总督（副王）
奥坦斯·博阿尔内	荷兰王后
约阿希姆·缪拉	班贝格大公，及那不勒斯王
奥热罗	斯蒂维耶雷公爵
贝尔纳多特	蓬特-科沃王爵，及瑞典国储君
贝尔蒂埃	纳夏泰尔王爵，及瓦格拉姆王爵
贝西埃尔	伊斯的利亚公爵
科郎库耳	维琴察公爵
宋判泥	加多尔（Cadore）公爵
克拉克	斐尔特勒公爵
达武	奥尔施泰特公，及埃克米尔王爵
德克雷	戴尔隆公爵
迪罗克	弗留利公爵
富歇	塔兰托公爵
朱诺	阿布朗泰斯公爵
凯莱尔曼	瓦尔米公爵
拉纳	蒙蒂贝洛公爵
勒费弗尔	但泽公爵
麦克唐纳	塔兰托公爵

马雷	巴萨诺公爵
马尔蒙	拉古萨公爵
马塞纳	里沃利公爵及埃斯林亲王
蒙塞	康泥安诺公爵
莫蒂埃	特雷维佐公爵
内伊	埃尔欣根公爵，及莫斯科王爵
乌迪诺	勒佐公爵
萨瓦里	罗维戈公爵
苏尔特	达尔马提亚公爵
絮歇	阿尔布费拉公爵
塔列朗	外交大臣
维克托	贝卢诺公爵

二　拿破仑朝外戚表

卡洛·波拿巴娶拉莫利尼氏（名利提西阿）生子女八人如下：

长子约瑟夫娶克拉利氏（名朱理）。德塞克拉利嫁贝尔纳多特。

次子拿破仑娶博阿尔内·约瑟芬，无出。再娶奥地利公主玛丽·路易丝生罗马王。

三子吕西安。

四子路易娶奥坦斯·博阿尔内。

五子杰罗姆娶帕特森小姐。再娶符腾堡之凯瑟琳。

长女伊丽莎嫁巴乔基（Bacicochi）王爵。

次女波利娜嫁拉克拉军长。再嫁博尔盖泽王爵。

三女卡罗利娜嫁约阿希姆·缪拉。